Adelheid Stöger

400 Rezepte der veganen Küche

Meinem Sohn Lukas gewidmet

Adelheid Stöger

400 Rezepte der veganen Küche

Das Kochbuch zur China Study

In Zusammenarbeit mit Claudia Nichterl

verlag
systemische
medizin

Zuschriften, Verbesserungsvorschläge und Kritik
Dr. med. Adelheid Stöger: doc.stoeger@medway.at
Dr. Claudia Nichterl: claudia.nichterl@essenz.at (www.essenz.at)
Verlag Systemische Medizin AG, Müllerstraße 7, 93444 Bad Kötzting, info@verlag-systemische-medizin.de

Bibliografische Information der Deutschen Nationalbibliothek
Die Deutsche Bibliothek verzeichnet diese Publikation in der Deutschen Nationalbibliografie; detaillierte bibliografische Daten sind im Internet über <http://dnb.ddb.de> abrufbar.

1. Auflage 2013

Lektorat: Lisa Lorz, Bayreuth
Redaktion: Doris Schultze-Naumburg, Übersee; Theresa Stichlmair, Bad Kötzting
Fotos: Miguel Dieterich, Wien
Illustrationen: Stefan Dangl, München
Satz und Herstellung: SZ Publishing Support, München
Druck und Bindung: aprinta druck GmbH, Wemding
Umschlagfoto: PantherMedia GmbH, München
Umschlaggestaltung: Mogwitz Schwarz Rusitschka, München Leipzig
Aktuelle Informationen finden Sie im Internet unter www.verlag-systemische-medizin.de

ISBN 978-3-86401-033-0
Aktuelle Informationen finden Sie im Internet unter www.verlag-systemische-medizin.de

Inhalt

Vorwort

Heute wird niemand mehr bezweifeln, dass unsere tägliche Ernährung nachhaltig unsere Gesundheit beeinflusst. Führende Kardiologen gehen davon aus, dass etwa die Hälfte der Todesfälle in Mitteleuropa auf Arteriosklerose zurückzuführen ist, zu deren Erscheinungsformen die koronare Herzkrankheit, der ischämische Schlaganfall und die periphere arterielle Verschlusskrankheit gehören.

Und dass zwischen Arteriosklerose und Essverhalten Zusammenhänge bestehen, belegen immer mehr experimentelle Daten. In seinem Buch „China Study" beschreibt der amerikanische Ernährungswissenschaftler Colin Campbell die ursächliche Beziehung zwischen Ernährungsverhalten und der Entstehung chronischer Erkrankungen. Als Resultat eines langen Forscherlebens formuliert er die Empfehlung, tierisches Eiweiß in der Nahrung zu vermeiden oder am besten ganz darauf zu verzichten.

Die Auswirkungen einer (falschen) Ernährung auf die Gesundheit sehe ich täglich in meiner Praxis. Die Lektüre der „China Study" festigte in mir die Erkenntnis, dass Gesundheitsbildung in der Küche anfängt. Dieses Kochbuch erfüllt die Kriterien der „China Study" und soll zugleich die Freude am Essen mehren. Und weil Vielfalt das Leben bunt macht, entstand mit 400 Rezepten das bislang umfangreichste Kochbuch der veganen Küche im deutschsprachigen Raum.

Wer seine Ernährung auf vegan umstellt, erfährt unmittelbar, um wie viel genussreicher das Leben werden kann und dass die neu gewonnenen Erfahrungen viele Impulse in den Alltag bringen. Dieses Kochbuch ist dazu gedacht, Ihnen die Umstellung zu erleichtern oder einfach nur Ihren veganen Speiseplan zu bereichern. Genuss, Gesundheit und ökologische Verantwortung schließen sich nicht aus, sondern verstärken sich in der veganen Küche.

Dr. med. Adelheid Stöger,
Salzburg, im Sommer 2013

I Ein neues Verständnis von Ernährung und Gesundheit

Claudia Nichterl, Adelheid Stöger

Vegane Ernährung liegt im Trend

Wir alle müssen essen, mehrmals täglich. Deshalb ist Ernährung ein allgegenwärtiges Thema: in den Medien, in unserer Alltagssprache, in der Wissenschaft. Fast immer geht es dabei um Gesundheit, die neueste Diät oder den neuesten Trend. Mit der zunehmenden Fülle an Informationen verbreitet sich auch immer mehr Unsicherheit unter den Konsumenten. Was ist gesunde Ernährung? Aus aktuellem Anlass kommen neue Fragen dazu: Können wir den Lebensmittelherstellern noch trauen? Unter welchen Bedingungen werden unsere Lebensmittel produziert? Welche Auswirkungen hat die Produktion auf unsere Umwelt?

Es ist nicht mehr zu übersehen, dass sich die Welt verändert. Klimawandel, Umweltkatastrophen, Umweltverschmutzung, das „Bauernsterben", ein ungerechtes Wohlstandsgefälle zwischen Norden und Süden, Hungersnöte, Lebensmittelskandale (Etikettenschwindel, EHEC, Gammelfleisch) – im Grunde haben alle diese negativen Schlagzeilen mit unseren Ernährungsgewohnheiten zu tun.

Ein Fünftel der Energie, die wir verbrauchen, wird für Produktion, Transport, Verarbeitung, Lagerung und Zubereitung von Lebensmitteln eingesetzt. Nach dem Wohnen ist Ernährung damit das Bedürfnis, das den zweitgrößten Energieeinsatz erfordert. Beim Ausstoß von Treibhausgasen verhält es sich ähnlich: Ein Fünftel stammt aus der Kette der Lebensmittelproduktion. Sieht man genauer hin, stellt man fest, dass die Fleischproduktion die größte Belastung für die Umwelt ist, insbesondere wenn Fleisch und Futter konventionell produziert werden. Umweltsünder Nummer eins sind also Fleisch und tierische Lebensmittel. Die Erzeugung von Fleisch und Wurst belastet die Umwelt weit höher als die Produktion von pflanzlichen Lebensmitteln. Das liegt vor allem an den „Veredelungsverlusten": Für ein Kilogramm Fleisch werden bis zu zehn Kilogramm Körner verfüttert. Dies verschärft wiederum die Welthunger-Problematik, da ein Großteil der Lebensmittel für die Ernährung von Tieren verwendet wird, statt sie den Menschen als Grundnahrung zur Verfügung zu stellen. Es werden weltweit genug Lebensmittel produziert, aber mehr als die Hälfte des produzierten Getreides und drei Viertel der Sojaproduktion werden an Tiere verfüttert. Ganz abgesehen vom Tierleid durch die Intensiv-Tierhaltung ist allein das ein guter Grund, auf Fleisch zu verzichten.

Bio ist besser

Der zweite große Umweltsünder ist die konventionelle Landwirtschaft mit allen Nachteilen der Massentierhaltung, dem Einsatz von Düngemitteln und übermäßigem Ressourcenverbrauch. Die Herstellung von Stickstoffdünger („Kunstdünger") erfordert große Mengen an Energie und ist ein Hauptfaktor bei der durch Menschen verursachten Emission von Treibhausgasen. Die biologische Landwirtschaft verzichtet auf Kunstdünger, ist daher nur halb so energieaufwendig und verursacht nur halb so viel Treibhausgase wie die konventionelle Landwirtschaft. Berücksichtigt man diese Tatsachen, ergibt sich für unsere Ernährung als beste Kombination: Bio, regional und saisonal. Wobei regional und saisonal besonders wichtig sind, denn Bio-Erdbeeren im Dezember aus Südafrika oder Chile, die beim Transport große Energiemengen verschlingen, sollten aus den genannten Gründen natürlich vermieden werden. Ebenso ist Vorsicht vor Bio-Lebensmitteln geboten, die hochverarbeitet sind. Tiefkühl-Pommes oder Kartoffelpüree-Flocken sind im Vergleich zur normalen Kartoffel „Energiefresser", und der Zusatz „Bio" im Namen macht aus ihnen kein ökologisches oder hochwertiges Lebensmittel. Deshalb sollten Bio-Lebensmittel möglichst in der jeweiligen Saison und in ihrer natürlichsten, am wenigsten verarbeiteten Form gekauft und verzehrt werden.

Bio-Siegel – bitte bevorzugen

Der Markt an Gütesiegeln wird zwar immer unüberschaubarer, wir Konsumenten können uns jedoch darauf verlassen, dass es sich bei Produkten mit dem Aufdruck „aus kontrolliert biologischer", „aus ökologischer" bzw. „aus biologischer Landwirtschaft" oder „aus kontrolliert biologischem", „aus ökologischem" bzw. „aus biologischem Landbau" um Bio-Lebensmittel handelt. So ist es vom Gesetzgeber vorgeschrieben. Seit 2010 gibt es ein für die Europäische Union verbindliches Bio-Siegel. Lebensmittel mit diesem Siegel erfüllen höchste lebensmittelrechtliche Standards.

EU-Bio-Siegel

Ebenso wird das schwarz-grün-blaue Fairtrade-Siegel streng kontrolliert und ist ein verlässliches Zeichen dafür, dass die Produkte aus fairem Handel stammen.

Das Fairtrade-Siegel steht für Fairen Handel

Eine häufig gestellte Frage lautet, warum Bio-Lebensmittel und Nahrungsmittel mit dem Fairtrade-Siegel vergleichsweise teuer sind. Der Grund dafür liegt darin, dass die Produzenten besser entlohnt werden bzw. kleinbäuerliche Strukturen gefördert werden, die weniger Ertrag bringen. Bei diesen Überlegungen sollte man auch berücksichtigen, dass nach neuesten Studien pro Haushalt im Schnitt nur etwa 12 Prozent des Einkommens für Ernährung ausgegeben werden, für Verkehr 15 Prozent und für Freizeit, Sport und Hobby knapp 13 Prozent. Noch in den 1950er-Jahren haben die Menschen 30 bis 37 Prozent ihres Einkommens für Ernährung ausgegeben, in ärmeren Haushalten sogar bis zu 60 Prozent. Diese Zahlen machen deutlich, dass es durchaus finanziellen Spielraum gibt, der es erlaubt, wieder mehr auf Qualität bei der täglichen Ernährung zu achten. Erfahrungsgemäß führt die Verwendung von frischen Basisprodukten, die saisonale Auswahl und der weitgehende Verzicht auf Fertigprodukte oder Convenience-Lebensmittel (z.B. Instantgerichte) nach der Umstellung auf eine vegane Ernährung oft sogar dazu, dass noch Geld in der Haushaltskasse übrig bleibt.

Mit Messer und Gabel die Welt verändern

Die vegane Ernährungsweise hat also viele Vorteile – und zwar für uns alle: ressourcenschonende Produktion, Reduktion der Massentierhaltung, Klimaschutz, Schutz des Regenwalds und keine Benachteiligung der Menschen in der dritten Welt. Die Zubereitung von veganen Speisen ist eine Entscheidung über den Tellerrand hinaus. Jede einzelne Mahlzeit zählt.

Tipps für eine Ernährung mit gutem Gewissen

- Gönnen Sie sich nur das Beste im Sinne von „Qualität statt Quantität“ (gut statt viel).
- Mehr von der Pflanze, weniger bis gar nichts vom Tier (vor allem kein Fleisch und keine Wurst).
- Bevorzugen Sie regionale und saisonale Nahrungsmittel, wenn möglich Bio-Lebensmittel. Wählen Sie Fairtrade-Produkte, wenn regionale Produkte nicht erhältlich sind.
- Naturbelassene Lebensmittel bevorzugen (Frischkost statt Fertigprodukte).
- Kaufen Sie wieder mehr bei Direktvermarktern ein (Bauernmarkt, direkt von Bauernhof, „Bio-Lieferkiste“).
- Kaufen Sie bedarfsgerechte Mengen ein und verwerten sie Reste.

- Genießen Sie die Vielfalt und Farbenpracht von saisonalem Obst und Gemüse.

Gesund mit veganer Kost

Die beginnende Industrialisierung vor über 200 Jahren führte zu einer zunehmenden Veränderung der Ernährungsgewohnheiten des Menschen. Bereits Hippokrates (460–370 v. Chr.) sah in der richtigen Ernährung die Hauptmethode zur Verhütung und Behandlung von Erkrankungen: „Lass Nahrung deine Medizin, und Medizin deine Nahrung sein". Sein Zeitgenosse Sokrates (469–399 v. Chr.) machte sich Gedanken darüber, wie die Zukunft aussehen würde, wenn sich die Menschen zunehmend mit Tierfleisch ernähren. Und er sollte recht behalten mit seiner Vorahnung von Krankheit durch Überfluss.

Aktuell werden wir überflutet mit Lebensmitteln aus industrieller Massenproduktion, versehen mit chemischen Zusätzen, Farbstoffen und Konservierungsmitteln. Wir haben Nahrung im Überfluss, werden aber nicht gesünder. Im Gegenteil, Jahr für Jahr steigen die Ausgaben für die Behandlung von Zivilisationskrankheiten wie Übergewicht, Herz-Kreislauf-Erkrankungen und Diabetes. Für die Mediziner ist es unbestritten, dass die Ernährung ein wichtiger Faktor ist, um diese Krankheiten zu verhindern. Ein Zuviel an tierischen Lebensmitteln, mit zu viel Cholesterin und tierischen Fetten ist ein Mitauslöser dieser Erkrankungen. Was auf der einen Seite zu viel ist, kommt auf der anderen Seite meist zu kurz, denn wir essen viel zu wenig Obst und Gemüse. Dabei haben zahlreiche Studien gezeigt, dass Vegetarier und Veganer, bei denen hauptsächlich Obst, Gemüse, Getreide und pflanzliche Eiweißquellen auf dem Speiseplan stehen, weniger anfällig für die modernen Zivilisationskrankheiten sind. Risikopatienten mit hohem Blutdruck, zu hohen Cholesterin- und Blutfettwerten oder Menschen, die auf andere Weise unter den Auswirkungen der Wohlstandsernährung leiden, können durch eine Ernährungsumstellung viel für ihre Gesundheit erreichen. Selbstverständich muss niemand gleich 100-prozentig vegan werden. Im ersten Schritt kann es zunächst einmal darum gehen, die Richtung zu ändern. Zuerst eine Mahlzeit wöchentlich ohne tierische Produkte und dann nach und nach die vegane Kost steigern. Sie werden sehen: Vegan schmeckt hervorragend. Die Rezepte in diesem Buch unterstützen Sie auf genussvolle Weise bei der Ernährungsumstellung.

Vegane Ernährung

Der Begriff „vegan" wurde 1944 von Donald Watson, dem Gründer der englischen Vegan Society geprägt. Heute versteht man unter „Veganismus" eine Lebensart, die den Genuss tierischer Produkte untersagt. In der veganen Ernährung gibt es weder Fleisch noch Fisch und auch keine Milch(-Produkte) oder Eier. Veganer ernähren sich ausschließlich mit pflanzlichen Lebensmitteln. Sie meiden auch Honig bzw. Kleidung aus tierischen Materialien wie z.B. Leder. Der Grundgedanke einer veganen Ernährung ist einerseits auf ethische Gründe zurückzuführen, um das Leid der Tiere zu vermeiden, es spielen aber auch ökologische und gesundheitliche Gründe eine Rolle.

Studien der vergangenen 50 Jahre belegen, dass die Zivilisationskrankheiten in der westlichen Welt zunehmen. Der übermäßige Konsum von Zucker und Fett – und eben von tierischen Lebensmitteln – sind die Hauptrisikofaktoren, um an chronischen Störungen wie Übergewicht, Diabetes oder Bluthochdruck zu erkranken.

Bereits in der ersten Hälfte des vergangenen Jahrhunderts haben Ärzte und Ernährungswissenschaftler wie Max Otto Bruker, Maximilian Oskar Bircher-Benner, Werner Kollath oder Are Waerland den Einfluss der Ernährung auf die wichtigsten Zivilisationkrankheiten erkannt und eine vollwertige Ernährung, vorwiegend pflanzlichen Ursprungs, empfohlen. Die Ergebnisse sind eindeutig, trotzdem scheint es vielen Menschen schwer zu fallen, ihre Ernährung umzustellen. Erschwerend kommt hinzu, dass in unserem Gesundheitssystem Mediziner von Krankheit und nicht von Gesundheit profitieren. Die Gesundheitsprävention hat noch keine Lobby, deshalb liegt es an uns, jeden Tag mit unserer Auswahl an Lebensmitteln Zeichen zu setzen.

Der positive Einfluss einer veganen Ernährung auf die Gesundheit ist vielfältig. Studien und seriöse Ernährungsforschung belegen zahlreiche gesundheitliche Vorteile der rein pflanzlichen Kost. Paradoxerweise stehen diese Erkenntnisse immer noch in deutlichem Gegensatz zur weitverbreiteten Meinung in der Bevölkerung. Oft stehen Freunde, Partner oder Arbeitskollegen der veganen Ernährung skeptisch bis ablehnend gegenüber. Sogar Ärzte, Ernährungsfachleute und Behörden lehnen die vegane Ernährungsweise häufig ab und warnen vor Mangelerscheinungen. Erst bei genauer Betrachtung der Fakten und intensiver Auseinandersetzen mit Zahlen und Forschungsergebnissen setzt ein Umdenken ein. Dabei sprechen die Fakten für sich. Die klassische „gesunde Ernährung" mit tiereiweißreicher Kost ist immer schwieriger zu finanzieren und führt zu einer steigenden Zahl ernährungsabhängiger Krankheiten. Die Schädigungen durch die üppige Kost mit Fleisch, Milchprodukten, Fisch und Eiern sind überall an der Zunahme von Übergewicht, Diabetes oder Autoimmunerkrankungen sichtbar.

Bahnbrechende Ergebnisse lieferte die Langzeitstudie über den Zusammenhang von tiereiweißreicher Ernährung und der Entstehung von chronischen Krankheiten, die Professor Colin Campbell geleitet und mit seinem Sohn Thomas 2004 unter dem Titel „China Study" veröffentlicht hat. Die Autoren der „China Study" machen die Zusammenhänge deutlich, gut lesbar auch für ernährungswissenschaftliche Laien. Der Name „China Study" weist darauf hin, dass die Studien mit der bislang längsten Laufzeit über die Zusammenhänge zwischen Ernährung und Krankheiten in China durchgeführt wurden. Professor Campbell führte jahrelang mithilfe staatlicher Forschungsgelder aus den USA und China umfangreiche epidemiologische Studien durch. Die Untersuchungen bestätigen zweifelsfrei, dass sich in China vor allem in städtischen Regionen die Erkrankungsmuster denen der Industrienationen annähern, sobald die „western diet" Einzug hält. Insbesondere tierische Produkte wie Milch(-Produkte) und Fleisch sind mitverantwortlich für Krebserkrankungen, Bluthochdruck, Arteriosklerose, Herz-Kreislauf-Erkrankungen, Diabetes und Übergewicht. Auch Knochenerkrankungen wie Osteoporose oder Demenzen (Alzheimer-Krankheit),

Autoimmunerkrankungen, Nierensteine und das Schlaganfallrisiko steigen an. Je mehr sich der Wohlstand ausbreitet, desto kränker wird die Gesellschaft. Zwar stehen modernste medizinische Geräte, Medikamente und chirurgische Maßnahmen zu Verfügung, um das Leben der Patienten zu verlängern. Aber behandelt wird immer nur das Symptom, nie die Ursache – auch bei uns. Die Autoren der „China Study" fassen die Situation sehr treffend in der Einleitung zu ihrem Buch mit folgenden Worten zusammen (vollständiger Text der Einleitung ► S. 373 ff.): *Wir wissen enorm viel über die Verbindung zwischen Ernährung und Gesundheit. Aber die wahre Wissenschaft wird unter einem Wirrwarr von unsachlichen oder sogar gesundheitsgefährdenden Informationen begraben – verursacht durch Pseudowissenschaft, Modediäten und Propaganda der Nahrungsmittelindustrie.*

Von den Gesundheitspolitikern wird zu wenig Augenmerk auf Prävention und Vorbeugung gelegt. Dabei wäre es viel sinnvoller, bereits im Vorfeld, noch vor der Entstehung einer Krankheit anzusetzen. Ziel einer ausgewogenen, veganen Ernährung ist die Gesunderhaltung und die Gewährleistung einer hohen Lebensqualität bis ins Alter. Nutzen Sie dieses Buch als Informationsquelle und als Anregung für eine gesündere Lebensweise. Machen Sie sich unabhängig von der Werbung der Lebensmittelindustrie. Legen Sie einfach Wert auf natürliche, abwechslungsreiche Nahrung. Und ganz wichtig: Lassen Sie sich nicht von anderen verunsichern. Es geht um Ihre Gesundheit und die Studien sprechen eine deutliche Sprache.

Ausgewogene Ernährung

Grundlagen

Für die Gesundheit und die Aufrechterhaltung der Lebensfunktionen sind eine ausgewogene Ernährung und ein funktionierender Stoffwechsel notwendig. Der menschliche Körper ist also auf die Ernährung angewiesen, die unserem Körper die verschiedene Bausteine und die notwendige Energie liefert. Der Stoffwechsel übernimmt dann die Aufgaben der Aufspaltung und Resorption sowie den Transport, die Verwertung und die Ausscheidung der aus der Nahrung aufgenommenen Nahrungsbestandteile. Die Bausteine bzw. Nahrungsbestandteile, die der Körper benötigt, sind uns als Grundnährstoffe bekannt: Kohlenhydrate, Fette, Eiweiße (Proteine), Ballaststoffe, Elektrolyte (Mineralstoffe), Vitamine und Spurenelemente (► S. 362 ff.).

Wer auf vegane Ernährung umstellt oder mit dem Gedanken daran spielt, wird oft mit ganz unterschiedlichen Fragen aus seinem sozialen Umfeld konfrontiert. Wie soll denn das gehen? Bekommst du da ausreichend Vitamine? Woher kommt das notwendige Eiweiß? Aus diesen Fragen spricht die Sorge, dass Veganer einen Mangel erleiden und nicht genug Nährstoffe bekommen. Wer einen Blick in die Ernährungsberichte verschiedener Länder wirft, wird sich die Frage stellen, woher die dokumentierten Mängel kommen, wenn sich die Mehrheit der Bevölkerung doch mit Fleisch ernährt. Aus Studien wissen wir, dass die Durchschnittsbevölkerung nicht optimal versorgt ist mit Kalzium, Folsäure, Vitamin D und Eisen. Dies liegt möglicherweise daran, dass die Menschen Fleisch und tierische Produkte essen und dafür Obst und Gemüse vernachlässigen. Veganer, die sich ausgewogen ernähren, sind in der Regel sehr gut mit allen notwendigen Vitaminen und anderen Nährstoffen versorgt. Wichtig ist, bei der Umstellung auf eine vegane Ernährung die Lust auf Vielfalt zu wecken und zu erhalten. Genießen Sie die Fülle der Lebensmittel und essen Sie nach dem „Regenbogen"-Prinzip. Ein wahrer Schatz sind die Farbstoffe und Antioxidanzien, bekannt als Carotinoide, Flavonoide, Saponine etc., die in vielen pflanzlichen Nahrungsmitteln enthalten sind. Diese lebenswichtigen Stoffe haben sogar weit mehr zu bieten als nur Vitamine. Natürliches Obst und frisches Gemüse wirken auf unseren Körper besser als isolierte Vitamine. Das zeigen die teilweise alarmierenden Ergebnisse aus Studien, in denen Probanden künstlich hergestellte oder isolierte Vitamine verabreicht wurden. Auch für die Ernährung gilt, dass das Ganze mehr ist als die Summe seiner Teile. Ob Sie eine Pille mit Einzelsubstanzen auf der Basis von Petroleum einnehmen oder ein frisches Lebensmittel mit einer Fülle an Inhaltsstoffen, macht den ganzen Unterschied. Tatsache ist: Gesundheit braucht „Natur" als Ganzes und nicht als Einzelsubstanz in Form von Nahrungsergänzungsmitteln. Die komplexen Zusammenhänge, wie die einzelnen Stoffe in ihrer Gesamtheit wirken, sind uns noch nicht alle bekannt. Ein weiterer Nachteil von Nahrungsergänzungsmitteln besteht darin, dass viele Menschen mit der Einnahme dieser Produkte ihr schlechtes Gewissen beruhigen, in der Annahme, dass es im Übrigen egal ist, was sie essen.

Halten wir uns lieber an die Natur, die nicht zuletzt auch besser schmeckt als Pillen aus der Dose. Nährstoffe sind wichtig, das zeigen auch die Erkenntnisse der „China Study". Sie müssen aber aus Rohstoffen wie Obst und Gemüse kommen, chemisch hergestellte Nahrungsergänzungsmittel haben nicht die erwünschte Wirkung.

Nahrungsergänzungen und angereicherte Lebensmittel

Ein häufiger Einwand gegen eine vegane Ernährungsweise ist, dass Veganer nur durch die Zufuhr von Nahrungsergänzungsmitteln gesund bleiben können, was einer „natürlichen Ernährung" widerspricht. Das Gegenargument lautet, dass es in einer hochindustrialisierten Welt schwierig geworden ist, ausschließlich auf natürliche Lebensmittel zurückzugreifen. Ein Beispiel ist unser Speisesalz: Seit Jahrzehnten wird Salz mit Jod angereichert, um Jod-Mangelerkrankungen vorzubeugen. Auch wenn wir uns entscheiden, darauf zu verzichten und Meersalz verwenden, das einen natürlichen Jodgehalt aufweist, können wir dem jodierten Salz nicht entgehen, sobald wir Brot oder Gebäck kaufen, die damit zubereitet werden. Angereicherte Lebensmittel sind Teil unseres Alltags geworden. In diesem Sinne ist es wohl ein vertretbarer Kompromiss, sich mit hochwertigen frischen Lebensmitteln zu ernähren und vorbeugend Vitamin B_{12}, idealerweise aus natürlichen Quellen, ergänzend einzunehmen. Dies schmälert nicht die vielen Vorteile einer veganen Ernährung.

Es ist wissenschaftlich erwiesen und allgemein anerkannt, dass typische vegane Lebensmittel wie Kohlgemüse, Sojaprodukte, Beeren, Tomaten oder Gewürze wie Kurkuma das Risiko senken, an Zivilisationskrankheiten wie Übergewicht, Diabetes, Herz-Kreislauf-Erkrankungen oder Demenz zu erkranken. Der Tenor aller Ernährungsempfehlungen lautet: Wir sollen mehr Obst und Gemüse essen. Und genau das tun Veganer. Dadurch konsumieren sie mehr Antioxidanzien, mehr pflanzliches Eiweiß, mehr sekundäre Pflanzeninhaltsstoffe und andere gesundheitsfördernde Stoffe.

Vegane Ernährung in Schwangerschaft und Stillzeit

Schwangerschaft

Eine pflanzliche Ernährung, basierend auf nahrhaftem Getreide und proteinreichen Hülsenfrüchten mit viel Obst und Gemüse sowie mit Pflanzenölen als Quelle für die essenziellen Omega-3-Fettsäuren ist eine gesunde Wahl für alle schwangeren Frauen. Da der Kalorienbedarf während der Schwangerschaft nur mäßig erhöht ist – etwa 250 kcal pro Tag – kommt es auch bei veganer Ernährung in der Regel zu keinen Defiziten.

Stillzeit

Die Zeit des Wachstums und der Entwicklung in den ersten Lebensmonaten stellt besondere Anforderungen an die Energie- und Nährstoffversorgung. Die Deutsche Gesellschaft für Ernährung stuft eine Ernährung auf rein pflanzlicher Basis als ungeeignet ein, um Säuglinge, Kleinkinder und Kinder adäquat zu versorgen und Gesundheitsrisiken zu vermeiden. Diskutiert wird eine Unterversorgung mit Energie, Protein, Eisen, Kalzium, Jod, Zink, Vitamin B_2 (Riboflavin), Vitamin B_{12} (Cobalamin) und Vitamin D sowie mit langkettigen Omega-3-Fettsäuren.

Babys und Kleinkinder haben einen hohen Nährstoffbedarf. Sie müssen wachsen, ihr Gehirn muss sich entwickeln und sie sollen eine möglichst gute Ausgangssituation haben, um ein gesundes Leben führen zu können. Die folgenden Hinweise sollten Sie beachten, wenn Sie Ihr Baby vegan ernähren.

- **Sojaprodukte** Mütter, die nicht stillen können oder wollen und auf Kuhmilch bzw. daraus hergestellte Säuglingsnahrung verzichtet wollen, greifen häufig auf Säuglingsnahrung auf Sojabasis zurück. Diese sind jedoch *kein Ersatz* für Kuhmilchprodukte und nicht für die Säuglingsernährung gedacht. Nicht oder nicht voll gestillte Säuglinge sollten Sojaerzeugnisse nur in begründeten Ausnahmefällen und nach ärztlicher Empfehlung regelmäßig bekommen. Soja ist ein hochallergenes Lebensmittel

(► S. 340), und die Verwendung von Sojaprodukten bereits im Säuglingsalter birgt das Risiko einer Allergieentwicklung. Sojagetränke und andere vegane „Milchen" wie Mandelmilch, Frischkornmilch oder Reismilch sind nicht auf die speziellen Nährstoffbedürfnisse des Säuglings abgestimmt und daher nicht als Säuglingsnahrung geeignet. Gedeihstörungen aufgrund von Energie- und Proteinmangel und weitere Nährstoffdefizite können die Folge sein. Industriell hergestellte Muttermilchersatznahrung versorgt Säuglinge ausreichend mit Nährstoffen und simuliert so gut wie möglich die Zusammensetzung der Muttermilch. Beraten Sie sich mit Ihrer Hebamme und mit Ihrem Kinderarzt und entscheiden Sie dann in Ruhe, ob Sie vielleicht doch in dieser sensiblen Entwicklungsphase für Ihr Kind eine Ausnahme machen.

- **Eisen** Im Säuglings- und Kleinkindalter ist die Vorbeugung von Eisenmangel ein wichtiges Anliegen, weil es bei einem Defizit an Eisen nicht nur zu einer Anämie, sondern auch zu Beeinträchtigungen im Verhalten und in der psychomotorischen Entwicklung kommen kann. Für alle Säuglinge und Kleinkinder, egal ob sie vegan oder mit Mischkost ernährt werden, gelten daher folgende Empfehlungen: Stillen bis zum sechsten Monat bzw. Zufuhr eisenreicher Beikost, sobald das Baby zugefüttert wird. Um die Bioverfügbarkeit von Eisen aus fleischloser Kost zu steigern, ist es besonders wichtig, Lebensmittel so zu kombinieren, dass die Ausnutzung von Eisen aus pflanzlicher Kost gefördert wird, z.B. durch die gleichzeitige Zufuhr von Vitamin C (Früchten).
- **Kalzium** Der Verzicht auf Milch und Milchprodukte führt dazu, dass bei vegan ernährten Kindern die Kalziumzufuhr zumeist deutlich unter dem empfohlenen Wert liegt. Ob dies die Knochengesundheit beeinträchtigt, ist bislang kaum untersucht worden. Die American Dietetic Association empfiehlt kalziumangereicherte Lebensmittel und Supplemente für vegan ernährte (Klein-)Kinder. Die regelmäßige Zufuhr an kalziumreichen pflanzlichen Lebensmitteln leistet ebenfalls einen wertvollen Beitrag (► S. 365).
- **Jod** In Fallbeschreibungen wird von Jodmangel und Hypothyreoidismus bei voll gestillten Neugeborenen bzw. (Klein-)Kindern von Veganerinnen

berichtet. Infolge eines schweren Jodmangels besteht die Gefahr des Kretinismus, ein Krankheitsbild, das u.a. durch mentale Entwicklungsverzögerung gekennzeichnet ist. Unabhängig von der Ernährung sollte deshalb während Schwangerschaft und Stillzeit eine Jodmangelprophylaxe durch Zufuhr von 100 (bis 150) µg Jod pro Tag in Tablettenform durchgeführt werden.

- **Vitamin B_{12}** Dieses Vitamin ist fast ausschließlich in tierischen Lebensmitteln enthalten. Neugeborene verfügen nur über geringe Vitamin-B_{12}-Speicher. Bei voll gestillten Säuglingen und Kleinkindern vegan ernährter Mütter wurde in zahlreichen Fällen ein Vitamin-B_{12}-Mangel mit Störungen der Blutbildung, verzögerter körperlicher Entwicklung sowie schweren, teilweise irreversiblen neurologischen Symptomen (z.B. Reizbarkeit, Krampfanfälle, Lethargie, Hirnatrophie, Retardierung und Regression der Entwicklung) festgestellt. Dies unterstreicht die Bedeutung einer ausreichenden Vitamin-B_{12}-Zufuhr während Schwangerschaft und Stillzeit. Die American Dietetic Association empfiehlt Menschen, die sich vegan ernähren, die Zufuhr von mit Vitamin B_{12} angereicherten Lebensmitteln oder von Vitamin-B_{12}-Supplementen. Der Verzehr fermentierter Lebensmittel oder Vitamin-B_{12}-reicher Algen ist keine Alternative zu Supplementen oder angereicherten Lebensmitteln, weil fermentierte Lebensmittel nur einen geringen Vitamin-B_{12}-Gehalt aufweisen und Vitamin B_{12} aus Algen (Nori, Spirulina) weniger gut bioverfügbar sein soll (► S. 363).
- **Vitamin D** Obwohl der Vitamin-D-Bedarf während der Schwangerschaft nicht erhöht ist (5 µg pro Tag), ist es wichtig, in Schwangerschaft und Stillzeit eine ausreichende Zufuhr dieses Vitamins sicherzustellen. Im ersten Lebensjahr sollte deshalb unabhängig von der Art der Ernährung (Muttermilch oder Muttermilchersatznahrung) eine kontinuierliche Rachitis-Prophylaxe mit Vitamin-D-Supplementen durchgeführt werden (► S. 369).

Die Kraft der Fünf-Elemente-Küche

Die Umstellung auf vegane Ernährung bedeutet für den Organismus in der Regel eine hohe Ballaststoffzufuhr. Je nachdem, wie sich der Betreffende vorher ernährt hat, kann diese Veränderung bei manchen Menschen Verdauungsbeschwerden auslösen. Die regelmäßige Verwendung von Linsen, Bohnen oder Sojaprodukten ist oft ungewohnt und zunächst eine Belastung für ein untrainiertes Verdauungssystem. Damit Sie den Umstieg problemlos schaffen und möglichst beschwerdefrei die gesunde, neue Kost genießen können, folgen ein paar Tipps aus der Ernährungslehre der Traditionellen Chinesischen Medizin (TCM), auch bekannt als Fünf-Elemente-Küche.

Die Fünf-Elemente-Ernährung orientiert sich an den Wandlungsphasen der Natur bzw. am Verlauf unseres Lebens. Ähnlich wie bei der Vier-Elemente-Lehre der Antike oder der westlichen Astrologie werden im Fünf-Elemente-System den Elementen Holz, Feuer, Erde, Metall und Wasser bestimmte Körperorgane, Jahreszeiten, Farben, Emotionen und andere Erscheinungsformen zugeordnet. In der TCM werden den Fünf Elementen zusätzlich Geschmacksrichtungen zugeordnet, anhand derer die chinesische Ernährungslehre Aussagen darüber macht, wie die Lebensmittel auf den Körper wirken. Der Geschmack der Lebensmittel – bitter, süß, scharf, salzig und sauer – ist eine Zusatzinformation über die Wirkungsweise der zugeführten Nahrung in unserem Körper.

Beim Kochen nach den Fünf Elementen wird besonders auf die Geschmacksrichtung und die Thermik der Nahrungsmittel eingegangen.

	Holz	Feuer	Erde	Metall	Wasser
Jahreszeit	Frühling	Sommer	Sommer, Erntezeit	Herbst	Winter
Organe	Leber, Gallenblase	Herz, Dünndarm	Magen, Milz	Lunge, Dickdarm	Niere, Blase
Geschmack	Sauer	Bitter	Süß	Scharf	Salzig
Farbe	Grün	Rot	Gelb	Weiß	Blau

Aus Sicht der chinesischen Ernährungslehre wird jedem Nahrungsmittel eine thermische Wirkrichtung zugeordnet (kostenloser Download einer Übersicht unter www.essenz.at/tabelle).

Heiß	Chili, Zimt, Spirituosen, Glühwein
Warm	Kürbis, die meisten getrockneten Kräuter wie z.B. Majoran oder Thymian
Neutral	Kartoffeln, Karotten, Nüsse
Erfrischend	Sellerie, Äpfel, Orangen
Kalt	Gurken, Kiwis, Joghurt

Die thermischen Eigenschaften der Nahrungsmittel werden gezielt nach den Erfordernissen der Jahreszeit und den individuellen Bedürfnissen eingesetzt. So werden im Sommer mehr erfrischende und ab und zu kalte Nahrungsmittel verwendet, im Winter bevorzugt die warmen und heißen Nahrungsmittel. Menschen, die leicht frieren, werden mit kalten Nahrungsmitteln noch mehr frieren, daher sollten sie wärmende Speisen zu sich nehmen. Die folgende Übersicht zeigt eine „ideale" Aufteilung der Lebensmittel hinsichtlich ihrer thermischen Wirkung in einer ausgewogenen Mahlzeit wie z.B. eine wärmende Curry-Pastinaken-Suppe für den Winter (► S. 32) oder eine Kohlrabi-Karotten-Rohkost für den Sommer (► S. 69).

	Heiß	Warm	Neutral	Erfrischend	Kalt
Wirkung	Vertreibt Kälte	Wärmt	Baut Qi auf	Baut Säfte auf	Vertreibt Hitze
	Erhitzt	Unterstützt das Qi	Harmonisiert	Kühlt	Kühlt stark

Thermische Veränderung bei der Zubereitung

Der Kochvorgang verändert den thermischen Zustand eines Lebensmittels. In der TCM gilt die Tomate als thermisch kalt. Wird die Tomate gekocht, verringert sich die abkühlende Wirkung, und wenn zusätzlich erwärmende Gewürze wie Rosmarin oder Basilikum dazugegeben werden, ist die Tomate noch weniger abkühlend. Nicht nur die Wahl der Zutaten, sondern auch die Zubereitungsart hat demnach einen Einfluss auf den energetischen Zustand der Speisen. Die Traditionelle Chinesische Medizin unterscheidet zwei Zubereitungsarten: YINisieren (abkühlend) und YANGisieren (erwärmend).

YINisieren (= erwärmende Wirkung ausgleichen, abkühlende Wirkung verstärken)	YANGisieren (= abkühlende Wirkung ausgleichen, erwärmende Wirkung unterstützen)
Blanchieren (kurz aufkochen)	Scharf anbraten, grillen, räuchern
Kurz kochen mit viel Wasser (reduziert erwärmende Wirkung)	Sanftes, langes Schmoren
Kochen mit erfrischenden Zutaten (Obst, Südfrüchte, Sprossen, Champignons, Fruchtsäfte)	Im Backofen zubereiten
Einweichen	Langes Kochen (Suppen)
	Verwenden von heißen oder warmen Gewürzen und Kräutern
	Kochen mit Alkohol
	Trocknen

Die Ernährungslehre nach den Gesichtspunkten der TCM zu nutzen bedeutet, wieder zu lernen, mehr seinen Instinkten zu vertrauen. Die Instinkte sind bei uns allen vorhanden, wir können hören, riechen, schmecken, sehen und fühlen. Wenn wir unsere Sinne nutzen, spüren wir auch Hitze-Kälte oder Yin und Yang und können mit Selbstverantwortung unsere Ernährung passend dazu auswählen.

Richtwert Bei guter Gesundheit sollten erwärmende, neutrale und erfrischende Lebensmittel zu etwa gleichen Teilen auf dem Speisezettel stehen. Kalte und heiße Zutaten sollten in kleinen Mengen als Zugabe verwendet werden.

Die Bedeutung regionaler und saisonaler Zutaten

Die Verwendung von Zutaten aus der unmittelbaren Umgebung und gemäß der jahreszeitlichen Verfügbarkeit ist ein Grundprinzip der Fünf-Elemente-Küche. Im Idealfall sollten die Zutaten aus biologischer Landwirtschaft stammen. Kontrolliert biologisch angebaute Rohstoffe, möglichst frisch und natürlich, d.h. unverarbeitet, enthalten Qi und damit Lebenskraft.

Solche Zutaten nähren uns, sind bekömmlich, leisten darüber hinaus einen Beitrag für eine nachhaltige Landwirtschaft und schonen Ressourcen.

Ein weiteres Argument zugunsten regionaler und saisonaler Kost sieht die TCM darin, dass unser Organismus über ein sogenanntes „Vorfahren-Qi" verfügt. Dieses Konzept besagt, dass eine „großmütterliche" Instanz entscheidet, ob die Nahrung, die wir zu uns nehmen, in unser System passt und integriert werden darf. Für unseren Stoffwechsel bedeutet dies, dass das „Vorfahren-Qi" darüber entscheidet, ob die entsprechenden Enzyme vorhanden sind, um körperfremde Nahrung in körpereigene Substanzen umzuwandeln. Wenn die Nahrung nicht identifiziert werden kann und somit abgelehnt wird, ist sie ein Abfallstoff, der den Körper belastet. Viele Lebensmittelunverträglichkeiten und Allergien werden aus Sicht der TCM mit diesem Konzept erklärt. Gentechnisch veränderte Lebensmittel, neues Saatgut und veränderte Züchtungen machen es unserem Körper schwer, sich in so kurzer Zeit anzupassen – Unverträglichkeiten sind die Folge.

Alles hat seine Zeit

Die neuesten Erkenntnisse der Chronobiologie, die die zeitliche Organisation natürlicher Prozesse von Organismen untersucht, zeigen viele Übereinstimmungen mit dem Konzept der Fünf Wandlungsphasen (Fünf Elemente) und seinen Entsprechungen in der „Organuhr". Nach Ansicht der TCM durchläuft die Energie innerhalb eines Tages unseren Körper wie eine Welle. Jedes Organ erreicht einmal täglich sein Energiemaximum, was gleichzusetzen ist mit optimaler Leistungsfähigkeit. Genau zwölf Stunden später erbringt das Organ seine Minimalleistung, ist also am schwächsten. Unsere Verdauungsorgane haben morgens ihre Maximalzeit, was auch die Sinnhaftigkeit des alten Sprichworts: „Iss morgens wie ein Kaiser …" bestärkt. Morgens bzw. vormittags verzehrte Lebensmittel belasten den Körper am wenigsten und können effizient verarbeitet werden. Zwölf Stunden später in den Abendstunden haben die Verdauungsorgane ihre schwächste Leistung. Trotzdem verzehren viele abends die Hauptmahlzeit und wundern sich, dass Schlafstörungen oder Verdauungsbeschwerden auftreten. Wieder mehr mit seinem natürlichen Rhythmus zu leben, mehr Regelmäßigkeit in das Essverhalten zu bringen, ist vor allem für empfindliche Personen eine hilfreiche Maßnahme.

Vegane Rezepte mit Genuss und Freude

Die Recherchen und Gespräche bei den Vorbereitungen zu diesem Buch haben gezeigt, dass das Thema „vegane Ernährung" heiße Diskussionen auslöst. Auf einigen Websiten werden Fleischesser und sogar Vegetarier als „Mörder" beschimpft, manche Aussagen klingen aggressiv bis militant. Auf der anderen Seite gibt es immer noch Vertreter der Mischkost, die Veganer ins „alternative" Eck abdrängen und nicht für voll nehmen. Gleichzeitig nimmt aber die Zahl derer immer mehr zu, die Interesse an einer Umstellung auf eine vegane Ernährung äußern, mehr darüber wissen wollen und die Diskussion suchen. Der Erfolg der „China Study" und der Boom der veganen Kochbücher belegen das wachsende Interesse an der veganen Ernährungsweise.

Betrachtet man die Argumente für eine vegane Ernährung ganz sachlich – sie fördert die Gesundheit, schont das Klima, erspart den Tieren Leid –, dann spricht viel für den Versuch einer Ernährungsumstellung. Dabei geht es nicht darum, sofort ein 100-prozentiger Veganer zu werden, der auch keinen Honig mehr zu sich nimmt und keine Lederschuhe trägt. Das Umdenken und die ersten Schritte hin zu einer veganen Ernährung werden viel leichter fallen, wenn man ungezwungen und mit Spaß an der Sache einfach startet, anders einkauft und vegane Speisen kocht. Wenn jemand sonntags einen Festtagsbraten genießt, sich aber an den übrigen sechs Tagen mit Freude und Genuss vegan ernährt, hat er seine Ernährungsweise bereits zu 90 Prozent auf vegan umgestellt, gemessen an der Zeit zuvor, als er jeden Tag Fleisch gegessen hat. Jeder, der als „mündiger Konsument" Verantwortung für seine Speisenauswahl übernimmt und sich der Auswirkungen seiner Kaufentscheidungen bewusst ist, verdient Respekt.

Auf den folgenden Seiten finden Sie eine große Auswahl an Rezepten für Ihren veganen Alltag. Daran schließt sich ein Abschnitt über die vegane Küchenpraxis an mit nützlichen Tipps für den Einkauf, eine kleine Gewürz-

und Kräuterkunde und eine ausführliche Warenkunde über Zutaten, die Sie vielleicht noch nicht kennen wie z.B. Guarkernmehl oder Mandelmilch. Im Anhang finden Sie relevante Stichpunkte zum Thema „Ernährung und Krankheit“ und eine Übersicht über die Versorgung mit den wichtigsten Nährstoffen bei veganer Ernährung. Am Ende des Buchs haben wir für Sie im Anhang ein paar Leseproben aus der „China Study“, einige Bezugsquellen und ein Quellen- und Literaturverzeichnis zusammengestellt. Außerdem finden Sie im Anhang ein Stichwort- und ein Rezeptverzeichnis zum schnellen Nachschlagen.

II Rezepte

Adelheid Stöger

Suppen

Brennnesselcremesuppe (► S. 28)

Suppen regulieren den Wasserhaushalt, sind Vitaminträger und schützen vor Hautalterung. Sie helfen gegen Müdigkeit, bei Erkältung, Durchblutungsstörungen, Magen-Darm-Problemen, bei Appetitlosigkeit, Stress, Schwindel, Tinnitus u.v.m.

Bärlauchsuppe

Für 4 Personen

500 g Kartoffel
2 Schalotten
20 g Sojabutter
1 l Gemüsebrühe
100 g Bärlauch
100 g Hafersahne
Salz, Pfeffer
Bärlauchblüten und gehobelte Mandeln zum Garnieren

Die Kartoffeln würfeln, mit den fein gehackten Schalotten in der Sojabutter anschwitzen. Mit der Gemüsebrühe aufgießen. Die in Streifen geschnittenen Bärlauchblätter dazugeben und etwa 10 Minuten köcheln lassen, danach mit dem Mixer pürieren. Die Hafersahne dazugeben, mit Salz und Pfeffer abschmecken.
Mit etwas Hafersahne und Bärlauchblüten oder gerösteten Mandelblättchen garnieren, eventuell geröstete Brotwürfel dazureichen.

Gesundheitsaspekt

Bärlauch enthält vor allem Vitamin C, Mineralstoffe (Eisen, Mangan, Magnesium), scharfe Senfölglykoside. Er hat eine heilende Wirkung auf die Blutgefäße, indem er den Cholesterinspiegel senkt und krankhafte Ablagerungen in den Gefäßen abbaut.
Bärlauch wirkt antibiotisch, blutreinigend, entzündungshemmend, krampf- und schleimlösend.

Blumenkohlcremesuppe

Für 4 Personen
400 g Blumenkohl
200 g Kohlrabi
500 ml Gemüsebrühe
250 ml Hafersahne
Salz, weißer Pfeffer
Muskat
Zitronensaft
Schnittlauchröllchen

Blumenkohl in sehr kleine Röschen zerteilen. Kohlrabi schälen und in kleine Stücke schneiden. Einige Kohlrabiblätter zum Garnieren beiseitelegen. Das Gemüse in der Gemüsebrühe zum Kochen bringen und zugedeckt 25 Minuten köcheln lassen. Einige Blumenkohlröschen aus der Suppe nehmen und beiseite stellen. Die restliche Suppe mit der Hafersahne pürieren.
Die Blumenkohlröschen als Einlage in die Suppe geben. Mit Salz, Pfeffer, Muskat und Zitronensaft würzen und mit Schnittlauchröllchen und Kohlrabigrün garnieren.

Gesundheitsaspekt Blumenkohl ▸ S. 63

Bohnensuppe mit Kohl

Für 4 Personen
400 g getrocknete weiße Bohnen
500 g Grünkohl
3 mehligkochende Kartoffeln
2 Karotten
3 Tomaten
1 Stange Staudensellerie
2 Zwiebeln
2 Knoblauchzehen
1 Zweig Rosmarin
400 ml Gemüsebrühe ▸

Die Bohnen über Nacht in Wasser bedeckt einweichen, am nächsten Tag das Wasser abgießen und die Bohnen in frischem Wasser 50 bis 60 Minuten gar kochen. Grünkohl waschen und in Streifen schneiden, Kartoffeln, Karotten und Sellerie schälen und ebenso wie die Tomaten würfeln. Zwiebeln und Knoblauch schälen und klein hacken.
In einem großen Topf Zwiebeln, Knoblauch und Rosmarinzweig in 3 EL Sonnenblumenöl andünsten. Mit Ausnahme der Bohnen das restliche klein geschnittene Gemüse dazugeben und mitdünsten. Mit Salz und Pfeffer abschmecken.
Etwa ¼ der gekochten Bohnen beiseitestellen, die

300 g altbackenes, in Stücke geschnittenes Weißbrot
Salz, Pfeffer aus der Mühle

restlichen Bohnen im Kochwasser pürieren und zum Gemüse geben. Mit 400 ml Gemüsebrühe aufgießen und 60 Minuten auf kleiner Flamme köcheln lassen. 5 Minuten vor Ende der Garzeit die ganzen Bohnen und das altbackene Brot dazugeben. Mit frisch gehackten Zwiebeln servieren.

Gesundheitsaspekt

Bohnen haben einen hohen Gehalt an Ballaststoffen, die verdauungsfördernd wirken. Sie enthalten hochwertiges Eiweiß, kaum Fett, dafür wichtige Mineralstoffe und Vitamine, zudem sekundäre Pflanzenstoffe wie Polyphenole und Bioflavone, die antioxidativ und entzündungshemmend wirken und ein hervorragendes Anti-Aging-Mittel sind. Bohnen enthalten außerdem Lecithin, das blutfettsenkend und nervenstärkend wirkt.

Bohnen werden durch Zugabe von verdauungsfördernden Gewürzen wie Kümmel, Majoran, Fenchel, Koriander, Thymian oder Anis bekömmlicher.

Brennnesselcremesuppe

Für 4 Personen
40 g Sojabutter
1 kleine Zwiebel
20 g Pfeilwurzelstärke
Etwas Weißwein zum Ablöschen
¾ l Gemüsebrühe ▸

Fein gehackte Zwiebel in der Sojabutter leicht anschwitzen, mit Pfeilwurzelstärke bestäuben und mit Weißwein ablöschen. Mit der Gemüsebrühe aufgießen und die Hälfte der grob gehackten Brennnesseln dazugeben, 10 Minuten leicht köcheln lassen. Mit den Gewürzen abschmecken, von der Kochplatte nehmen, Hafersahne und die restlichen

2 Handvoll Brennnessel-spitzen
⅛ l Hafersahne
Kräutersalz, Pfeffer aus der Mühle
1 Prise geriebene Muskatnuss
Gänseblümchen zum Garnieren

Brennnesselspitzen dazugeben, mit dem Mixer pürieren. Mit Gänseblümchen garnieren. (▸ Foto S. 24/25)

Gesundheitsaspekt

Brennnesseln enthalten in den Teilen, die über der Erde wachsen, Mineralsalze (Kalzium, Kalium, Kieselsäure), außerdem Essigsäure und biogene Amine (Histamin, Serotonin, Flavonoide, Carotinoide) sowie Vitamin E. Sie fördern die Ausscheidung von Harnsäure.

Brennnesseln wirken entzündungshemmend und abschwellend. Brennnesseltee eignet sich zur Entschlackung des Körpers und unterstützt somit auch das Abnehmen, außerdem wirkt der Tee blutreinigend und schleimlösend.

Brokkolisuppe

Für 4 Personen
1 Brokkoli
2 Kartoffeln
1 Tomate
¼ l Gemüsebrühe
120 ml Tofutti Sour Supreme (veganer Sauerrahm)
Saft und Schale einer halben Bio-Zitrone
Salz, Pfeffer

Brokkoli in Röschen teilen, Strunk würfeln. Kartoffeln schälen und würfeln, Brokkoli und Kartoffeln etwa 10 Minuten in 250 ml Gemüsebrühe weich garen. Tomate an der Oberseite kreuzweise einschneiden, kurz in kochendes Wasser legen, häuten, vierteln und entkernen.

Suppe mit Ausnahme einiger Röschen zusammen mit Zitronensaft und -schale mit dem Mixer pürieren, Tofutti Sour Supreme einrühren, die Suppe nochmals kurz aufkochen, salzen, pfeffern, mit den Kohlröschen und Tomaten garnieren.

Gesundheitsaspekt Brokkoli ▸ S. 64

Champignoncremesuppe

Für 4 Personen
350 g Champignons
50 g Sojabutter
50 g Vollkornmehl
½ l Gemüsebrühe
½ l Sojamilch
100 ml Hafersahne
1 Zwiebel
1 Knoblauchzehe
1 Prise Muskatnuss
Salz, Pfeffer
1 EL fein gehackte Petersilie

Die Hälfte der Champignons in große Stücke, die andere Hälfte feinblättrig schneiden. Die Zwiebel fein hacken, die Knoblauchzehe zerdrücken und beides in Sojabutter andünsten. Die grob geschnittenen Pilze hinzufügen und mitdünsten, bis sie weich werden. Mehl darüber streuen, verrühren, nach und nach die Gemüsebrühe zugießen und zum Sieden bringen, zugedeckt 20 Minuten köcheln lassen.

Die Suppe durch ein Sieb passieren, in den Topf zurückgießen und mit Salz, Pfeffer und Muskat würzen. Die fein geschnittenen Pilze in die Suppe geben, Sojamilch hinzufügen, weitere 10 Minuten köcheln, zum Schluss Hafersahne einrühren und die Suppe noch einmal kurz erhitzen, mit Petersilie bestreuen.

Gesundheitsaspekt Champignons ► S. 101

Chicorée-Kartoffel-Suppe

Für 4 Personen
500 g mehligkochende Kartoffeln
1 Schalotte
1 Knoblauchzehe
1 Chicorée
2 EL Olivenöl
200 ml trockener Weißwein ►

Kartoffeln, Schalotte und Knoblauch schälen und würfeln. Chicorée waschen, putzen, den Strunk entfernen und die Chicoréeblätter in Streifen schneiden. Alles zusammen 2 bis 3 Minuten in heißem Öl anschwitzen, mit Weißwein ablöschen und etwas einköcheln lassen, bevor man die Brühe angießt. Thymianblättchen zufügen und etwa 25 Minuten mitköcheln lassen, danach das Ganze fein

600 ml Gemüsebrühe
4 Zweige Thymian
150 ml Hafersahne
Salz, weißer Pfeffer
2 EL Sojajoghurt
Kresse zum Garnieren

mit dem Mixer pürieren und die Hafersahne unterrühren.
Mit Salz und Pfeffer abschmecken und mit etwas Sojajoghurt und Kresse garnieren.

Gesundheitsaspekt Chicorée ► S. 65

Chicoréesuppe mit Mandarinen und Feldsalat

Für 4 Personen
1 Zwiebel
200 g mehligkochende Kartoffeln
2 Chicorée
2 EL Zitronensaft
1 EL Sojabutter
750 ml Gemüsebrühe
250 ml Hafersahne
250 ml Mandarinensaft
2 Mandarinen
100 g Feldsalat

Zwiebel und Kartoffeln schälen. Zwiebel fein und Kartoffeln in 1 cm große Würfel schneiden. Chicorée längs halbieren, in 1 cm breite Streifen schneiden und mit Zitronensaft vermischen.
Kartoffeln, Zwiebel und Chicorée in der Sojabutter anschwitzen, mit Suppe, Hafersahne und Mandarinensaft aufgießen und bei schwacher Hitze 10 Minuten köcheln lassen.
Die Suppe mit dem Mixer pürieren, mit Salz, Pfeffer und Muskat würzen und mit Feldsalat und Mandarinenfilets garnieren.

Chinesische Suppe mit Tofu

Für 4 Personen
200 g Tofu
1 Zwiebel
4 Knoblauchzehen
200 g Champignons
1 Handvoll Blattspinat ►

Zwiebel und Knoblauchzehen fein würfeln und die Champignons blättrig schneiden. Ingwer fein und Spinat grob hacken.
In einer Pfanne Öl erhitzen, Zwiebeln anschwitzen lassen, Knoblauch und Ingwer dazugeben und an-

2 cm frische geschälte Ingwerwurzel
1 l Gemüsebrühe
Chilipulver
3 EL Öl
2 EL weißer Balsamicoessig
Salz, Pfeffer

braten. Danach die Champignons und den Spinat hinzufügen und ca. 2 bis 3 Minuten braten. Gemüsebrühe aufgießen, aufkochen und 5 Minuten auf kleiner Flamme weiterkochen. Salz, Pfeffer, Chilipulver und etwas Balsamicoessig dazugeben. Schließlich den gewürfelten Tofu hinzufügen und weitere 5 Minuten ziehen lassen.

Curry-Pastinaken-Suppe

Für 4 Personen
600 g Pastinaken
1 große Kartoffel
1 l Gemüsebrühe
1 Schalotte
1 EL Sojabutter
Salz
50 ml Hafersahne
2–3 TL milder Curry
1 El gehackte Petersilie zum Garnieren

Pastinaken und Kartoffel schälen und würfeln. Das Gemüse in der Brühe ca. 20 Minuten weich kochen und anschließend mit dem Mixer pürieren. Die Schalotte schälen und fein hacken. In einem Topf die Sojabutter erhitzen und die Schalotte darin dünsten. Curry dazugeben und kurz mitdünsten. Danach die Pastinaken-Kartoffel-Brühe auffüllen, mit Salz und Hafersahne abschmecken und die Suppe mit klein gehackter Petersilie bestreuen und servieren.

Gesundheitsaspekt Pastinaken ▸ S. 78

Seppis Dinkelsuppe mit Gemüse

Für 4 Personen
50 g feiner Dinkelschrot
1 kleine Zwiebel
1 Karotte
¼ Knollensellerie
1 TL Sojabutter ▸

Zwiebel fein würfeln und mit 1 EL Sojabutter glasig anschwitzen. Karotte und Sellerie ebenso würfeln, den Porree in Ringe schneiden und nacheinander zu den Zwiebeln geben. Danach den Dinkelschrot unter Rühren dazugeben. Die Gemüsebrühe auf-

1 kleine Porreestange
500 ml Gemüsebrühe
2 EL Hafersahne
2 EL gehackte Petersilie

gießen und die Suppe zugedeckt etwa 20 Minuten köcheln lassen.
2 EL Hafersahne einrühren und mit der Petersilie garnieren.

Bunte Gemüsesuppe

Für 4 Personen
1 Zwiebel
1–2 Knoblauchzehen
200 g Karotten
150 g Kohlrabi
150 g Brokkoli
100 g grüne Bohnen
100 g Fenchel
100 g Porree
250 g mehligkochende Kartoffeln
3–4 Zweige Thymian
2–3 EL Sonnenblumenöl
1,5 l Gemüsebrühe
2 Lorbeerblätter
Salz, Pfeffer

Zwiebel und Knoblauch schälen und fein würfeln, Gemüse und Kartoffeln putzen, waschen, schälen und in mundgerechte Stücke schneiden. Das Öl in einem großen Topf erhitzen, die Zwiebel- und Knoblauchwürfel darin glasig dünsten. Gemüse- und Kartoffelstücke dazugeben, mit Gemüsebrühe aufgießen und zum Kochen bringen. Die Lorbeerblätter dazugeben, mit Salz und Pfeffer würzen.
Zugedeckt 15 Minuten köcheln lassen und zum Schluss mit Thymianblättchen garnieren.

Gemüsesuppe mit Gartenkräutern

Für 4 Personen
2 Karotten
4 Stangen Staudensellerie
1 Bund Petersilie ►

Liebstöckel und Petersilie zusammenbinden. Porree, Karotten und Sellerie in Scheiben schneiden und in einem Topf mit Öl andünsten. Danach mit Gemüsebrühe aufgießen, den Liebstöckel-Petersilien-Bund, die Gewürze und etwas Salz dazugeben

2 Stangen Porree
2 EL Rapsöl
1 l Gemüsebrühe
4 schwarze Pfefferkörner
300 g Blumenkohl
100 g Erbsen
2 EL Sojabutter
1 Bund Kerbel
1 Bund Liebstöckel
Salz, Pfeffer

und kurz aufkochen. Danach die Blumenkohlröschen dazufügen und 4 Minuten weiterkochen. Am Schluss Porree und Erbsen in den Topf geben und weitere 5 Minuten kochen.
Den Kräuterbund aus der Suppe nehmen, die Sojabutter dazugeben und mit Salz und Pfeffer abschmecken. Mit gehackten Kerbel- und Petersilienblättchen garnieren.

Thai-Gemüsesuppe

Für 4 Personen
1 Knoblauchzehe
1 walnussgroßes Stück frischer Ingwer
2 Zucchini
1 Stange Porree
2 Karotten
2 rote Paprikaschoten
150 g Champignons
500 g Brokkoli
1 EL Sojaöl
2 TL grüne Thai-Currypaste
750 ml Gemüsebrühe
200 ml Kokosmilch
2 Stängel Zitronengras
2 Kaffir-Limettenblätter
Salz, Pfeffer
Sojasoße

Knoblauch und Ingwer schälen und fein hacken. Das übrige Gemüse, außer den Brokkoli, in feine Streifen oder Scheiben schneiden. Brokkoli in kleine Röschen teilen. Knoblauch und Ingwer in heißem Öl andünsten. Das Gemüse dazugeben und mitdünsten. Currypaste, Gemüsebrühe; Kokosmilch, grob gehacktes Zitronengras und Limettenblätter dazugeben.
Zugedeckt 15 Minuten köcheln lassen. Am Schluss mit Salz, Pfeffer und Sojasoße würzen. Vor dem Servieren die Limettenblätter und das Zitronengras entfernen.

Karibischer Suppentopf

Für 4 Personen
2 Knoblauchzehen
2 kleine Zucchini
200 g Porree
4 hellgrüne Kohlblätter
700 ml Gemüsebrühe
100 ml Kokosmilch
1 TL frisch geriebener Ingwer
2 Bio-Limetten
1 Prise Chili
100 g gekochte Maiskörner
100 g gekochte Erbsen
2 EL frischer Koriander

Knoblauch schälen und fein schneiden. Zucchini in dünne Scheiben, Porree und Kohlblätter in dünne Streifen schneiden. 700 ml Gemüsebrühe mit Kokosmilch, Knoblauch, Ingwer, Schalen von 2 Limetten und 1 Prise Chili aufkochen und zugedeckt 5 Minuten köcheln lassen. Porree dazugeben, weitere 3 Minuten köcheln. Die Kohlblätter, den Mais und die Erbsen dazugeben und weiter köcheln lassen. Am Schluss Zucchini dazugeben und noch mal 2 Minuten köcheln lassen.
Suppe mit Limettensaft und Salz würzen und mit Koriander garnieren.

Karottensuppe

Zutaten 4 Personen
1 Zwiebel
2 TL Olivenöl
600 g Karotten
500 ml Gemüsebrühe
Salz, Pfeffer
1 Prise Ingwer
1 Prise Kurkuma
100 ml Sojamilch
Petersilie

Zwiebel fein hacken und in Olivenöl anschwitzen. Karotten würfeln und kurz mitrösten. Mit Gemüsebrühe aufgießen und mit Salz, Pfeffer, Ingwer und Kurkuma würzen. Auf kleiner Flamme 15 Minuten köcheln lassen.
250 ml Sojamilch unterrühren, die Suppe mit dem Mixer pürieren und mit Petersilie garnieren.

Gesundheitsaspekt

Karotten enthalten Vitamin A, B_1, B_2, B_6, C, D, E, K, Niacin, Folsäure, Kalium, Kalzium, Magnesium, Phosphor, Eisen, Silizium, Zink, verschiedene Aminosäuren sowie ätherische Öle.

Das Betacarotin der Karotten schützt vor Infektionen, fördert zudem die Regeneration von Haut, Augen, Sehnerven und Schleimhäuten und zeigt darüber hinaus bei Schilddrüsenüberfunktion und Herz-Kreislauf-Erkrankungen eine heilende Wirkung.
Karotten wirken antibakteriell und harntreibend. Der hohe Selengehalt der Karotte stärkt das Immunsystem. Die ätherischen Öle der Karotte vertreiben schädliche Parasiten im Darm.

Karottensuppe mit Chili

Zutaten 4 Personen
20 g Sojabutter
2 EL Olivenöl
2 TL Ahornsirup
400 g Karotten
2 kleine Kartoffeln
100 g Knollensellerie
1 Zwiebel
1 l Gemüsebrühe
2 TL rote Pfefferkörner
4 TL Korianderkörner
2 EL Zitronensaft und
Etwas Zitronenschale
1 Prise Muskatnuss
Gehackte Chili

Gemüse waschen, schälen und würfeln. Die Sojabutter schmelzen, Olivenöl und Ahornsirup zufügen. Kartoffelwürfel darin rösten und einige Würfel als Einlage beiseitestellen. Das restliche Gemüse und die gehackte Zwiebel dazugeben, mit Gemüsebrühe aufgießen und weich kochen. Pfeffer- und Korianderkörner im Mörser zerstoßen und mitkochen.
Die Suppe pürieren und die Prise Muskatnuss, Zitronensaft und -schale sowie den gehackten Chili dazugeben.

Karotten-Ingwer-Suppe

Für 4 Personen
1 Zwiebel
4 EL Sojabutter
8 Karotten
2 TL geriebener frischer Ingwer
Salz, Pfeffer aus der Mühle
500 ml Gemüsebrühe
Sesamkörner

Zwiebel schälen, fein hacken und mit der Sojabutter glasig dünsten. Karotten schälen, in Scheiben schneiden und mitdünsten. Den Ingwer dazugeben, salzen und 10 Minuten köcheln lassen, mit etwas Wasser aufgießen. 250 ml Gemüsebrühe dazugeben und weitere 15 Minuten köcheln bis die Karotten weich sind.
Die Suppe mit dem Mixer pürieren und mit Sesamkörner garnieren.

Kartoffelsuppe

Für 4 Personen
700 g mehligkochende Kartoffeln
4 Karotten
1 Stange Porree
2 Zwiebeln
2 Knoblauchzehen
2 EL Rapsöl
1 l Gemüsebrühe
Salz, Pfeffer aus der Mühle
1 EL gehackte Majoranblättchen
2 EL Schnittlauchröllchen
30 g Mandelblättchen

Kartoffeln und Karotten waschen, schälen und würfeln. Den Porree waschen und in feine Ringe schneiden. Zwiebeln und Knoblauch schälen und klein hacken. Kartoffeln im Rapsöl anbraten. Karotten, Porree, Zwiebeln und Knoblauch dazugeben und alles kurz andünsten. Die Gemüsebrühe dazugießen, mit Salz und Pfeffer würzen und 25 Minuten köcheln lassen. Dabei gelegentlich umrühren und nochmals mit Salz und Pfeffer abschmecken.
Zum Schluss den Majoran dazugeben und mit Schnittlauchröllchen und gerösteten Mandelblättchen garnieren.

Gesundheitsaspekt

Kartoffeln enthalten wichtige Vitamine (A, B_1, B_2, B_6, C, E, K), Mineralstoffe und Spurenele-

mente, hochwertiges Eiweiß, essenzielle Aminosäuren und Ballaststoffe.
Kartoffeln wirken verdauungsfördernd und krampflösend.

Kartoffelsuppe mit Pilzen

Für 4 Personen
100 g Porree
1 Knoblauchzehe
700 g Kartoffeln
30 g Sojabutter
1,5 l Gemüsebrühe
150 g Pilze
2 EL Sonnenblumenöl
200 ml Hafersahne
1 Spritzer Zitronensaft
2 EL Schnittlauchröllchen
Salz, Pfeffer

Den weißen Teil des Porrees waschen und in feine Ringe schneiden. Knoblauch schälen und in Scheiben schneiden. Kartoffeln schälen, waschen und würfeln. Die Sojabutter in einem Topf bei mittlerer Hitze schmelzen, Porree und Knoblauch darin anschwitzen. Die Kartoffeln dazugeben und 1 Minute anschwitzen. Gemüsebrühe dazugießen, zum Kochen bringen und 25 Minuten leicht köcheln lassen.
Währenddessen die Pilze putzen, kalt abspülen und zum Trocknen ausbreiten.
150 ml Hafersahne zur Suppe gießen, erneut aufkochen und danach 5 Minuten köcheln lassen. Anschließend die Suppe mit dem Mixer pürieren und mit Salz und Pfeffer würzen.
2 EL Sonnenblumenöl in einer Pfanne erhitzen, die fein geschnittenen Pilze darin 2 bis 3 Minuten scharf anbraten und mit Salz, Pfeffer, Zitronensaft würzen.
Die Pilze gemeinsam mit den Schnittlauchröllchen auf die Suppe streuen und mit der restlichen Hafersahne beträufeln.

Kichererbsensuppe mit Gemüse und Pilzen

Für 4 Personen
400 g Kichererbsen aus der Dose oder
200 g getrocknete Kichererbsen über Nacht in Wasser eingeweicht
1 Zwiebel
1 Knoblauchzehe
200 g mehligkochende Kartoffeln
1 Stange Porree
1 grüne und 1 rote Paprikaschote
80 g Champignons
1 EL Sonnenblumenöl
800 ml Gemüsebrühe
2 EL gehackte Petersilie
Weißweinessig
Salz, Pfeffer

Die Kichererbsen waschen und abtropfen lassen. Zwiebel und Knoblauch schälen und würfeln. Den Porree längs halbieren, waschen und in feine Streifen schneiden. Paprikaschoten waschen und halbieren, die weißen Innenhäute und Kerne entfernen und in dünne Streifen schneiden. Die Champignons putzen und je nach Größe ganz lassen, halbieren oder vierteln. Die Zwiebel- und Knoblauchwürfel in Öl anschwitzen und mit der Gemüsebrühe ablöschen. Kartoffeln, Kichererbsen und Porree dazugeben und zugedeckt 20 Minuten köcheln lassen. Danach die klein geschnittenen Paprikaschoten und die Champignons zugeben und weitere 10 Minuten köcheln lassen.
Zum Schluss die Petersilie dazugeben und mit einem Spritzer Essig, Salz und Pfeffer abschmecken.

Gesundheitsaspekt Kichererbsen ▸ S. 156

Kohlcremesuppe mit Zitronenwürze

Für 4 Personen
1 Zwiebel
500 g Kohl
1 Bund Petersilie
20 g Sojabutter
1 EL Pfeilwurzstärke
1 Prise Muskat ▸

Zwiebel schälen und fein hacken. Die Kohlblätter in dünne Streifen schneiden und die Petersilie hacken. Die Sojabutter in einem flachen Topf schmelzen. Pfeilwurzelstärke bei mittlerer Hitze unter Rühren anrösten. Eine Prise Muskat und den Fenchelsamen untermischen und unter Rühren kurz anbraten. Die Zwiebel untermischen, bei milder

Salz
½ TL zerstoßene Fenchelsamen
1 l Gemüsebrühe
Abgeriebene Schale einer Bio-Zitrone, 1 EL Zitronensaft
1 EL Hafersahne

Hitze dünsten. 400 g Kohl dazugeben, salzen und mit Gemüsebrühe aufgießen, Die Zitronenschale dazugeben. Die Suppe aufkochen und zugedeckt ca. 12 Minuten köcheln. 1 EL Hafersahne, Zitronensaft und Petersilie in die Suppe rühren und mit dem Mixer pürieren.
Den restlichen Kohl in Salzwasser blanchieren, abgießen, abtropfen lassen und die Suppe mit den Kohlstreifen garnieren.

Gesundheitsaspekt
Kohl enthält vor allem Senföle, die die Leberfunktion ankurbeln. Zusätzlich enthält er Ballaststoffe, die Cholesterin binden und einen hohen Anteil an Vitamin C. Er wirkt entgiftend, krebsvorbeugend und antibakteriell.

Kohlrabicremesuppe

Für 4 Personen
300 g Kohlrabi
1 Zwiebel
30 g Sesamöl
500 ml Gemüsebrühe
1 Bund Dill
Salz, Pfeffer
100 ml Hafersahne
1 EL Schnittlauchröllchen

Kohlrabi putzen, davon 225 g in Stücke schneiden, den Rest grob raspeln. Die Zwiebel schälen und fein würfeln. Das Sesamöl erhitzen, die Kohlrabistücke mit der gewürfelten Zwiebel darin anschwitzen. 500 ml Gemüsebrühe dazugießen, 10 Minuten köcheln lassen und mit dem Mixer pürieren. Den geraspelten Kohlrabi hinzufügen und aufkochen lassen. Den fein gehackten Dill unterrühren und mit Salz und Pfeffer würzen. Danach 70 ml Hafersahne unterrühren, mit dem Rest die Suppe garnieren und mit Schnittlauchröllchen bestreuen.

Gesundheitsaspekt Kohlrabi ► S. 69

Kräuter-Spinat-Suppe

Für 4 Personen
1 mehligkochende Kartoffel
2 Knoblauchzehen
4 Frühlingszwiebeln
1 l Gemüsebrühe
150 g Spinat
3 Blätter Liebstöckel
1 Bund Petersilie
1 Bund Kerbel
4 EL Sojajoghurt
1 EL Öl
1 Prise Muskat, 1 Prise Piment
Salz, Pfeffer

Frühlingszwiebeln in Ringe schneiden und in Öl anschwitzen. Kartoffel und Knoblauchzehen in kleine Stücke schneiden und dazugeben, kurz mitdünsten, mit Gemüsebrühe aufgießen und mit je einer Prise Muskat und Piment würzen.
Die Suppe zugedeckt 20 Minuten schwach köcheln lassen. Den Spinat mit dem Liebstöckel unterrühren und 1 Minute leicht mitkochen.
Petersilie und Kerbel grob hacken, in die Suppe geben, pürieren und mit Salz und Pfeffer würzen. Die Suppe mit dem Joghurt und gehackten Kräutern servieren.

Kürbiscremesuppe mit Curry und Ingwer

Für 4 Personen
1 kleiner Hokkaido-Kürbis
3 Karotten
4 Tomaten
1 Zwiebel
1 EL Sojabutter
Kräutersalz
Curry
1 EL Gemüsehefebrühe
1,5 l Wasser
200 ml Hafersahne
½ TL frischer Ingwer
2 TL Agavendicksaft ▸

Kürbis schälen, entkernen und fein würfeln. Karotten ebenso schälen und in ca. 1 cm dicke Scheiben schneiden. Die Tomaten kurz in kochendes Wasser tauchen, häuten und grob würfeln. Zwiebel schälen, fein würfeln und in der Sojabutter andünsten. Tomaten dazugeben und 5 Minuten köcheln lassen. Karottenscheiben, Kürbiswürfel, Gemüsehefebrühe, Kräutersalz und Curry dazugeben, mit Wasser aufgießen, aufkochen lassen und bei mittlerer Hitze 15 Minuten köcheln lassen. Dann mit dem Mixer pürieren, Suppe mit Hafersahne verfeinern und mit frisch geriebenem Ingwer, sowie Agavendicksaft würzen, mit Petersilie bestreuen.

½ Bund fein gehackte Petersilie
Evtl. Salbeicroutons

Eventuell dazu Salbeicroutons servieren: Dazu in einer Pfanne 1 EL Olivenöl erhitzt, 2 Scheiben Toastbrot würfeln und darin rösten, bis die Würfel knusprig sind. Den halben Bund Salbeiblätter dazugeben, mitrösten und mit Salz und Pfeffer würzen.

Gesundheitsaspekt

Kürbis enthält über 90 Prozent Wasser, wenig Natrium und Kalium, Vitamin A, B_1, B_2, B_6, C, E, Betacarotin, Kalzium, Phosphor, Zink. Er ist reich an Antioxidanzien, die freie Radikale binden, Proteine, Lecithin, Linolsäure, Kieselsäure. Kürbis wirkt antioxidativ, entzündungshemmend, blutreinigend und harntreibend. Er hilft außerdem bei Prostatabeschwerden und Verdauungsproblemen.

Kürbis-Kokos-Suppe

Für 4 Personen
450 g Speisekürbis
1½ Schalotten
25 g Ingwer
½ rote Peperoni
1½ EL Olivenöl
¾ EL Curry
600 ml Gemüsebrühe
250 ml Kokosmilch
Salz, Pfeffer
Koriander

Kürbis entkernen und würfeln. Schalotten und Ingwer schälen und in dünne Scheiben schneiden. Peperoni halbieren, Kerne herauskratzen, Schote in Streifen schneiden. Kürbis, Schalotten, Ingwer und Peperoni 3 Minuten in heißem Olivenöl andünsten. Curry zugeben, eine weitere Minute dünsten. Danach 600 ml Gemüsebrühe und die Kokosmilch dazugießen, alles 25 Minuten bei mittlerer Hitze köcheln lassen, mit dem Mixer pürieren, mit Salz und Pfeffer abschmecken, mit frischem Koriander garnieren.

Linsensuppe

Für 4 Personen
1 kleine Zwiebel
2 EL Sojabutter
200 g braune Tellerlinsen
500 ml Gemüsebrühe
2–3 EL Balsamicoessig
Salz, Pfeffer aus der Mühle
1 Zweig Thymian
½ TL Dijon-Senf

Die Zwiebel schälen, fein würfeln und in der Sojabutter glasig dünsten. Die Linsen dazugeben und kurz anschwitzen. Gemüsebrühe aufgießen, zugedeckt 35 Minuten garen. 4 EL Linsen aus der Suppe beiseitestellen. Den Senf unter die Suppe rühren und diese anschließend mit dem Mixer pürieren. Mit Balsamicoessig, Salz und Pfeffer würzen.
Zum Schluss die beiseite gestellten Linsen wieder in die Suppe geben, mit frischem Thymian garnieren.

Gesundheitsaspekt
Linsen enthalten vor allem Vitamine der B-Gruppe und haben damit eine heilende Wirkung auf die Nerven und die Gehirnzellen.

Rote Linsensuppe

Für 4 Personen
250 g rote Linsen
250 g Zwiebeln
30 g Ingwer
3 EL Erdnussöl
1 Chilischote
Salz, Pfeffer
1 TL Garam Masala
1 TL Kurkuma
1 l Gemüsebrühe
500 g Tomaten
2 Lauchzwiebeln
½ Bund gehackter Koriander

Linsen waschen, abtropfen lassen. Zwiebel, Ingwerwürfel und die klein geschnittene Chilischote in heißem Öl ca. 2 Minuten anbraten lassen. Salz, Pfeffer, Garam Masala, Kurkuma und Linsen hinzugeben, mit 1 l Gemüsebrühe aufgießen, zugedeckt 10 Minuten köcheln lassen. Tomaten häuten, vierteln, zur Suppe geben, und noch mal aufkochen lassen. Lauchzwiebel putzen und in feine Ringe schneiden, mit Koriander mischen und über die Suppe streuen.

Maronensuppe mit Apfelspalten

Für 4 Personen
500 g Maronen (mit Schale)
200 g Porree
200 g Knollensellerie
3 EL Sojabutter
125 ml Weißwein
1 l Gemüsebrühe
Salz
2 Äpfel
150 ml Hafersahne
2–3 EL Zitronensaft
Cayennepfeffer
Zimt

Maronenschale quer einschneiden, auf einem Backblech 12 bis 15 Minuten bei 220°C backen, bis sich die Schalen öffnen. Die noch warmen Kastanien schälen. Porree und Sellerie klein schneiden, in Sojabutter leicht anbraten. Maronen zugeben, andünsten, Wein, 1 l Gemüsebrühe und Salz zugeben und zugedeckt weich kochen, danach mit dem Mixer pürieren. Äpfel vierteln, Kerngehäuse entfernen und in 1 cm dicke Spalten schneiden; mit etwas Sojabutter von beiden Seiten goldgelb braten, mit Zimt bestäuben.
Suppe erhitzen, Hafersahne, Zitronensaft und Cayennepfeffer zugeben, mit Apfelscheiben garnieren.

Gesundheitsaspekt
Maronen enthalten vor allem Aescin, das die Gefäße abdichtet, so vor Ödemen schützt und die Venentätigkeit unterstützt. Außerdem enthalten Maronen Kohlenhydrate, Proteine, Gerbsäure, Zink. Sie wirken entzündungshemmend, schleimlösend und adstringierend.

Würzige Maronensuppe

Für 4 Personen
50 g Maronen
100 g Maronenpüree
1 rote Zwiebel
1 Knoblauchzehe ▸

Maronenschalen quer einschneiden, auf einem Backblech 12 bis 15 Minuten bei 220°C backen, bis sich die Schalen öffnen. Maronen schälen und würfeln. Zwiebel und Knoblauch schälen, fein hacken.

100 g Tomaten
1 EL Olivenöl
150 ml Rotwein
2 EL Hafersahne
200 ml Gemüsebrühe
1 Zweig Rosmarin
100 g Steinpilze
Salz, Pfeffer
Fein gehackte Petersilie

Tomaten heiß überbrühen, kalt abschrecken, schälen und das Fruchtfleisch ebenso fein hacken. Öl in einem Topf erhitzen, Knoblauch und Zwiebel glasig anschwitzen, mit 150 ml Rotwein ablöschen. Maronen, Tomaten, Maronenpüree, Hafersahne, Gemüsebrühe und Rosmarinzweig dazugeben, ca. 15 Minuten bei schwacher Hitze köcheln.
Fein gehackte, geputzte Steinpilze in die Suppe geben, nochmals kurz aufkochen, mit Salz und Pfeffer würzen. Petersilie darüberstreuen.

Misosuppe mit Gemüse und Pilzen

Für 4 Personen
400 g Karotten
½ Sellerieknolle
1 Zwiebel
2 Fenchel
2 Zucchini
2 gelbe Rüben
2 Petersilienwurzeln
1 Tomate
2 Schalotten (hellgrüner Teil)
1 EL frischer Ingwer
2 Lorbeerblätter
10 Pfefferkörner
2 Gewürznelken
2 l Wasser
1 Pkg. neutrales Miso
5–6 getrocknete Shiitakepilze
Sojasoße

Die getrockneten Shiitakepilze einweichen. In der Zwischenzeit das Gemüse schälen und würfeln, einen Teil für die Garnitur in Streifen schneiden. Auch den hellgrünen Teil der Jungzwiebel in Streifen schneiden. Das gewürfelte Gemüse mit Ingwer und den übrigen Gewürzen in 2 l Wasser ca. 1½ Stunden kochen. Die Suppe abgießen, noch einmal auf die Herdplatte stellen und mit den rohen Gemüsestreifen und den in Streifen geschnittenen Shiitakepilzen ein zweites Mal kurz aufkochen.
Zum Schluss Miso einrühren und mit Sojasoße abschmecken.

Gesundheitsaspekt Miso ist eine japanische Paste, die aus Sojabohnen, veränderlichen Anteilen von Reis, Gerste oder anderem Getreide besteht. Seine gesundheitsfördernde Wirkung verdankt Miso dem langen Gärprozess, bei dem der sogenannte Koji-Schimmelpilz verwendet wird. Miso wirkt basisch auf Verdauung und Blutqualität und hat eine positive Wirkung auf die Darmflora.

Paprikasuppe

Für 4 Personen
2 Zwiebeln
2 Knoblauchzehen
3 rote Paprikaschoten
1 Chili
1 EL Paprikapulver
100 ml trockener Sherry
600 ml Gemüsebrühe
Thymian
3 EL Olivenöl
Salz, Pfeffer

Zwiebeln und Knoblauch schälen und klein würfeln. Paprikaschoten putzen und würfeln. Chili fein hacken. Paprika, Chili, Zwiebel und Knoblauch in 3 EL Olivenöl anschwitzen, Paprikapulver einrühren und mit Sherry ablöschen. Danach mit Gemüsebrühe aufgießen und mit Salz, Pfeffer und Thymian würzen.
10 Minuten köcheln, danach mit dem Mixer pürieren, mit Thymianblättchen garnieren.

Gesundheitsaspekt

Paprika enthält große Mengen an Vitamin C, wobei der rote Paprika das meiste Vitamin C enthält. Capsaicin in geringen Dosen fördert die Sekretion im Magen. Paprika unterstützt die Verdauung und hilft bei Rheuma.

Petersilienwurzelsuppe mit Petersiliengrün

Für 4 Personen
4 Stück Petersilienwurzel
1 Bund frische Petersilie ▸

Petersilienwurzeln schälen, klein schneiden und in erhitzter Sojabutter anschwitzen. Gemüsebrühe aufgießen, mit Salz und Pfeffer würzen, weichko-

800 ml Gemüsebrühe
4 EL Sojabutter
80 g Hafersahne
Muskat
Salz, Pfeffer

chen. Die Hafersahne zugeben, mit dem Mixer pürieren, mit Salz und einer Prise Muskat abschmecken und mit Petersiliengrün garnieren.

Gesundheitsaspekt

Petersilienwurzel enthält vor allem Vitamin C, Mineralstoffe (Eisen, Natrium, Kalzium), Kohlenhydrate, ätherische Öle, Flavonoide, Apiin.
Die Petersilienwurzel wirkt diuretisch, regt den Uterus an und wird bei der Vorbeugung und Behandlung von Nierengrieß eingesetzt.

Porreesuppe mit Mu-Err-Pilzen

Für 4 Personen
1 Stange Porree
10 g getrocknete Mu-Err-Pilze
2 kleine Zwiebeln
Eine daumennagelgroße frische Ingwerwurzel
1 rote Chilischote
1 EL Sojaöl
2 EL trockener Sherry
1 TL Koriandersamen
1 Prise Kerbel
Einige Körner schwarzer Pfeffer
2 EL Sojasoße
1 l Gemüsebrühe
1 EL Essig

Mu-Err-Pilze waschen und mindestens 30 Minuten in kaltes Wasser legen (besser einige Stunden). Das Einweichwasser abgießen und die zähen Stängel abschneiden.
Zwiebel und Porree fein schneiden und in Sojaöl andünsten, mit 2 EL trockenem Sherry löschen. Die Pilze mit Koriander, Pfefferkörnern und der fein geschnittenen Chilischote dazugeben Danach mit 1 l Gemüsebrühe aufgießen, 10 Minuten köcheln lassen und schließlich eine Prise Kerbel, geriebene Ingwerwurzel, 2 EL Sojasoße und 1 EL Essig dazugeben. Weitere 10 Minuten auf kleiner Flamme fertig kochen.

Gesundheitsaspekt

Porree enthält viele Vitamine und Mineralstoffe, außerdem Inulin, Kalium, Natrium und Phosphor sowie schwefelhaltige Inhaltsstoffe, sogenannte Senfölglykoside. Porree hat eine heilende Wirkung auf das Bronchialsystem, auf die Nierentätigkeit und regt die Verdauung an, weil die Senfölglykoside (Glukosinolate) Funktion und Erhaltung von Immunzellen im Darm begünstigen.

Quinoasuppe mit Gemüse

Für 4 Personen
1 größere Zwiebel
2 Knoblauchzehen
2 Karotten
2 große Kartoffeln
2 kleine Zucchini
1 Tasse Quinoa
2 EL Öl
1 l Gemüsebrühe
Ingwer
Muskatnuss

Zwiebel und Knoblauchzehen fein hacken und in Öl glasig dünsten. Das heiß gewaschene Quinoa dazugeben. Karotten und Kartoffeln würfeln, und mit der grob geschnittenen Zucchini dazugeben. Gemüsebrühe aufgießen, frisch geriebenen Ingwer dazufügen und etwa 15 Minuten köcheln lassen, bis das Gemüse gar ist. Mit Muskat würzen.

Gesundheitsaspekt Quinoa ▸ S. 122

Rote-Rüben-Kartoffel-Suppe

Für 4 Personen
2 kleine Zwiebeln
2 Knoblauchzehen
400 g rote Rüben
200 g Kartoffel
60 g Petersilienwurzel
800 ml Gemüsebrühe
2 EL frisch geriebener Meerrettich ▸

Gemüse schälen, Zwiebel und Knoblauch fein schneiden, restliches Gemüse in kleine Stücke schneiden. In einem beschichtetem Topf 2 TL Öl erhitzen, Zwiebel darin weich dünsten. Knoblauch, ¼ TL gemahlener Koriander und eine Prise Piment zugeben, unter Rühren kurz anrösten. 800 ml Gemüsebrühe zugießen und aufkochen. Rote Rüben,

80 g Hafersahne
Salz
½ TL gemahlener Koriander
1 Prise Piment
Liebstöckel
2 TL Öl
4 TL Zitronensaft

Kartoffeln, Petersilienwurzel und Liebstöckel zugeben und zugedeckt 15 Minuten köcheln.
Mit dem Mixer pürieren, mit Salz und Pfeffer würzen. Den Meerrettich mit 4 TL Zitronensaft und 80 g Hafersahne vermischen und am Schluss dazugeben.

Gesundheitsaspekt

Rote Rüben enthalten Kalium, Magnesium, Eisen, Phosphor und Ballaststoffe, außerdem Zucker, Eiweiß und Vitamine, vor allem der B-Gruppe, aber auch Vitamin C, Folsäure und Oxalsäure. Rote Rüben sind reich an Betanin, einem Glykosid, das ursächlich für die rote Farbe der Rübe verantwortlich ist.
Die enthaltenen Saponine haben eine cholesterinsenkende, entzündungshemmende und krebsvorbeugende Wirkung. Rote Rüben wirken außerdem bakterizid und krebsvorbeugend und stärken das Immunsystem.

Rucolasuppe

Für 4 Personen
500 g festkochende Kartoffeln
2 Knoblauchzehen
15 g Sojabutter
Salz, Pfeffer
800 ml Gemüsebrühe
100 g Rucola
100 g Hafersahne ▸

Kartoffeln waschen, schälen und würfeln. Knoblauch dünnblättrig schneiden und gemeinsam mit den Kartoffelwürfeln in heißer Sojabutter andünsten. Mit Salz und Pfeffer würzen, Gemüsebrühe aufgießen und 15 Minuten köcheln. Rucola waschen, trocken tupfen und grob hacken. Etwa ein Drittel davon beiseitestellen, den Rest zur Suppe geben. Die Suppe mit dem Mixer pürieren. Hafer-

2 EL Zitronensaft und Zitronenschale einer halben unbehandelten Zitrone

sahne, Zitronensaft und -schale unterrühren. Die Suppe mit dem restlichen Rucola garnieren.

Gesundheitsaspekt

Rucola enthält Senföle, Isothiocyanate, Nitrate, Betacarotin, Kalium, Kalzium, Eisen, Magnesium, Asparaginsäure, Natrium und hat eine heilende Wirkung auf die Blutgefäße, weil Rucola den Cholesterinspiegel senkt und krankhafte Ablagerungen in den Gefäßen abbaut.

Rucola wirkt harntreibend, verdauungsfördernd, antibakteriell und entzündungshemmend.

Tomatensuppe

Für 4 Personen

10 g Zwiebel
1 EL Olivenöl
50 g Knollensellerie
400 g Tomaten
150 ml Tomatensaft
750 ml Gemüsebrühe
1 EL Sojasoße
1 EL Ahornsirup
70 g Tomatenmark
50 ml Hafersahne
½ TL Basilikum
¼ Knoblauchzehe
Salz, Pfeffer

Fein geschnittene Zwiebel in Olivenöl anschwitzen, klein geschnittenen Knollensellerie und klein geschnittene Tomaten mit dem Tomatensaft dazugeben und mit Gemüsebrühe aufgießen. Die restlichen Zutaten dazugeben, ca. 30 Minuten köcheln, bis das Gemüse weich ist.

Mit dem Mixer pürieren, durch ein Sieb passieren, noch einmal aufkochen und abschmecken.

Gesundheitsaspekt

Tomaten enthalten vor allem Vitamin C und A sowie Mineralstoffe. Besonders wichtige Inhaltsstoffe sind die Lycopene, die einen wichtigen Schutz gegen freie Radikale bilden und eine positive Wirkung gegen bestimmte Krebsarten entwickeln.

Tomaten wirken schützen auf die Schleimhäute des Körpers. Sie fördern den Stoffwechsel und stärken die Verdauung.

Tomatenminestrone

Für 4 Personen
1 größere Zwiebel
1 Knoblauchzehe
2 EL Olivenöl
1 l Gemüsebrühe
125 g Hartweizengrieß-muschelnudeln
300 g Brokkoli
500 g Tomatenstücke
1 Zweig Rosmarin
500 g weiße Bohnen
½ Bund Basilikum
Tofuwürfel
Salz, Pfeffer

Zwiebel und Knoblauchzehe schälen, fein würfeln, im heißen Öl andünsten. Gemüsebrühe aufgießen und aufkochen. Nudeln zugeben und ca. 4 Minuten köcheln lassen. Brokkoli und Tomatenstücke unterrühren, Rosmarinzweig zugeben, aufkochen und weitere 4 Minuten köcheln lassen.
Gekochte Bohnen zur Suppe geben und erhitzen. Rosmarin herausnehmen. Basilikumblättchen fein schneiden, zur Suppe geben und mit gebratenen Tofuwürfeln garnieren.

Wildkräuter-Cremesuppe

Für 4 Personen
150 g zarte Brennnesselblätter
1 Handvoll hellgrüne Gierschblätter
1 Handvoll zarter Bärlauch
1 Handvoll junge Löwenzahnblätter
2 EL Sojaöl ▸

Öl in einem Topf erhitzen und klein geschnittene Zwiebeln darin glasig anschwitzen. Wildkräuter waschen, grob zerkleinern, zu den Zwiebeln geben und kurz mitrösten. Die Gemüsebrühe aufgießen und zugedeckt 15 Minuten köcheln lassen.
Die Suppe mit dem Mixer pürieren, mit Salz und Pfeffer würzen, etwas Hafersahne einrühren.

1 l Gemüsebrühe
4 Frühlingszwiebeln
Salz, Pfeffer
Etwas Hafersahne

Zitronengrassüppchen

Für 4 Personen
400 g Zitronengras
1½ l Gemüsebrühe
250 ml Hafersahne
200 g Mango-Chutney
3 Knoblauchzehen
1½ EL Ahornsirup
1 Msp. Kurkuma
1 gehäufter TL Curry
1 TL Ingwer
Saft einer Zitrone
2 TL Pfeilwurzelstärke
Salz, Pfeffer
100 g Sojabutter

Das Zitronengras der Länge nach halbieren und in Streifen schneiden. Die Gemüsebrühe erhitzen, das Zitronengras zugeben, aufkochen und 24 Stunden ziehen lassen. Den erkalteten Fond durch ein Sieb passieren. Alle Gewürze und Hafersahne zugeben, 10 Minuten köcheln lassen und mit 2 TL Pfeilwurzelstärke binden.
Mit Salz und Pfeffer abschmecken und mit kalter Sojabutter aufschlagen.

Gesundheitsaspekt

Zitronengras enthält in den Anteilen, die über der Erde wachsen, ätherische Öle. Zitronengras wirkt antibakteriell und desinfizierend.

Zucchinicremesuppe

Für 4 Personen
500 g Zucchini
1 Knoblauchzehe
750 ml Gemüsebrühe
Etwas Sojamilch
Etwas Thymian und frisch gehackte Petersilie

Zucchini waschen und in Stücke schneiden. Knoblauch schälen und mit den Zucchinistücken in die kochende Gemüsebrühe geben, ca. 10 Minuten garen, mit dem Mixer pürieren, mit Kräutern und etwas Sojamilch verfeinern.

Gesundheitsaspekt

Zucchini enthalten vor allem Vitamin A, B_1, B_2, C, Niacin, Kalium, Kalzium, Magnesium, Eisen, Zink, Bitterstoffe, pflanzliche Schleimstoffe.
Dieses Gemüse hat eine regenerative Wirkung auf Schleimhäute in Dünn- und Dickdarm.

Zucchini-Kartoffel-Thymian-Suppe

Für 4 Personen

300 g Zucchini
1 EL Sojabutter
150 g Kartoffeln
100 g Porree
1 TL frischer Ingwer
1 TL gemahlenen Kümmel
1 TL Thymian
750 ml Gemüsebrühe
2 EL frische Petersilie
200 ml Kokosmilch
Salz, Pfeffer

Die Hälfte der Zucchini grob zerkleinern, die andere Hälfte dick schälen. Das Innere grob zerkleinern und das grüne Äußere in Stifte schneiden und diese beiseitestellen. Sojabutter in einem Topf erhitzen, die geschälten und gewürfelten Kartoffeln, Zucchinistücke, den in feine Ringe geschnittenen Porree, den geriebenen Ingwer, Kümmel, Thymian zufügen, mit Gemüsebrühe aufgießen, bis das Gemüse bedeckt ist und zugedeckt weich kochen. Die klein gehackte Petersilie und Kokosmilch zufügen, mit dem Mixer pürieren.

Mit Salz und Pfeffer abschmecken und mit der restlichen Gemüsebrühe bis zur gewünschten Konsistenz verdünnen. Zum Schluss die Zucchinistifte kurz mitgaren. Mit Thymian und einigen Porreeringen garnieren.

Zwiebel-Porree-Suppe

Für 4 Personen
200 g Porree
500 g Zwiebeln
4 kleine Knoblauchzehen
6 EL Sojaöl
250 ml Weißwein
800 ml Gemüsebrühe
2 EL Thymianblättchen
Salz, Pfeffer

Die in Ringe geschnittenen Zwiebeln in Sojaöl andünsten, Porreeringe und fein geschnittene Knoblauchzehen dazugeben, einige Minuten weiterdünsten, mit 250 ml Weißwein ablöschen, 800 ml Gemüsebrühe aufgießen und 30 Minuten köcheln lassen, salzen, pfeffern, mit gehackten Thymianblättchen garnieren.

Gesundheitsaspekt

Die Zwiebel enthält ätherische Öle, Aminosäuren, Asparigin, Carotin, Rutin, Fumarsäure, Linolsäure, Lithium, Salicylate, Schwefel, Zink, Zitronensäure und Vitamine.
Zwiebeln haben eine antibakterielle, antimikrobielle, schleimlösende, entzündungshemmende, tonisierende, blutzuckersenkende, krampflösende und harntreibend Wirkung.

Gemüsegerichte

Gebackene Karotten mit Rucola und Sonnenblumenkernen (► S. 68)

Gemüse haben eine hohe Nährstoffdichte und sollten deshalb Hauptbestandteil der veganen Ernährung sein. Gemüse ist reich an Kohlenhydraten, Eiweißen, Vitaminen (vor allem Vitamin C und K), Mineralstoffen (vor allem Kalium, Phosphor, Magnesium), Eisen und Ballaststoffe.

Gemüsearten

Kohlgemüse	Brokkoli, Blumenkohl, Kohlrabi, Rosenkohl, Pak-Choi, Rotkohl, Weißkohl, Wirsing
Wurzelgemüse	Ingwer, Karotte, Knollensellerie, Mairübe, Pastinake, Petersilie, Radieschen, Rettich, rote Rübe, Schwarzwurzel
Blattgemüse	Blattpetersilie, Blattsalat, Chicorée, Feldsalat, Gartenmelde (Spanischer Salat), Löwenzahn, Mangold, Portulak, Radicchio, Sauerampfer, Spinat, Stangensellerie
Fruchtgemüse	Gurke, Kürbis, Aubergine, Melone, Oliven, Paprika, Tomate, Zucchini
Blütengemüse	Artischocke, Brokkoli, Blumenkohl, Kürbisblüte, Zucchiniblüte
Gewürzgemüse	Beifuß, Bohnenkraut, Borretsch, Dill, Fenchel, Kerbel, Majoran, Salbei, Thymian, Zitronenmelisse
Zwiebelgemüse	Knoblauch, Porree, Schalotten, Schnittlauch, Speisezwiebeln
Hülsenfrüchte	Bohnen, Erbsen, Puffbohnen, Sojabohnen
Sprossengemüse	Siehe unten

Sprossengemüse

Die Sprossen oder Keime einiger Gemüsesorten eignen sich zum Verzehr. Zu ihren Inhaltsstoffen gehören Vitamine (Vitamin B und C), Spurenelemente, Enzyme, Proteine, Mineralstoffe und sekundäre Pflanzenstoffe. Sprossen werden in frischem Wasser gezüchtet. Als Keimgerät eignet sich beispielsweise ein Einweckglas.
Sprossen vor dem Verzehr mit Wärme behandeln (blanchieren), um die eventuell noch enthaltenen Pflanzengifte zu eliminieren.

Sprossengemüse aus Hülsenfrüchten (Leguminosen)	Alfalfa, Adzukibohnen, Bockshornklee, Erbsen, Kichererbsen, Linsen, Mungbohnen, Reisbohnen, Sojabohnen
Sprossengemüse aus Getreide	Buchweizen, Gerste, Hafer, Hirse, Mais, Reis, Roggen, Sesam, (Hart-)Weizen
Sprossengemüse aus Knollengemüse	Radieschen, Rettich, Zwiebeln
Sprossengemüse aus Blattgemüse	Brokkoli, Rucola, Gartenkresse

Gebackene Artischocken

Für 4 Personen

8 kleine Artischocken
1 unbehandelte Zitrone
2 rote Zwiebeln
2 Knoblauchzehen
4 Zweige frischer Rosmarin
⅛ l Weißwein
Salz, Pfeffer

Die Artischocken waschen, putzen und die äußeren Blätter großzügig entfernen. Den Stiel abschneiden und die Artischocken der Länge nach vierteln. Im Inneren befindliches Heu (unter den Blättern liegende Härchen) muss entfernt werden. Die Artischocken auf ein Backblech legen und mit Zitronensaft beträufeln.

Die Zwiebeln schälen, halbieren und in Streifen schneiden, ebenso die Knoblauchzehen. Zwiebeln und Knoblauch zusammen mit den Rosmarinzweigen auf den Artischocken verteilen, mit Salz und Pfeffer würzen, mit Weißwein angießen.

Im vorgeheiztem Backofen das Backblech auf die mittlere Schiene des Backofens schieben und bei Umluft 180°C 50 Minuten braten. Dazu kann man Bratkartoffeln oder Brot reichen.

Gesundheitsaspekt

Die essbaren Teile der Artischocke sind die Blätter, Wurzeln und Blütenknospen. Artischocken unterstützen die Verdauung, außerdem haben sie eine positive Wirkung auf den Fettstoffwech-

sel, führen zur Senkung der Blutfettwerte und schützen Blutgefäße und Leberzellen.
Artischocken wirken appetitanregend, verdauungsfördernd und cholesterinsenkend.

Marinierte Artischocken

Für 4 Personen
16 Artischockenherzen
Eingelegter grüner Pfeffer
Rote Pfefferkörner
Je ½ Bund Petersilie, Oregano und Rosmarin
Balsamicoessig
Pflanzenöl

Artischockenherzen mit eingelegtem grünem Pfeffer und einigen roten Pfefferkörnern sowie mit gehackter Petersilie, Oregano und Rosmarin bestreuen, mit etwas Balsamicoessig und Öl beträufeln und mindestens 3 Stunden ziehen lassen.
Eignet sich als Vorspeise zu vielen Gerichten.

Auberginenpfanne mit Couscous

Für 4 Personen
250 g Couscous
800 g Auberginen
10 EL Pflanzenöl
½ Bund Petersilie
125 g getrocknete Tomaten
60 g Mandelstifte
5 EL Tomatenmark
500 ml Gemüsebrühe
3 EL Rosinen
1 TL Zimt ▸

Couscous in einer Schüssel mit heißem Wasser übergießen und quellen lassen.
Auberginen in 2 cm große Würfel schneiden. Öl in einer Pfanne erhitzen, Auberginenwürfel in die Pfanne geben und bei mittlerer Hitze etwa 10 Minuten anbraten, dabei öfters wenden, bis die Auberginenwürfel an beiden Seiten gut gebräunt sind. Mit Salz und Pfeffer würzen, die Mandeln dazugeben und weitere 2 Minuten braten. Tomatenmark, die in Streifen geschnittenen Tomaten, Rosinen, Petersilie, Zimt und Koriander dazugeben, mit Gemüsebrühe aufgießen und weitere 5 Minuten

1 TL gemahlener Koriander
2 EL Sojabutter
Salz, Pfeffer

köcheln lassen. Das Gericht zum Schluss nochmals mit Salz und Pfeffer abschmecken.
In einer anderen Pfanne Sojabutter schmelzen, Couscous dazugeben, salzen und ca. 5 Minuten goldgelb anrösten.

Gesundheitsaspekt
Auberginen enthalten Vitamine (B_1, B_2), Ballaststoffe, Bitterstoffe, Terpene, Phosphor, Eisen, Kalzium, Magnesium.
Sie senken den Cholesterinspiegel im Blut, wirken entkrampfend, regen die Verdauung an, wirken entzündungshemmend, verringern das Krebsrisiko und kräftigen Haut und Haar.

Marinierte Auberginen mit gegrillten Paprika, Tomaten, Kichererbsen und Tofu-Dressing

Für 4 Personen
2 Auberginen
2 EL Salz
5 EL Pflanzenöl
Saft einer Zitrone
1 Knoblauchzehe
1 EL Oreganoblättchen
200 g über Nacht eingeweichte Kichererbsen
1 rote und 1 gelbe Paprikaschote
3 Tomaten ►

Auberginen in 5 mm dicke Scheiben schneiden, in ein Sieb geben und mit 2 EL Salz mischen. 30 Minuten stehen lassen, danach abspülen, abtrocknen und die Scheiben nebeneinander in ein flaches Gefäß schlichten. 3 EL Öl, Zitronensaft, fein geschnittene Knoblauchzehe, fein geschnittene Oreganoblättchen, Salz und Pfeffer vermengen und über die Auberginen gießen. Die Auberginen wenden und 20 Minuten ziehen lassen.
In der Zwischenzeit die Kichererbsen kochen, bis diese bissfest sind, anschließend abgießen, abspülen und beiseite stellen.

Salz, Pfeffer

Tofu-Dressing
4 EL Pflanzenöl
1 EL Zitronensaft
1 EL weißer Balsamicoessig
1 Knoblauchzehe
100 g Tofu
2 EL Oreganoblättchen
Salz, Pfeffer

Die entkernten Paprikaschoten in Stücke schneiden, mit den restlichen 2 EL Öl einpinseln und unter häufigem Wenden ca. 8 Minuten grillen, bis sie weich sind. Dann in einer großen Schüssel beiseitestellen.
Auberginen aus der Marinade nehmen und grillen, jede Seite golden und weich grillen. Tomaten in Stücke schneiden, mit den Auberginen und Paprika zu den Kichererbsen geben, mit Salz und Pfeffer würzen, vorsichtig durchmischen und auf einer Platte anrichten.
Für das Tofu-Dressing alle Zutaten vermengen, über den Auberginensalat geben und sofort servieren.

Auberginen mit Pilzfüllung

Für 4 Personen
4 Auberginen
300 g Pilze(Champignons, Austernpilze)
100 g Sojabutter
1 EL Semmelbrösel
1 Bund Petersilie
Salz, Pfeffer

Auberginen waschen, längs durchschneiden, die Hälfte des Fruchtfleisches entnehmen. Den Backofen vorheizen.
Pilze waschen, kleinblättrig schneiden und zusammen mit dem entnommenen Auberginenfleisch in wenig Butter andünsten, klein gehackte Petersilie dazugeben, mit Salz und Pfeffer würzen und solange zugedeckt dünsten, bis die Feuchtigkeit verdunstet ist.
Das Ganze in die ausgehöhlten Auberginen füllen, in eine gefettete Auflaufform geben und im Backofen bei 170°C Heißluft, auf der mittleren Schiene 20 Minuten backen.

Blumenkohl mit Vollkornbröseln

Zutaten 4 Personen

2 größere Blumenkohlrosen
4 EL Sojabutter
80 g Vollkornbrösel
Salz

Blumenkohl von Blättern befreien, Strunk kürzen, an der Strunkseite kreuzweise einschneiden und 30 Minuten in kaltes Salzwasser legen. Mit gesalzenem kaltem Wasser bedecken und mit der Strunkseite nach unten zum Kochen bringen, bis der Strunk bissfest ist. Den Blumenkohl wenden und weich kochen.

Sojabutter in einer Pfanne zerlassen, Vollkornbrösel beifügen und anrösten. Den abgetropften Blumenkohl damit bestreuen.

Gesundheitsaspekt

Blumenkohl ist reich an Vitamin A, B_1, B_2, B_6, C, E und K, ebenso an Kalzium, Kalium, Eisen, Zink, Silizium, Biotin, Folsäure und Pantothensäure. Er enthält außerdem Senfglykoside (Glukosinolate) und Phytosterine.

Er zählt zu den am leichtesten verdaulichen Gemüsesorten und eignet sich daher als Schonkost. Blumenkohl senkt den Cholesterinspiegel und wirkt krebsvorbeugend. Er unterstützt die Regeneration der Darmschleimhaut, hilft bei Gastritis und generell als Aufbaugemüse während und nach Krankheiten.

Brokkoli und Karotten in Balsamico auf Kartoffelpüree

Für 4 Personen

300 g Brokkoliröschen
250 g geschälte Karotten
1 EL Sojabutter
Etwas Rucola
2 EL Kapern
2 EL Balsamicoessig
Salz

Karotten in lange Streifen schneiden. Brokkoliröschen und die Karottenstreifen in Salzwasser kurz bissfest garen und in kaltem Wasser abschrecken. Das Gemüse anschließend in Sojabutter andünsten, Rucola und Kapern zufügen, mit Balsamico ablöschen, leicht salzen und 2 Minuten schmoren lassen.
Das Gemüse mit Kartoffelpüree servieren.

Gesundheitsaspekt

Brokkoli ist ein vitaminreiches Gemüse, das vor allem Vitamin A, C, E, K und das Provitamin A enthält. Der Inhaltsstoff Sulforaphan hilft dem Körper, krebserregende Stoffe abzubauen. Brokkoli enthält außerdem Kalium und Kalzium, Magnesium, viel Eisen und Chlorophyll. Er liefert in hohen Konzentrationen Senfölglykoside (Glukosinolate), die die Funktion und Erhalt von Immunzellen im Darm unterstützen.
Brokkoli wirkt immunstimulierend, kreislaufanregend, blutgerinnungshemmend und hautpflegend. Er beugt Infektionen vor, regt das Immunsystem an, unterstützt den Aufbau von gesunden Zähnen, gesundem Haar und Nägeln. Er stärkt das Kreislaufsystem, beugt Thromboseentstehung vor und hilft bei Menstruationsbeschwerden. Außerdem hat Brokkoli eine positive Wirkung auf die Haut- und Augenregeneration.

Gebackener Chicorée

Für 4 Personen
4 Chicorée
Öl
Salz
Vollkornbrösel
Sonnenblumenkerne
Rotkohlsprossen

Chicorée der Länge nach halbieren, in eine Auflaufform legen, mit Öl beträufeln und mit Salz würzen. Im vorgeheizten Backofen bei ca. 150°C 20 Minuten backen, danach mit Vollkornbröseln und Sonnenblumenkernen oder Sprossen bestreuen und servieren.

Gesundheitsaspekt
Chicorée ist reich an Ballaststoffen und überdurchschnittlich reich an Mineralstoffen (Phosphor, Kalium und Mangan). Er enthält Vitamin B_1, B_2, C und Provitamin A.
Die enthaltenen Ballaststoffe wirken entgiftend und verdauungsfördernd und haben eine reinigende Wirkung auf den Darm. Chicorée senkt Blutdruck und Cholesterinspiegel und wirkt gegen Arteriosklerose.
Chicorée nicht in Eisentöpfen zubereiten, da er sich sonst schwarz verfärbt.

Gebackener Fenchel

Für 4 Personen
3 Fenchelknollen mit etwas Grün
3 große Tomaten
1 Gemüsezwiebel
1 Lorbeerblatt
Je ein Zweig Rosmarin und Thymian ▸

Den Backofen auf 180°C vorheizen. Fenchel waschen, putzen, der Länge nach halbieren und den Strunk ausschneiden. Das Fenchelgrün beiseitestellen. Knollen achteln und in Salzwasser 5 Minuten garen, kalt abschrecken und abtropfen lassen.
Die Tomaten vierteln. Zwiebel schälen und sechsteln.

2 Blätter Salbei
½ Bund Petersilie
100 ml Weißwein
Salz
Öl für die Auflaufform

Eine Auflaufform mit Öl bepinseln. Zwiebel, Fenchel und Tomaten darin verteilen, das Lorbeerblatt dazugeben, mit Salz und Pfeffer würzen. Die Kräuter waschen und fein hacken, mit dem Fenchelgrün über das Gemüse streuen. Den Weißwein angießen und die Form zugedeckt bei 180°C 1 Stunde backen.

Gesundheitsaspekt

Fenchel enthält Vitamin C, A, E und K sowie Mineralstoffe (Kalium und Magnesium) und ätherische Öle (Anethol, Kampfer, Citronella), Cumarine, Fumarsäure und Linolsäure.
Er wirkt antibakteriell, krampflösend, auswurffördernd, tonisierend und hilft bei Kopfschmerzen, Wechselbeschwerden, Erkältung, Magenbeschwerden und Schlaflosigkeit.

Gefüllte Fenchelblätter

Für 4 Personen
2 Fenchel
120 g Quinoa
240 ml Gemüsebrühe
1 Zucchini
1 Paprikaschote
1 Karotte
½ Zwiebel
Salz, Pfeffer
1 Msp. Kardamom
1 Msp. Kurkuma
4 EL Öl

Quinoa unter heißem Wasser waschen und in 240 ml Gemüsebrühe bei mittlerer Hitze köcheln lassen.
Die gerippten Blätter des Fenchels vorsichtig herauslösen und den Strunk herausschneiden. Den Fenchel in kochendem Wasser ca. 1 Minuten blanchieren, dann kalt abschrecken.
Zucchini, Paprika und Karotte klein würfeln. Die ½ Zwiebel fein würfeln und im Öl anbraten. Das restliche Gemüse hinzufügen und ca. 5 Minuten weiterbraten. Gemüse mit Quinoa vermischen, mit Salz, Pfeffer, Kardamom und Kurkuma würzen.

Fenchelblätter mit dem Gemüse füllen, in eine Auflaufform legen und bei 180°C 15 Minuten backen.

Gelis mariniertes Gemüse

Für 4 Personen

2 Bund Frühlingszwiebeln

12 Cocktailtomaten

2 Knoblauchzehen

2 Handvoll Rucola

Dressing

1 Bio-Zitrone

1 EL Öl

Salz, Pfeffer

Frühlingszwiebeln längs halbieren und in lange Stücke schneiden. Tomaten vierteln, Knoblauch schälen und fein hacken und Rucola zerkleinern.
Für das Dressing Zitronensaft, gepressten Knoblauch, Salz und Pfeffer vermischen.
Die Frühlingszwiebeln in einer beschichteten Pfanne in Öl 3 Minuten braten. Mit Rucola, Tomaten und Dressing vermischen, mit Salz, Pfeffer und Zitronenschale abschmecken.
Als Beilage eignen sich gebratene Tofuwürfel.

Vallis grüne Gemüseplatte

Für 4 Personen

200 g grüne Bohnen

2 Zucchini

4 Zwiebeln

2 Knoblauchzehen

12 EL Öl

4 EL Gemüsebrühe

200 g Sojajoghurt

2 TL Agavensirup

2 EL gehackte Kräuter

1 Bio-Zitrone

1 Prise Kumin (Kreuzkümmel)

Salz

Bohnen in Salzwasser bissfest kochen und kalt abspülen. Zucchini in dicke Scheiben schneiden, Zwiebeln vierteln, Knoblauch fein schneiden und alles in Öl andünsten. Gemüsebrühe dazugießen und 4 Minuten zugedeckt garen. Die Bohnen unterrühren, Joghurt, Agavensirup. Kräuter, Salz und Zitronensaft verrühren, über das Gemüse verteilen, mit Kumin und abgeriebener Zitronenschale abschmecken.
Als Beilage eignet sich frisch gebackenes Brot.

Herbstgemüse

Für 4 Personen
500 g Zucchini
300 g Butterkürbis
Je 1 TL Thymian und Oregano
Öl
Salz, Pfeffer

Wenig Öl in der Pfanne erhitzen, geschnittene Zucchini und den geschälten, in mundgerechte Stücke geschnittenen Kürbis beidseitig ca. 2 Minuten anbraten und mit Kräutern, Salz und Pfeffer würzen. Als Beilage eignen sich Pellkartoffeln.

Gebackene Karotten mit Rucola und Sonnenblumenkernen

Für 4 Personen
700 g Karotten
3 Knoblauchzehen
2 TL Fenchelsamen
8 EL Öl
5 EL Zitronensaft
½ TL Chilipulver
150 g Rucola
4 EL Sonnenblumenkerne
1 Bio-Orange
2 TL Agavensirup
Salz, Pfeffer

Den Backofen (Umluft 180°C) vorheizen. Karotten schälen, längs halbieren und auf ein Backblech legen. Knoblauch schälen und in Scheiben schneiden. Fenchelsamen im Mörser grob zerkleinern. Fenchelsamen, 4 EL Öl, 3 EL Zitronensaft, ½ TL Salz, Chilipulver und Knoblauch auf dem Blech mit den Karotten mischen. Im Backofen ca. 35 Minuten garen, dabei ein- bis zweimal wenden.

In der Zwischenzeit Rucola putzen und Sonnenblumenkerne in einer Pfanne ohne Fett hellbraun rösten, leicht salzen und herausnehmen.

Für das Dressing die Orange heiß abspülen, trocken reiben, die Schale fein abreiben und den Saft auspressen. Mit 2 EL Zitronensaft, 4 EL Öl, Agavensirup, Salz und Pfeffer verrühren.

Karotten auf den Tellern anrichten, den Rucola darauf verteilen, das Dressing darüber verteilen, alles leicht salzen und mit Sonnenblumenkernen bestreuen. (► Foto S. 56/57)

Gesundheitsaspekt Karotten ► S. 35

Kohlrabi-Karotten-Rohkost

Für 4 Personen
400 g Kohlrabi
400 g Karotten
150 g Sojajoghurt
50 ml Hafersahne
1 Knoblauchzehe
3 EL Schnittlauchröllchen
Zitronensaft
Salz, Pfeffer

Das Gemüse putzen, schälen und in feine Streifen schneiden. Die übrigen Zutaten zu einer Soße verrühren und zum Gemüse reichen.

Gesundheitsaspekt

Kohlrabi enthält Vitamin B_1 und regt dadurch die Nerven- und Reizübertragung an. Das Provitamin A, ist Radikalfänger und wirkt krebsvorbeugend. Er enthält Magnesium, das für die Muskelfunktion, den Muskelaufbau wichtig ist und Eisen, das für den Sauerstofftransport im Organismus unerlässlich ist. Zudem enthält Kohlrabi Senfölglykoside (Glukosinolate), die eine erhebliche Rolle im Immunsystem des Darmbereichs spielen.

Kohlrabi schützt darüber hinaus vor Erkältungen, sorgt für eine schöne Haut und stärkt Muskeln und Knochen.

Gefüllter Kohlrabi mit grünem Spargel und roten Linsen

Für 4 Personen
4 kleine Kohlrabi
50 g rote Linsen
250 g dünne grüne Spargel
8 kleine Fenchel
80 g Sojabutter
⅛ l Gemüsebrühe
Estragon
Koriander
Salz
Cayennepfeffer

Kohlrabi mit einem Kugelausstecher aushöhlen. Die Kugeln und die ausgehöhlten Kohlrabi weich dünsten und leicht salzen. Die geputzten Fenchel und den ungeschälten grünen Spargel etwas salzen und ebenfalls weich dünsten.
Die roten Linsen 1 Stunde in kaltem Wasser einweichen, abgießen, anschließend bissfest kochen.
Kohlrabi, Fenchel und Spargel mit 1/8 l Gemüsebrühe aufwärmen, mit frischem Estragon, etwas Koriander, Cayennepfeffer und Salz würzen. Unter ständigem Rühren kalte Sojabutter dazugeben und etwas köcheln lassen. Das restliche Gemüse in die ausgehöhlten Kohlrabi füllen.

Krautrouladen mit Tofu-Gemüse-Sprossen-Füllung

Für 4 Personen
12 große Weißkohlblätter
2 Knoblauchzehen
1 große Karotte
100 g Sellerie
3 Frühlingszwiebeln
150 g mittelfester Tofu
30 g Glasnudeln
1½ EL Öl
2 EL leichte Sojasoße ▸

Salzwasser aufkochen, Krautblätter 2 Minuten blanchieren, abgießen, kalt abschrecken und abtropfen lassen.
Knoblauch, Karotte und Sellerie schälen. Knoblauch hacken, Karotte und Sellerie grob raspeln. Die Frühlingszwiebeln in Ringe schneiden und den Tofu klein würfeln.
Das Salzwasser aufkochen und die Glasnudeln darin 1 Minute garen. Danach abgießen, abtropfen lassen und mit ½ EL Öl vermischen.

50 g Sojasprossen
1 EL gerösteter Sesam
½ TL gehackter Ingwer
½ TL geröstetes Sesamöl
Etwas Kümmel
Salz, Pfeffer

In einer Pfanne ½ EL Öl erhitzen, Knoblauch und etwas Kümmel darin anbraten. Den Tofu dazugeben, kurz anbraten und mit Sojasoße ablöschen. Unter Rühren braten bis die Flüssigkeit verdampft ist. Tofu in eine Schüssel geben. Sojasprossen kurz in ½ EL Öl anbraten und in einem Sieb abtropfen lassen. Tofu, Sojasprossen, Glasnudeln, Karotte, Sellerie, Frühlingszwiebeln, Sesam und Ingwer vermischen. Füllung mit ½ TL geröstetem Sesamöl, Salz, Pfeffer abschmecken.
Krautblätter auflegen. In die Mitte je 2 bis 3 EL Füllung geben. Krautblätter seitlich einschlagen, einrollen und mit Zahnstochern feststecken. Nochmals einige Minuten in den Backofen schieben und warm servieren.

Gesundheitsaspekt

Weißkohl enthält wie alle Kohlsorten reichlich Senfölglykoside, Vitamin C, A, Proteine, pflanzliche Fette, Spurenelemente, Kalium, Kaliumnitrat und Kaliumsulfat, Eisen, Schwefel sowie antibiotisch wirkende Substanzen.
Es wirkt blutreinigend, gegen Hautentzündungen, bei langsam heilenden Wunden, neuralgischen Beschwerden und bei Gicht.
Weißkohl ist schwer verdaulich und kann zu Blähungen führen. Es ist deshalb ratsam, Kümmel als Gewürz hinzuzufügen, ebenso Knoblauch und Zwiebel.

Kürbisgulasch

Für 4 Personen
350 g Hokkaido-Kürbis
3 kleine Kartoffeln
1 grüne Paprikaschote
2 große Zwiebeln
2 Knoblauchzehen
1 EL Pflanzenöl
1 l Gemüsebrühe
2 EL süßes Paprikapulver
2 EL Tomatenmark
1/16 l Weißwein
2 EL Vollkornmehl
Kümmel
Thymian
Salz, Pfeffer

Kürbis und Kartoffeln schälen und würfeln. Zwiebel, Knoblauchzehen und Paprika fein hacken und in einem großen Topf im Öl 2 Minuten dünsten. Kürbis- und Kartoffelwürfel dazugeben, mitdünsten und mit Wein löschen. 1 l Gemüsebrühe aufgießen, mit Paprikapulver, Tomatenmark, Salz, Pfeffer, Kümmel und Thymian würzen und etwa 20 Minuten zugedeckt auf kleiner Flamme leicht köcheln lassen, bis die Kartoffel- und Kürbiswürfel weich sind.
Das Vollkornmehl mit etwas Wasser vermischen, einrühren und das Gulasch nochmals kurz aufkochen.

Gesundheitsaspekt Kürbis ▸ S. 42

Gebackene Kürbisspalten

Für 4 Personen
1 kleiner Hokkaido-Kürbis
2 Knoblauchzehen
150 ml Öl
1 EL Zitronensaft
1 TL Thymian
2 EL Balsamicoessig
1 TL Agavensirup
100 g Feldsalat
4 EL Mandelstifte
Salz, Pfeffer

Kürbis waschen und putzen, halbieren, die Kerne mit einem Löffel herausschaben und das Fruchtfleisch in ca. 2 cm breite Spalten schneiden. Den Knoblauch schälen, fein würfeln und mit dem Öl, dem Zitronensaft, Thymian, Salz und Pfeffer verrühren. 5 EL davon wegnehmen und mit dem Balsamicoessig verrühren, mit Agavensirup abschmecken und beiseitestellen. Die Kürbisspalten mit der restlichen Marinade übergießen und 15 Minuten ziehen lassen.

Backofen auf 200°C vorheizen. Die Kürbisspalten auf ein Blech mit Backpapier legen und im Backofen (mittlere Schiene, Umluft 180°C) ca. 20 Minuten backen, dabei einmal wenden.
Nach Ende der Backzeit die Kürbisspalten auf Teller anrichten, darüber den Feldsalat verteilen, mit den gerösteten Mandelstiften bestreuen und mit der Balsamicomischung begießen.
Ist eine Beilage zu Kartoffelpüree.

Mangoldgemüse

Für 4 Personen
20 Blätter Mangold
2 Zwiebeln
4 Zehen Knoblauch
200 ml Orangensaft
1 Prise Roh-Rohrzucker
Etwas Sojabutter
Salz, Pfeffer

Die Mangoldblätter vom Stiel trennen. Die Stiele in 1 cm lange Stücke schneiden und 3 Minuten blanchieren. Die Blätter längs halbieren, ebenso in 1 cm breite Streifen schneiden und zusammen mit den Stielen weitere 4 Minuten blanchieren. Das Wasser abgießen, kalt abschrecken und abtropfen lassen.
In einer Pfanne etwas Sojabutter erhitzen, die klein gehackte Zwiebel darin dünsten, nach kurzer Zeit den ebenso fein gehackten Knoblauch dazugeben und kurz mit andünsten. Den Mangold hinzufügen, ebenfalls kurz andünsten, mit Orangensaft ablöschen und ca. 5 Minuten bei mittlerer Flamme köcheln lassen. Mit Zucker, Salz und Pfeffer würzen.
Eignet sich als Beilage zu Kartoffel- oder Reisgerichten.

Gesundheitsaspekt

Mangold enthält Vitamin A, B_1, B_2, C, Kalzium, Magnesium, Kalium, Phosphor, Schwefel, Eisen,

Silizium, Natrium, Saponine, Asparagin, Chlorophyll und Oxalsäure.
Mangold stimuliert die Regeneration der Schleimhäute, fördert die Regeneration des Leberstoffwechsels und unterstützt die Ausscheidung von Schlacken über die Nieren.
Wegen des Gehalts an Oxalsäure sollten Gicht- und Rheumakranke auf Mangold im Speiseplan verzichten.
Mangold sollte wie Spinat (► S. 90) nicht ein zweites Mal aufgewärmt werden.

Mangold mit Blumenkohlcurry

Für 4 Personen
1 mittelgroßer Blumenkohl
450 g Mangold
6 EL Pflanzenöl
1 TL Senfkörner
1 TL gemahlener Kreuzkümmel (Kumin)
1 TL Masala
1 TL Kurkuma
2 Knoblauchzehen
1 Zwiebel
1 grüne Chilischote
85 ml Gemüsebrühe
1 EL gehackter Koriander
Salz, Pfeffer

Blumenkohl in kleine Röschen teilen, Mangoldstiele und Blätter in Streifen schneiden.
Öl in einer Pfanne erhitzen, Senfkörner zugeben und erhitzen, bis diese beginnen, aufzuspringen. Die in Ringe geschnittene Zwiebel und Chilischote, die zerdrückten Knoblauchzehen und die Gewürze zu den Senfkörnern geben und unter Rühren 3 Minuten dünsten lassen. Blumenkohlröschen und Mangoldstreifen dazugeben, mit Gemüsebrühe aufgießen, mit Salz und Pfeffer würzen und weitere 15 Minuten bei mäßiger Hitze dünsten. Als Beilage eignet sich Salat.

Matzis eingelegte Oliven

Für 4 Personen
400 g gemischte Oliven
40 g Kapern
1 Chilischote
1 Knoblauchzehe
1 TL Oregano
1 TL Thymian
100 ml natives Olivenöl
Pfeffer

Die Oliven mit den Kapern mischen. Chili und Knoblauch in feine Scheiben schneiden und mit Oregano und Thymian in heißem Öl einmal aufkochen. Das Öl heiß über Oliven und Kapern gießen, mit Pfeffer würzen und mindestens 3 Stunden ziehen lassen.
Eignet sich als Vorspeise zusammen mit Artischocken.

Pak-Choi (chinesischer Senfkohl) mit lauwarmer Asia-Vinaigrette

Für 4 Personen
8 Baby-Pak-Choi
1 rote Chilischote
2 Knoblauchzehen
20 g Ingwer
3 EL Sesamöl
1 TL helle Sojasoße
½ TL Akazienhonig
1 Schalotte
1 Limette
3 EL Pflanzenöl
2 Stängel Koriandergrün
Salz

Pak-Choi waschen, längs halbieren und die harten Enden abschneiden. Die Chilischote halbieren, Kerne entfernen, die Hälften waschen und fein würfeln. Den Knoblauch schälen und ebenso fein würfeln. Den geschälten Ingwer fein reiben.
Die Hälfte der Knoblauch- und Chiliwürfel mit 2 EL Sesamöl, Ingwer, Sojasoße und Akazienhonig zu einer Marinade verrühren. Pak-Choi mit der Marinade mischen und 1 Stunde ziehen lassen.
Die Schalotte schälen und fein würfeln. Die Limette mit einem Messer so schälen, dass die gesamte weiße Haut entfernt ist, die Filets heraustrennen und den Saft dabei auffangen. Die Schalotte und die restlichen Chili- und Knoblauchwürfel zu den Limettenfilets geben, mit Öl und dem restlichen

Sesamöl mischen. Koriander fein schneiden und zu den übrigen Zutaten geben, mit Salz die Vinaigrette abschmecken.
Pak-Choi auf dem Grill von beiden Seiten grillen, mit Salz würzen. Die Vinaigrette über den fertig gegrillten Pak-Choi gießen.

Gesundheitsaspekt

Pak-Choi ist reich an Senfölen, die eine antibiotische Wirkung haben. Außerdem enthält er wertvolle Mineralstoffe und Nährstoffe, Kalzium, Kalium, Vitamin C und Carotinen.
Im Gegensatz zu den meisten anderen Kohlsorten ist Pak-Choi leicht verdaulich.

Gedünsteter Pak-Choi mit Karotten

Für 4 Personen
4 Pak-Choi
4 Karotten
4 kleine Zwiebeln
4 Knoblauchzehen
4 EL Öl
4 EL Sojasoße
100 ml Apfelsaft

Pak-Choi mit Stielen in 1 cm breite Streifen schneiden. Karotten in Stifte schneiden, Zwiebeln vierteln, diese in Öl andünsten, bis sie zu bräunen beginnen, Pak-Choi und Karotten dazugeben, ebenso die fein gehackten Knoblauchzehen, mit Sojasoße ablöschen. Den Apfelsaft dazugießen und das Gemüse bissfest garen.
Eignet sich als Beilage zu Kartoffel- oder Reisgerichten.

Paprikagemüse

Für 4 Personen
Je 1 rote, gelbe und grüne Paprikaschote
1 Zwiebel
1 Bio-Orange
2 EL Öl
1 Bund Petersilie
Salz, Pfeffer

Zwiebel schälen und fein schneiden, Paprikaschoten von den Kerngehäusen befreien und in Streifen schneiden. Orangenschale abreiben, danach schälen und die Filets heraustrennen. Paprika und Zwiebel im Öl 5 Minuten anbraten, mit Salz, Pfeffer und abgeriebener Orangenschale würzen. Orangenfilets zugeben, weitere 5 Minuten garen. Petersilie untermischen.
Eignet sich als Beilage zu Reisgerichten.

Marinierte Paprikaschoten

Für 4 Personen
2 rote und 2 gelbe Paprikaschoten
4 Knoblauchzehen
1 Prise scharfes Paprikapulver
200 ml Pflanzenöl
1 EL Balsamicoessig
Salz, Pfeffer

Den Backofen auf 250°C vorheizen. Paprikaschoten auf das Gitter legen und etwa 20 Minuten garen, bis die Haut leicht bräunlich ist. Die Paprikaschoten aus dem Backofen nehmen, mit einem feuchten Tuch bedecken und abkühlen lassen.
Inzwischen den Knoblauch schälen und in dünne Scheiben schneiden. Die abgekühlten Paprikaschoten häuten, die Kerngehäuse entfernen und in 2 cm breite Streifen schneiden. Mit Salz, Pfeffer und dem Paprikapulver würzen, die Knoblauchscheiben darauf verteilen, mit Öl und Essig bedecken und zugedeckt 2 Stunden ziehen lassen.
Eignet sich als Vorspeise zusammen mit Artischocken und Oliven.

Pastinakenküchlein

Für 4 Personen
500 g Pastinaken
500 g Karotten
500 g Kartoffel
2 TL Pfeilwurzelstärke in etwas Wasser gelöst
2 EL Vollkornmehl
1 TL Agavensirup
Öl zum Braten
Schnittlauchröllchen

Das Gemüse waschen, schälen und grob raspeln, mit der in Wasser gelösten Pfeilwurzelstärke, dem Mehl, Salz, Pfeffer und Agavensirup vermischen.
In heißem Fett kleine Puffer braten und mit Schnittlauchröllchen bestreuen.

Gesundheitsaspekt
Die Pastinake enthält Kohlenhydrate in Form von süßem Zucker, sättigender Stärke und Ballaststoffen. Außerdem enthält sie so viel Kalium, wie kaum ein anderes Gemüse sowie Kalzium, Magnesium und Phosphor und Vitamin B_1, B_2, C und Niacin.
Pastinaken lindern Magen- und Darmbeschwerden, regen die Verdauung an, unterstützen den Aufbau von Knochen und Muskulatur, erleichtern die Atmung, stimulieren das Nervensystem und wirken gegen Schlaflosigkeit.

Ingrids Ratatouille im Wok

Für 4 Personen
1 rote und 1 gelbe Paprikaschote
1 Aubergine
2 Zucchini
2 Tomaten
2 Zwiebeln
2 Knoblauchzehen
4 EL Öl ▸

Die Paprikaschoten halbieren, putzen, vierteln und in breite Streifen schneiden. Die Aubergine in 1 cm dicke Scheiben schneiden. Die Zucchini schräg in Scheiben teilen.
Die Tomaten in Scheiben schneiden. Die Zwiebel und die Knoblauchzehen schälen und in dünne Scheiben schneiden. Im Wok 2 EL Öl stark erhitzen. Die Zwiebeln und den Knoblauch darin kurz anbraten.

Je 1 TL gehackter
Thymian und Rosmarin
Salz, Pfeffer

Das Gemüse einschichten: zuerst die Hälfte der Tomaten, dann die Paprika, dann die Auberginen, die Zucchini und die restlichen Tomaten, jede Lage leicht mit Salz, Pfeffer, Thymian und Rosmarin bestreuen, mit dem restlichem Öl beträufeln.
Das Gemüse zugedeckt bei kleiner Flamme 30 Minuten garen und mit den restlichen Kräutern garnieren.
Als Beilage eignet sich ein Reisgericht.

Rettichgemüse auf asiatische Art

Für 4 Personen
2 weiße Rettiche
2 Zwiebeln
4 Knoblauchzehen
2 rote Paprikaschoten
2 Stangen Porree
6 EL Sojasoße
1 Tasse Wasser
Öl

Öl im Wok erhitzen, die gehackten Zwiebeln darin anbraten. Zuerst den geraspelten Rettich, danach die gehackten Knoblauchzehen hinzufügen und mit etwas Salz unterrühren.
Paprikaschote in Streifen, Porree in Ringe schneiden und zusammen anbraten. Mit Sojasoße ablöschen, mit einer halben Tasse Wasser aufgießen und unter rühren solange dünsten, bis die Flüssigkeit verdampft ist.
Als Beilage eignet sich frisch gebackenes Brot.

Gesundheitsaspekt

Rettich deckt den Tagesbedarf eines Erwachsenen an Vitamin C und ist reich an Vitamin B, Eiweiß, Carotin, Kalium, Natrium, Magnesium, Kalzium, Phosphor und Eisen.
Er ist Lieferant für das schwefelhaltige Öl Raphanol und ist außerdem reich an Senfölglykosiden und Bitterstoffen, die eine antibiotische, schleimlösende und entzündungshemmende

Wirkung in den Nasennebenhöhlen und Atemwegen haben.
Rettich wirkt reinigend. Er regt den Körper an, Schadstoffe auszuscheiden. Er hemmt die Ausbreitung von Darmbakterien und Pilzen.

Rohkostteller mit Kräuterdressing

Für die Rohkost
1 mittelgroße rote Rübe
4 mittelgroße Karotten
2 kleine Zucchini
1 gelbe Paprikaschote
4 Frühlingszwiebeln
30g Walnüsse
8 schwarze Oliven
1 Bund Brunnenkresse
1 Handvoll Mungbohnenkeimlinge

Dressing
1 Knoblauchzehe
1 TL Senf
2 EL Zitronensaft
5 EL Öl
6 EL Gemüsebrühe
1 Bund Kräuter (Basilikum, Dill, Kerbel, Schnittlauch, Petersilie)
Salz, Pfeffer
Bockshornkleesamen

Rote Rübe und Karotten schälen und hobeln. Zucchini in feine Streifen reiben, die Paprikaschote vierteln, Stängel und Samenkerne entfernen, jedes Viertel quer in feine Streifen schneiden. Die Frühlingszwiebeln in Scheiben schneiden.
Walnusskerne grob hacken und unter die roten Rüben mischen, die geviertelten Oliven unter die Zucchini mischen.
Für das Dressing die Knoblauchzehe pressen, mit Senf, Salz, Pfeffer und Zitronensaft verquirlen, unter ständigem Rühren nach und nach das Öl dazugeben und mit der Gemüsebrühe verdünnen. Die Kräuter fein hacken, unter die Salatsoße mischen und die Rohkost damit würzen. Die Mungbohnensprossen mit den Bockshornkleesamen über die Paprikastreifen streuen und mit Brunnenkresse garnieren.

Rosenkohl mit Orangen und Nüssen

Für 4 Personen
1 kg Rosenkohl
2 Orangen
75 g Walnusskerne
2 EL Sojabutter
Salz, Pfeffer

Rosenkohl waschen, putzen und am Stiel kreuzweise einschneiden. In Salzwasser ca. 12 Minuten bissfest garen.
In der Zwischenzeit die Orangen schälen, aus einer Orange die Filets herauslösen, die andere auspressen. Die Walnusskerne grob hacken und in der heißen Sojabutter kurz anschwitzen. Den gegarten Rosenkohl zu den Walnusskernen geben, mit Orangensaft ablöschen, 5 Minuten köcheln, zum Schluss die Orangenfilets dazugeben, mit Salz und Pfeffer würzen.

Gesundheitsaspekt

Rosenkohl zeichnet sich vor allem durch seinen Eiweißgehalt aus, enthält aber auch Vitamin A, B_1, B_2, B_6, C, E, K, Biotin, Kalium, Magnesium, Eisen, Purine sowie Senfölglykoside. Er wirkt unterstützend beim Aufbau der Körpersubstanz und stimuliert das körpereigene Abwehrsystem. Rheumatiker und Gichtkranke sollten aufgrund des Puringehalts des Rosenkohls auf den Verzehr dieses Gemüses verzichten.

Gebratene rote Rüben mit Tofuwürfeln

Für 4 Personen
200 g rote Rüben
40 ml Öl
30 ml Balsamicoessig ▸

Rote Rüben schälen und in dünne Scheiben schneiden. In einer Pfanne Öl erhitzen, rote Rüben darin anbraten, mit Balsamicoessig ablöschen und einkochen. Kümmel und Sojabutter dazugeben, mit Ge-

1 Msp. gemahlenen Kümmel
1 TL Sojabutter
200 ml Gemüsebrühe
400 g Räuchertofu
1 Bio-Zitrone
Einige Chilifäden

müsebrühe aufgießen und bei schwacher Hitze köcheln, bis die Rüben bissfest sind. Mit Salz und Pfeffer würzen.
Den Tofu würfeln, mit abgeriebener Zitronenschale und Chilifäden bestreuen, mit Öl beträufeln und mit den roten Rüben servieren.

Gesundheitsaspekt rote Rüben ► S. 49

Rote-Rüben-Carpaccio

Für 4 Personen
500 g gekochte, geschälte rote Rüben
50 g Schalotten
Salz, Pfeffer
2 EL weißer Balsamicoessig
2 EL Walnussöl
4 EL Sonnenblumenöl
1 TL Agavensirup
1 TL Senf
½ Bund Schnittlauch
2 EL Haselnuss

Rote Rüben in sehr dünne Scheiben schneiden, auf die Teller legen und mit Salz und Pfeffer würzen. Schalotten sehr fein schneiden und darüber streuen. Den Essig mit den Ölen, dem Sirup und dem Senf gut verrühren, mit Salz und Pfeffer würzen und über die roten Rüben gießen. Mit Schnittlauchröllchen und fein gehackten Haselnüssen garnieren.
Eignet sich als Vorspeise zu unterschiedlichen Gerichten.

Rotkohl-Rohkost

Für 4 Personen
1½ Kopf Rotkohl
1 Zwiebel
1 Apfel
3 EL Dill ►

In einer großen Schüssel gehobelten Rotkohl mit etwas Salz und Zitronensaft verkneten. Balsamicoessig, Keimöl, 3 EL Dill, Salz und Pfeffer und dem Rotkohlgemisch verrühren. Die fein geschnittene

2 EL Zitronensaft
2 EL Balsamicoessig
4½ EL Keimöl
Etwas Roh-Rohrzucker
Salz, Pfeffer

Zwiebel dazugeben, gut vermischen und zugedeckt 1 Stunde ziehen lassen. Danach den Apfel raspeln und vor dem Servieren untermengen.

Gesundheitsaspekt

Rotkohl (Blaukraut, Rotkraut) ist reich an Ascorbinsäure, an Eisen, Mineralstoffen, Anthocyanen (sekundären Pflanzenstoffen), Zucker und Senfölen und Ballaststoffen.

Ascorbinsäure verwandelt sich beim schonenden Erhitzen in Vitamin C, zu langes Kochen sollte daher vermieden werden.

Vor allem im Winter empfiehlt es sich, Rotkohl ab und an als Rohkost zu verzehren.

Gedünsteter Rotkohl

Für 4 Personen
2 kleine Köpfe Rotkohl
1 Zwiebel
4 EL Sojabutter
2 EL Öl
2 EL Roh-Rohrzucker
1 Schuss Balsamicoessig
2 Schalen Wasser
Kümmel
Salz
2 Äpfel

Zucker in Sojabutter und Öl karamellisieren, fein geschnittene Zwiebel dazugeben und glasig dünsten, danach den in Streifen geschnittenen Rotkohl dazugeben, einige Minuten dünsten, mit einem kräftigen Schuss Essig ablöschen. 2 Schalen Wasser angießen, Kümmel und Salz dazugeben und zugedeckt weich dünsten.

Zuletzt die zwei Äpfel raspeln, untermengen und noch kurz dünsten lassen.

Sauerkrautpuffer

Für 4 Personen
400 g Kartoffeln
300 g Sauerkraut
2 TL Pfeilwurzelstärke in etwas Wasser gelöst
Vollkornmehl
2 EL gehackte Kräuter (Petersilie und Liebstöckel)
Kümmel
Salz, Pfeffer
Öl zum Braten
Schnittlauchröllchen

Kartoffeln kernig kochen, schälen und grob reiben. Sauerkraut zerkleinern und mit den geriebenen Kartoffeln mischen. Pfeilwurzelstärke und Kräuter einrühren und mit Salz, Pfeffer und Kümmel würzen. Sollte die Masse zu weich sein, kann man sie mit etwas Mehl binden.
Mit einem Löffel Puffer formen und in Öl von beiden Seiten braten. Mit Schnittlauchröllchen bestreuen.
Als Beilage eignet sich ein Kartoffelgericht.

Gesundheitsaspekt
Sauerkraut enthält viel Vitamin C, ist reich an Mineralstoffen, wie Natrium, Kalium, Phosphor, Magnesium und Eisen.
Sauerkraut ist roh und milchsauer vergoren. Die Milchsäurebakterien unterstützen die Darmtätigkeit.

Elisabeths Schalotten in Marinade

Für 4 Personen
½ kg Schalotten
¼ kg entkernte Oliven
⅛ l Weinessig
250 ml Gemüsebrühe
⅛ l Öl
1 EL Roh-Rohrzucker
1 EL Salz
1 EL Rosmarin ►

Schalotten schälen, in Salzwasser bissfest kochen, abgießen und kalt abschrecken. Die Oliven halbieren. Weinessig mit Wein, Gemüsebrühe, Öl, Zucker, Salz, Rosmarin, Lorbeerblatt und einigen Pfefferkörnern eine Minute auf kleiner Flamme köcheln. Die Marinade etwas abkühlen lassen, mit Schalotten und Oliven vermischen und zugedeckt einen Tag ziehen lassen.

1 Lorbeerblatt
Pfefferkörner

Eignet sich als Vorspeise zu unterschiedlichen Gerichten.

Provenzalisches Schmorgemüse

Für 4 Personen
225 g rote Zwiebeln
600 g neue Kartoffeln
300 g Karotten
1 EL Fenchelsaat
5 EL Öl
200 ml Gemüsebrühe
Salz
500 g rote Paprikaschoten
2 rote Peperoni
2 Knoblauchknollen
4 Lorbeerblätter
1 EL Rosmarinnadeln
50 g Agavensirup
2 EL Zitronensaft
250 g Strauchtomaten
½ Bund Petersilie

Zwiebeln schälen und längs halbieren. Kartoffeln mit Schale halbieren, Karotten in Stifte schneiden. Alles auf einem Blech mit Fenchelsaat, Öl 100 ml Brühe und etwas Salz mischen. Im vorgeheizten Backofen bei 200°Grad (Umluft 180°Grad) auf der untersten Schiene 60 bis 65 Minuten garen.
Paprikaschoten putzen, vierteln, Peperoni halbieren, entkernen. Knoblauchknollen längs vierteln. Knoblauch, Paprika, Peperoni und Lorbeer nach 35 Minuten in den Backofen zu dem anderen Gemüse geben und die übrige Brühe dazugießen.
Den Rosmarin fein hacken, mit Agavensirup und Zitronensaft mischen. Tomaten vierteln, 10 Minuten vor Garzeitende auf das Gemüse legen.
Mit Rosmarin-Sirup-Zitronen-Gemisch beträufeln. Petersilie fein hacken und über das Gemüse streuen. Als Beilage eignet sich Kartoffelpüree.

Schwarzwurzelgemüse mit Sojabutter und Petersilie

Für 4 Personen
800 g Schwarzwurzeln
1 EL Vollkornmehl
3 EL Balsamicoessig ▸

Schwarzwurzeln unter fließendem Wasser gründlich abbürsten und dünn schälen. Wurzeln in 4 cm lange Stücke schneiden.

200 ml Sojamilch
40 g Sojabutter
50 ml Gemüsebrühe
¼ TL Paprikapulver
½ Bund Petersilie
Salz

In einer großen Schüssel Wasser mit 1 EL Mehl und Essig mischen und die Schwarzwurzelstücke dazugeben. 1 l leicht gesalzenes Wasser mit Milch aufkochen, Schwarzwurzeln zugeben und bei mittlerer Hitze 15 Minuten garen. Danach abgießen und abtropfen lassen.
Sojabutter in einer Pfanne erhitzen, die Schwarzwurzeln darin anschwitzen, Brühe dazugeben und alles 5 Minuten dünsten. Mit Salz, Pfeffer und Paprikapulver würzen. Die fein gehackte Petersilie über die Schwarzwurzeln streuen.
Als Beilage eignet sich ein Kartoffelgericht.

Gesundheitsaspekt

Schwarzwurzeln enthalten Vitamin A, B_1, B_2, B_6, C, E, K, Pantothensäure, Kalzium, Kalium, Magnesium, Mangan, Zink, Asparagin, Tryptophan, Allantoin, Biotin, Folsäure, Cholin und Bitterstoffe.
Sie regen die Nieren- und Blasentätigkeit an, das Allantoin fördert die Elastizität und Regeneration der Hautzellen.

Schwarzwurzelgemüse mit Haselnüssen und Orangen

Für 4 Personen
1,5 kg Schwarzwurzeln
1 Bio-Zitrone
1 EL Zitronensaft
2 Bio-Orangen ▸

Schwarzwurzeln waschen, schälen und in einem Topf mit Zitronenspalten und Pimentkörnern 8 bis 10 Minuten bissfest garen.
Haselnüsse in feine Scheiben schneiden und in einer Pfanne ohne Fett goldbraun anrösten, bis sie duften.

2 Pimentkörner
80 g Haselnusskerne
3 EL Sojabutter
1 TL brauner Roh-Rohrzucker
Salz

Von einer Orange die Schale dünn abschälen und den Saft beider Orangen auspressen. Die Schwarzwurzeln abgießen und abtropfen lassen. Sojabutter in einer Pfanne erhitzen, Schwarzwurzeln dazugeben und in der heißen Butter schwenken. Zucker und Orangenschale dazugeben, kurz karamellisieren, mit dem Orangensaft ablöschen, 5 Minuten köcheln lassen und mit Zitronensaft und Salz würzen.
Die Schwarzwurzeln mit der Soße begießen und mit den Nüssen und der Orangenschale bestreuen.
Als Beilage eignet sich Kartoffelpüree.

Grünes Spargelgemüse

Für 4 Personen
1 kg grüner Spargel
1 Bund Petersilie
Salz, Pfeffer

Vom nicht geschälten Spargel die holzigen Enden abschneiden und in siedendes Salzwasser legen, einmal aufkochen und sofort wieder herausnehmen, mit fein gehackter Petersilie bestreuen und warm servieren.
Als Beilage eignen sich Pellkartoffeln.

Gesundheitsaspekt

Spargel enthält Vitamin A, B_1, B_2, B_6, C, E, K, Biotin, Magnesium, Kalzium, Eisen, Jod, Folsäure, Zink, Fluor, Asparagin, Purine, Saponine, ätherische Öle, wertvolle essenzielle Eiweißbausteine und Chlorophyll (im Grünspargel).
Frischer Spargel fördert die Regeneration von Nieren und Blase, unterstützt die Gefäß-, Blut- und Lymphreinigung. Er hat außerdem einen ausgleichenden Einfluss auf das Nervensystem.

Grüner Spargel mit Vinaigrette

Für 4 Personen
1 kg grüner Spargel
1 Bund Petersilie
8 Stiele Koriander
Salz, Pfeffer
1 TL Ingwer
2 EL weißer Balsamicoessig
2 EL Zitronensaft
2 EL Olivenöl

Den kurz abgekochten grünen Spargel (► S. 87) abkühlen lassen.
Balsamicoessig, 5 EL Gemüsebrühe, Zitronensaft und Öl verquirlen. Die fein gehackten Kräuter und den geschälten, fein gehackten Ingwer untermischen, mit Salz und Pfeffer würzen. Die Marinade über den Spargel gießen.

Spargelspaghetti mit Knoblauch und Kräutern

Für 4 Personen
400 g grüner Spargel
2 Knoblauchzehen
150 g Cocktailtomaten
1 Bund Basilikum
4 Zweige Oregano
160 g Vollkornspaghetti
2 EL Olivenöl
Salz, Pfeffer

Knoblauch fein schneiden, die holzigen Enden des Spargels abschneiden, Spargelstangen längs halbieren und in Stücke schneiden. Cocktailtomaten kurz in heißes Wasser legen, häuten und halbieren. Basilikum und Oregano fein schneiden.
Die Vollkornspaghetti in reichlich Salzwasser bissfest kochen.
Öl in einer großen Pfanne erhitzen, Knoblauch und Spargel darin unter Rühren ca. 4 Minuten braten, salzen, Tomaten untermischen und unter rühren nochmals erhitzen.
Die Spaghetti abgießen und in einer großen Schüssel mit Spargel, Tomaten und den Kräutern vermischen, mit Salz und Pfeffer würzen.

Weißer Spargel mit Sojabutter-Semmelbröseln

Für 4 Personen
1 kg Spargel
Salz
Roh-Rohrzucker
3 EL Sojabutter
Vollkornbrösel
½ Bund Petersilie

Vom Spargel die holzigen Enden abschneiden und ihn vom Kopf her schälen. Salzwasser zum Sieden bringen, eine Prise Zucker und 1 EL Sojabutter dazugeben, den Spargel vorsichtig einlegen und bei nicht zu stark kochendem Salzwasser ca. 20 bis 30 Minuten kochen.
2 EL Sojabutter aufschäumen, Vollkornbrösel darin goldgelb rösten und über den abgetropften Spargel verteilen, darüber klein geschnittene Petersilie streuen.
Als Beilage eignen sich Petersilienkartoffeln.

Orientalischer Spinat mit Soja-Joghurtsoße

Für 4 Personen
500 g frischer Spinat
2 EL Sonnenblumenöl
1 Zwiebel
1 TL Zimtpulver
1 TL edelsüßes Paprikapulver
1 TL Kuminpulver (Kreuzkümmel)
1 kleiner Bund Koriander
2 EL Mandelblättchen
1 EL Sojabutter ▸

Spinat waschen und abtropfen lassen, danach kurz dämpfen bis er leicht zusammenfällt. Dann den Spinat kalt abschrecken, abgießen, ausdrücken und grob schneiden.
Das Öl in einer Pfanne erhitzen, die klein gehackte Zwiebel darin unter Rühren 3 Minuten andünsten, die Gewürze dazugeben, den Spinat darunter mischen, weitere 3 Minuten dünsten, mit Salz und Pfeffer würzen und die fein gehackten Koriander- und Mandelblättchen unterrühren.
Für die Joghurtsoße alle Zutaten verrühren und mit Salz und Pfeffer würzen. In 1 EL Sojabutter die Pi-

2 EL Pinienkerne
Salz, Pfeffer

Soja-Joghurtsoße
600 ml Sojajoghurt
2 zerdrückte Knoblauchzehen
2 EL Sesampaste (Tahina)
Saft einer halben Zitrone
Salz, Pfeffer

nienkerne goldgelb anbraten und über die Joghurtsoße streuen.
Als Beilage eignen sich Kartoffelpuffer.

Gesundheitsaspekt

Spinat ist reich an Vitamin A, B_1, B_2 und vor allem Vitamin C. Außerdem enthält er Vitamin E, Folsäure, Chlorophyll, farblose Xanthophylle, Mineralstoffe, Eiweiß, Carotin, Lutein, Omega-3-Fettsäuren, Oxalsäure und Purine.
Spinat wirkt wassertreibend, hilft bei Blutarmut und Leber- und Gallekrankheiten. Die vielen Vitamine und Mineralstoffe, die im Spinat enthalten sind, fördern die Organentwicklung bei Kindern.
Kleinkindern sollte erst nach dem sechsten Monat und nicht häufiger als einmal pro Woche mit Spinat gefüttert werden.
Gichtkranke und Rheumatiker sollten Spinat meiden.
Spinat nicht wieder aufwärmen, da Spinat Nitrat enthält, das beim Erwärmen zu gesundheitsschädlichem Nitrit umgewandelt wird.

Gefüllte Tomaten mit Mangold

Für 4 Personen
6 Fleischtomaten
100 g Langkornreis
250 g Mangold
1 rote Zwiebel
1 Knoblauchzehe ▸

Für die Füllung: Reis in kochendem Salzwasser gar kochen. Mangold putzen und die roten Stängel herauslösen. Die grünen Blätter grob, die Stängel fein schneiden (Backofen vorheizen).
Zwiebel und Knoblauch fein würfeln und in 1 EL Öl anschwitzen. Den Mangold dazugeben und kurz

4 EL Öl
Salz, Pfeffer
1 Prise Pimentpulver

andünsten, bis die Blätter zusammenfallen, mit Salz, Pfeffer und Piment würzen.
Bei den Tomaten den Deckel abschneiden. Kerne mit einem Löffel herauslösen und die Tomateninnenseite mit Salz und Pfeffer würzen. Danach die Füllung hineingeben und mit Öl beträufeln. Tomaten in eine Auflaufform legen und im vorgeheizten Backofen bei 180°C (Umluft 160°C) 25 Minuten backen.
Als Beilage eignet sich ein Reisgericht.

Gesundheitsaspekt Tomaten ► S. 50

Wintergemüse aus dem Wok

Für 4 Personen
1 Stange Porree
3 Karotten
2 Fenchelknollen
1 rote Paprikaschote
100 g Austernpilze
3 EL Cashewkerne
250 g Ananasstücke
2 Knoblauchzehen
2 EL Sesamöl
2 EL Sojasoße
1 Prise Piment (Neugewürz)
½ TL Ingwerpulver
1 TL Korianderkörner
Pfeffer

Porree, Karotten, Fenchel und Paprika in feine Streifen schneiden. Pilze in kleinere Stücke schneiden. Knoblauch schälen und fein würfeln.
Sesamöl im Wok erhitzen, Knoblauch darin anbraten, Fenchel und Karotten dazugeben und unter Wenden 4 Minuten braten. Porree und Pilze dazugeben, weitere 4 Minuten braten und mit Sojasoße, Pfeffer, im Mörser zerstoßenem Piment und Ingwer würzen. Ananasstücke untermischen und kurz erhitzen.
Das Wokgemüse auf Tellern verteilen, mit Cashewkernen und Korianderkörnern garnieren.
Als Beilage eignet sich ein Reisgericht.

Wirsingkohleintopf

Für 4 Personen
1 kleiner Wirsingkopf
300 g mehligkochende Kartoffeln
4 Karotten
200 g Knollensellerie
1 große Zwiebel
2 EL Öl
1½ l Gemüsebrühe
Salz, Pfeffer
1 Bund Petersilie

Vom Wirsing die äußeren Blätter entfernen, den Rest halbieren, den Strunk keilförmig herausschneiden. Die Blätter waschen, abtropfen lassen und in Streifen schneiden.
Kartoffeln schälen, waschen und würfeln. Karotten und Sellerie schälen und ebenfalls würfeln. Die Zwiebel schälen und fein würfeln.
Das Öl in einem großen Topf erhitzen, Zwiebel darin glasig andünsten, Wirsing, Kartoffeln, Karotten und Sellerie zu den Zwiebeln geben und ca. 4 Minuten mitdünsten. Gemüsebrühe aufgießen, alles aufkochen, zugedeckt ca. 20 Minuten köcheln. Mit Salz und Pfeffer würzen und mit fein geschnittener Petersilie bestreuen.

Gesundheitsaspekt

Wirsingkohl enthält reichlich Senfölglykoside, besonders viel Chlorophyll, sehr viel Eiweiß, Eisen, Phosphor, Magnesium, ebenso Vitamin A, Vitamin-B-Arten und weitere Vitamine.
Bereits 100 g Wirsing decken den Tagesbedarf an Vitamin C.
Wirsing wirkt entwässernd und entgiftend, stärkt das Immunsystem, wirkt krebsvorbeugend. Als Umschlag wirkt Wirsing bei Ekzemen.

Wurzelmix vom Blech

Für 4 Personen
250 g Kartoffeln
275 g Petersilienwurzeln
200 g Sellerie
225 g Fenchel
100 g Schalotten
4 Knoblauchzehen
8 EL Öl
100 ml Gemüsebrühe
100 ml Weißwein
40 g getrocknete Tomaten
4 Thymianzweige
4 Oreganostängel
4 Rosmarinzweige
1 TL Fenchelsamen
30 g Pinienkerne
2 EL Balsamicoessig
Salz, Pfeffer

Backofen auf 210°C vorheizen. Karotten und Petersilienwurzeln der Länge nach halbieren. Sellerie in 2 bis 3 cm breite Stücke schneiden. Fenchel halbieren, den harten Strunk keilförmig herausschneiden und den Fenchel in 3 cm breite Spalten schneiden. Die Schalotten schälen und quer halbieren. Knoblauchzehen in der Schale leicht zerdrücken, sodass der Saft entweichen kann.
Alles auf einem Backblech verteilen. Salz, Pfeffer, 5 EL Öl, 50 ml Gemüsebrühe und 50 ml Weißwein verquirlen, mit dem Gemüse mischen und im unteren Drittel des Backofens 45 Minuten garen, dabei nach und nach die restlichen 50 ml der Gemüsebrühe und den restlichen Wein dazugießen.
Inzwischen die getrockneten Tomaten in ca. 1 cm große Stücke schneiden.
Die Nadeln und Blättchen der Kräuter abzupfen, mit den Tomaten, den Fenchelsamen den Pinienkernen und dem restlichen Öl vermischen. Diese Mischung 10 Minuten vor Garzeitende mit dem Gemüse vermengen, alles mit Balsamicoessig beträufeln und zu Ende garen.

Egons marinierte Zucchini mit Orangen und Tofu

Für 4 Personen
800 g kleine bis mittelgroße Zucchini ▸

Zucchini längs halbieren, jede Hälfte längs noch ein- bis zweimal durchschneiden und quer in 4 cm lange Stücke schneiden. Zucchini mit 1 EL Öl mi-

4 EL Öl
3 Orangen
1 Zitrone
1 EL Balsamicoessig
Cayennepfeffer
Salz, Pfeffer
1 Bund Basilikum
120 g Tofu

schen, auf ein Backblech legen und bei 200°C 10 Minuten backen, bis sie leicht gebräunt sind.
Zwei Orangen filetieren, die weiße Haut entfernen, eine Orange auspressen.
Zitrone auspressen, mit dem Orangensaft, Balsamicoessig, Cayennepfeffer, Salz und Pfeffer und 3 EL Öl mischen und gut verrühren. Die Basilikumblätter in feine Streifen schneiden. Zucchini mit der Vinaigrette mischen und das Basilikum unterrühren. Die Orangenfilets und Tofuwürfel auf den gebratenen Zucchinischeiben verteilen.
Eignet sich als Vorspeise zusammen mit anderen marinierten Speisen.

Zucchinipolenta mit Kräutern und Tomaten

Für 4 Personen
150 g Polenta (Maisgrieß)
600 ml Gemüsebrühe
Muskatnuss
4 EL Öl
700 g Zucchini
1 Zweig Rosmarin
Einige Stängel Oregano
40 g trockene Tomaten
Salz

600 ml Gemüsebrühe aufkochen, Polenta einrühren und unter Rühren 5 Minuten kochen. Danach zugedeckt bei ausgeschalteter Kochplatte 30 Minuten quellen lassen, etwas Muskat auf die Polenta reiben und einrühren (Backofen vorheizen).
Das Backblech mit 3 EL Öl einpinseln. Polenta 1 bis 2 cm dick darauf streichen und bei 175°C 10 Minuten backen.
Zucchini in ½ cm dicke Scheiben schneiden, mit 1 EL Öl mischen, auf ein Backblech legen und 10 Minuten bei 200°C backen, bis sie leicht gebräunt sind.
Rosmarinnadeln fein hacken, Oreganoblättchen grob hacken. Die Zucchinischeiben mit Rosmarin, Oregano und Salz mischen und auf den Polentaboden verteilen.

Getrocknete Tomaten fein würfeln und ebenso auf den Polentaboden verteilen.

Gesundheitsaspekt Zucchini ▸ S. 53

Gefüllte Zwiebeln mit Meerrettich-Süßkartoffeln

Für 4 Personen
120 g braune Linsen
300 ml Wasser
1 Lorbeerblatt
4 kleinere Gemüsezwiebeln
Salz
100 Tofu
400 g Süßkartoffeln
4 cm Meerrettichwurzel
3 EL Öl
½ TL Thymian
½ TL Koriander
Pfeffer
2 EL Apfelbalsamico
2 EL frisch gehackte Kräuter

Linsen in 300 ml Wasser bedeckt 8 Stunden einweichen, mit Lorbeerblatt aufkochen und zugedeckt bei milder Hitze 40 Minuten garen.
Zwiebeln längs halbieren und in 2 Tassen Wasser mit Salz zugedeckt 20 Minuten bissfest dünsten, Garwasser in eine kleine Tasse gießen.
Tofu zerkleinern, 400 g geschälte Süßkartoffeln würfeln und den Meerrettich fein reiben.
Das Innere der gedünsteten Zwiebel herauslösen, sodass die äußeren zwei Schichten erhalten bleiben.
Das herausgelöste Zwiebelfleisch würfeln, in 1 EL Öl anbraten, Linsen, Thymian und Tofu dazugeben und mit Salz abschmecken.
Zwiebelhüllen leicht mit Salz und Pfeffer würzen und das Linsen-Tofu-Gemisch einfüllen.
Die Süßkartoffelwürfel in 2 EL Öl rundum anbraten, ½ Tasse Garflüssigkeit von den Zwiebeln zugießen. Koriander, Salz, 1 EL Apfelbalsamico und 1 EL Meerrettich unterrühren.
Die Zwiebelhälften zu den Süßkartoffeln geben und zugedeckt 6 bis 10 Minuten dünsten. Mit den frischen Kräutern garnieren.

Gesundheitsaspekt Zwiebeln ▸ S. 54, 336

Pilzgerichte

Elisabeths Austernpilze mit Chicorée (► S. 100)

Pilze haben im Gegensatz zu Pflanzen kein Chlorophyll und sind daher nicht in der Lage, wie andere Pflanzen Zucker mithilfe der Fotosynthese aus organischen Verbindungen herzustellen. Ihr Stoffwechsel ist eine Chemosynthese. Hauptbestandteil der Pilze ist Chitin, das auch den Hauptbestandteil der Körperhülle von Insekten bildet.
Schneidet man Pilze in dünne Scheiben, werden die Zellen so durchtrennt, dass das vorhandene Eiweiß vom Körper verwertet werden kann und der Ballaststoff Chitin bekömmlicher wird.
Kombiniert man Pilze mit Gemüse, erreicht man, dass das verzehrte Eiweiß vom Organismus besser verwertet wird als bei getrenntem Genuss.
Pilzgerichte können getrost aufgewärmt werden.
Pilze sollten am besten im Kühlschrank bei einer Temperatur von 2 bis 4°C gelagert werden:

- Shiitakepilze: 10 Tage
- Austernpilze 7 bis 10 Tage, wobei die Bildung eines weißen Belags unbedenklich und nur ein Zeichen dafür ist, dass der Pilz auch nach dem Pflücken im Kühlschrank noch einige Tage weiterlebt. Ein grüner Belag weist jedoch auf Schimmelbildung hin und zeigt an, dass die Pilze verdorben sind.
- Weiße Champignons: 3 Tage
- Braune Champignons: einige Tage länger als weiße Champignons
- Pfifferlinge: 1 bis 2 Tage
- Steinpilze sind nicht für die Lagerung geeignet und sollten frisch verarbeitet werden.

Gesundheitsaspekt

Pilze sind in erster Linie reich an Kohlenhydraten, haben einen hohen Mannitgehalt, einen geringen Glukosegehalt und verfügen über reichlich Eiweiß (gleichzusetzen mit dem Eiweißgehalt z.B. von Brokkoli oder Blumenkohl). Sie sind purinarm und eignen sich daher als Diätkost für Gichtkranke oder bei anderen Stoffwechselstörungen.

Pilzgerichte werden auch als Schlankheitsmittel eingesetzt. Sie enthalten Ballaststoffe, die eine besondere Bedeutung bei der Krankheitsvorbeugung haben, dabei spielt das Chitin eine wichtige Rolle, das die Verdauungsfunktion anregt, jedoch bei zu reichlichem Genuss das Gegenteil hervorrufen kann.
Pilze enthalten außerdem Vitamine und Mineralstoffe (vor allem Kalium, Phosphor, Eisen).
Zu beachten ist die mögliche Belastung der Pilze mit radioaktiven Stoffen und Schwermetallen, jedoch Pilze generell als „vergiftet"„ oder gar „verseucht" anzusehen, ist falsch und irreführend. Tatsächlich speichern wild wachsende Pilze Radioaktivität und Schwermetalle. Höhere Dosen Kadmium und Blei können Leber und Nieren schädigen, Quecksilber beeinträchtigt das Nervensystem. Der Genuss von Zuchtpilzen gilt dagegen als völlig ungefährlich. Kulturpilze sind bei der Erzeugung keiner Kontamination durch Schadstoffe oder Radioaktivität ausgesetzt und weisen dementsprechend keine erhöhten Gehalte auf.
Tipp: Wöchentlich sollten nicht mehr als 200 bis 250 g Wildpilze gegessen werden. Bei Kleinkindern, Schwangeren und Stillenden sollten Wildpilze ganz vom Speiseplan gestrichen werden.

Austernpilzpfanne mit Champignons und Gemüse

Für 4 Personen
400 g Austernpilze
400 g grüne Erbsen
4 Karotten
200 g Spargel
50 g Sojabutter
1 Bund Petersilie
Salz

Spargel, klein geschnittene Karotten und Erbsen jeweils getrennt in Salzwasser kochen. In einer Pfanne etwas Sojabutter erhitzen, die Erbsen hinzufügen, danach den Spargel und die Karotten.
Pilze waschen, abtrocknen, klein schneiden und mit der Hälfte der Sojabutter andünsten bis die Feuchtigkeit verdunstet ist. Danach die Pilze zum Gemüse geben, alles mit der restlichen Butter ver-

mischen und mit klein geschnittener Petersilie garnieren.

Gesundheitsaspekt

Austernpilze enthalten Eiweiß, Kohlenhydrate, Mineralstoffe (vor allem Kalium und Phosphor), Vitamin C, D, Vitamine der B-Gruppe wie Thiamin, Riboflavin, Niacin und besonders viel Folsäure.
Hervorzuheben ist die Wirkung des Austernpilzes auf die Regulierung des Cholesterinspiegels.

Elisabeths Austernpilze mit Chicorée

Für 4 Personen

300 g Austernpilze
2 Chicorée
2–3 El Öl
Zitronensaft
Salz, Pfeffer
1 EL gehackte Petersilie

Die Austernpilze 10 Minuten dünsten. Chicorée vierteln, zu den Pilzen geben, mit Zitronensaft beträufeln und weitere 10 Minuten dünsten. Mit Salz und Pfeffer würzen und mit gehackter Petersilie bestreuen. (▸ Foto S. 96/97)

Austernpilzsalat mit grünen Bohnen

Für 4 Personen

400 g Austernpilze
300 g grüne Bohnen
2 EL Sojabutter
3 EL Öl
1 EL Sherryessig ▸

Austernpilze in Streifen schneiden. Grüne Bohnen putzen und in Salzwasser 10 bis 12 Minuten garen. Die Sojabutter in einer Pfanne erhitzen, die Pilze darin etwa 10 Minuten dünsten und etwas salzen.
3 EL Öl, 1 EL Sherryessig, 1 TL Agavensirup, 1 EL gehackte Kerbelblättchen, 1 EL gehackter Estragon

1 TL Agavensirup
1 EL Kerbelblättchen
1 EL Estragon
Salz, Pfeffer

mit Salz, Pfeffer verquirlen, über die Pilze und grünen Bohnen gießen und 10 Minuten ziehen lassen.

Champignon-Kartoffel-Gratin

Püree für 4 Personen
750 g mehligkochende Kartoffeln
250 ml Sojamilch
1 EL Sojabutter
1 Prise Muskatnuss
Salz

Füllung
200 g Zwiebeln
750 g braune und weiße Champignons
2 EL Öl
3 EL Tomatenmark
100 ml Gemüsebrühe
1 Msp. Koriander
1 Bund Petersilie
Salz, Pfeffer

Die Kartoffeln in Wasser ca. 20 Minuten kochen. Den Backofen auf 175°C vorheizen.
Die Zwiebeln würfeln und die Champignons feinblättrig schneiden. Das Öl erhitzen und die Zwiebeln darin anschwitzen. Die Champignons dazugeben, anbraten, mit Salz und Pfeffer würzen und das Tomatenmark untermischen. Gemüsebrühe aufgießen, mit Koriander würzen und die Masse in eine Auflaufform füllen.
Für das Püree die Kartoffeln schälen, durch eine Kartoffelpresse drücken, die erhitzte Milch zusammen mit der Butter mit einem Schneebesen unter die gepressten Kartoffeln rühren, mit Salz und Pfeffer und einer Prise Muskatnuss würzen.
Das Püree über die Pilzmischung verteilen (eventuell mit einer Garnierspritze), im Backofen ca. 40 Minuten backen und mit klein geschnittener Petersilie garnieren.

Gesundheitsaspekt

Champignons enthalten Eiweiß, Kohlenhydrate, Ballaststoffe, Vitamin K, D, B und E, Mineralstoffe (vor allem Kalium, Eisen, Phosphor, Magnesium und Kalzium) sowie das Enzym Tyrosinase, dem eine blutdrucksenkende Wirkung

zugeschrieben wird. Champignons haben einen geringen Gehalt an Purin, Natrium und Glukose.
Man sollte nur frische Champignons verwenden, da durch den Konservierungsprozess bis zu zwei Drittel der Vitamine verloren gehen, auch der Eiweiß-, Kalium- und Phosphorgehalt sinkt dadurch ab.

Champignons mit Zitronen-Zimt-Marinade

Für 4 Personen
250 g Champignons
⅛ l Wasser
Saft einer Zitrone
6 EL Öl
3 Knoblauchzehen
1 Zimtstange
1 Prise Paprikapulver

Die Pilze je nach Größe halbieren oder vierteln. 1/8 l Wasser, Saft einer Zitrone, 6 EL Öl, 3 Knoblauchzehen, 1 Zimtstange und 1 Prise Paprikapulver in einem Topf aufkochen und 5 Minuten auf kleiner Flamme köcheln lassen. Danach die Pilze hinzufügen und zugedeckt weitere 10 Minuten köcheln. Alles in eine Schüssel gießen, abkühlen lassen und im Kühlschrank 2 Stunden ziehen lassen.
Zum Servieren aus der Marinade nehmen, die Marinade kann als Salatsoße verwendet werden.

Angelikas Pfifferlinggröstl

Für 4 Personen
500 g Pfifferlinge
500 g festkochende Kartoffeln
5 EL Öl
3 Jungzwiebeln ►

Kartoffeln waschen, in Salzwasser bissfest kochen, abgießen, schälen und in ca. ½ cm dicke Scheiben schneiden. Pfifferlinge putzen, größere halbieren. In einer Pfanne 2 EL Öl erhitzen, Pilze darin kurz anbraten, salzen, in ein Sieb gießen und abtropfen lassen. In einer Pfanne 3 EL Öl erhitzen, Kartoffel-

1 EL Sojabutter
1 EL Petersilie
Salz, Pfeffer

scheiben darin goldgelb braten, salzen, in ein Sieb gießen und ebenfalls abtropfen lassen.
Zwiebeln in dünne Scheiben schneiden. In einer Pfanne Sojabutter erhitzen, Zwiebeln darin anschwitzen, Pfifferlinge, gehackte Petersilie und Kartoffelscheiben dazugeben, mischen und mit etwas Salz und Pfeffer würzen.

Gesundheitsaspekt

Pfifferlinge haben einen hohen Wassergehalt, sind nahezu fettfrei, aber reich an Vitamin B_1, B_2, Niacin sowie Vitamin C und A.
Pfifferlinge werden vor allem gedünstet und als Suppeneinlagen oder für Soßen verwendet, harmonieren aber auch gut mit Reis und Hirse.

Pfifferlinggulasch

Für 4 Personen
800 g Pfifferlinge
2 EL Öl
1 große Zwiebel
150 ml Tofutti Sour Supreme
2 TL edelsüßes Paprikapulver
2 EL Vollkornmehl
1 TL Essig
Salz, Pfeffer
Etwas gemahlener Kümmel
Gehackte Petersilie

Pilze je nach Größe schneiden. Zwiebel fein hacken, in heißem Öl goldgelb anbraten, mit Paprikapulver bestäuben und mit Essig ablöschen. Die Pilze dazugeben, mit Salz, Pfeffer und Kümmel würzen und 10 Minuten zugedeckt dünsten lassen.
Mehl mit Tofutti Sour Supreme glatt rühren. Die Pilzsoße von der Herdplatte nehmen, die Mehl-Rahm-Mischung einrühren und noch einmal kurz aufkochen lassen.

Lindas Shiitakepilze mit Balsamico

Für 4 Personen
600 g Shiitakepilze
3 Schalotten
2 Knoblauchzehen
3 EL Olivenöl
150 ml Gemüsebrühe
3 EL Balsamicoessig
½ Bund Petersilie

Shiitakepilze mindestens 30 Minuten, besser einige Stunden einweichen, abwaschen, abtrocknen, die Stiele entfernen.
Schalotten und Knoblauch sehr fein würfeln. In einer beschichteten Pfanne Olivenöl erhitzen, Schalotten und Knoblauch darin glasig anschwitzen, Shiitakepilze zufügen und leicht anbraten. Mit Salz und Pfeffer würzen und mit 3 EL Balsamicoessig ablöschen. Die Gemüsebrühe hinzufügen und zugedeckt solange garen, bis die Flüssigkeit vollständig verbraucht ist, dabei öfters umrühren. Mit gehackter Petersilie bestreuen.

Gesundheitsaspekt

Shiitakepilze sind hervorragende Speisepilze. Sie stammen aus Asien und werden dort auf sogenannten Kunuki-Baumstämmen gezüchtet.
Der typische Geruch des Shiitakepilzes ist auf den Inhaltsstoff Lenthionin zurückzuführen. Shiitakepilze sind reich an Proteinen und an Kalium, sowie an Zink (in den Stielen), das für die Aktivierung des Immunsystems unerlässlich ist. Sie haben einen hohen Anteil an komplexen Kohlenhydraten (Polysacchariden). Außerdem verfügen sie über Ergosterin (Vorstufe des Vitamin D) und haben einen cholesterinsenkenden und tumorhemmenden Effekt.
In der fernöstlichen Medizin gilt der Shiitakepilz als „Aktivator des Blutes“ und als „Lebenselixier“. Er hilft unterstützend bei Erkältung, Lun-

genentzündung, Magenschmerzen, Kopfschmerzen, Schwächezuständen, Allergien, Asthma, Hämorrhoiden, Neuralgien, Durchblutungsstörungen und bei unterschiedlichen Hauterkrankungen (z.B. Akne).
Shiitakepilze eignen sich ausgezeichnet zur Erhaltung der Gesundheit.

Shiitakepfanne mit Champignons und Seitanstreifen

Für 4 Personen
200 g Champignons
1–2 getrocknete Shiitakepilze
2 Zwiebeln
3 EL Öl
1 Schuss Tamarisoße
Ca. ⅛ l Wasser (oder Weißwein)
1 Glas Seitan in Scheiben
1 Prise Paprikapulver
1 EL gehackte frische Kräuter nach Wahl

Shiitakepilze mehrere Stunden einweichen und das Einweichwasser abgießen. Die Hüte der Shiitakepilze klein schneiden, die Champignons halbieren.
Die Zwiebeln grob würfeln und zusammen mit den Pilzen in 2 EL Öl kräftig anbraten. Dann mit Tamarisoße ablöschen und mit Wasser oder Weißwein aufgießen, die Pilze sollten dabei bedeckt sein. Alles zugedeckt 10 Minuten köcheln lassen.
Seitan in Streifen schneiden und in 1 EL Öl kräftig anbraten, mit einer Prise Paprikapulver würzen, zu den Pilzen geben, mit frischen Kräutern garnieren.

Shiitake-Kohlrabi-Gemüse

Für 4 Personen
250 g Shiitakepilze
500 g Kohlrabi
1 große Zwiebel
50 g Öl ►

Pilze in Streifen, Kohlrabi in Stifte schneiden und Zwiebel würfeln. In einer Pfanne Öl erhitzen, Shiitakepilze zugeben und von allen Seiten anbraten. Dann an den Rand der Pfanne schieben. In der

1 EL Sojabutter
¼ l Gemüsebrühe
1 EL Pfeilwurzelstärke
1 EL gehackte Petersilie

Mitte der Pfanne 1 EL Sojabutter aufschäumen lassen, Zwiebelwürfel dazugeben und goldgelb anbraten. Danach die Kohlrabistifte hinzufügen, mitdünsten, mit Gemüsebrühe aufgießen und alles 10 Minuten köcheln lassen.
Mit 1 EL Pfeilwurzelstärke binden und mit Petersilie bestreuen.

Shiitakepilze mit Wildreissalat

Für 4 Personen
100 g Shiitakepilze
100 g Wildreis
100 g Vollkorn-Jasminreis
400 ml Wasser
100 g rote Rüben
1 Zwiebel
100 g Fenchel
1 EL Koriander
1 EL gerösteter Sesam
50 g Olivenöl
Salz, Pfeffer

Shiitakepilze mindestens 30 Minuten, besser einige Stunden einweichen, die Stiele entfernen und die Pilze kleinblättrig schneiden. Mit etwas Öl ½ Minute dünsten, danach mit Salz und Pfeffer würzen.
Rote Rüben auf kleiner Flamme gar kochen, schälen und in dünne Scheiben schneiden.
Reis mit kaltem Wasser waschen, zugedeckt mit 400 ml Wasser und 1 TL Salz zum Kochen bringen, ca. 30 Minuten köcheln lassen.
Zwiebel würfeln und in heißem Öl glasig anschwitzen lassen. Fenchel in Streifen schneiden, in Salzwasser 1 Minute blanchieren, kalt abschrecken.
Lauwarmen Reis, Fenchel, Pilze, Zwiebeln und gehackten Koriander vermischen, mit Salz und Pfeffer würzen. Schließlich die roten Rüben unterheben und mit Sesam garnieren.

Steinpilzsoße mit Basilikum

Für 4 Personen
500 g Steinpilze ►

Steinpilze in Scheiben schneiden, mit der fein geschnittenen Zwiebel und den gewürfelten Tomaten

1 Zwiebel
2 Tomaten
1 EL Olivenöl
1 Knoblauchzehe
1/16 l Weißwein
125 ml Hafersahne
8 Blätter Basilikum
1 Prise Kümmelpulver
Salz, Pfeffer

in Olivenöl anbraten. Mit Salz, Pfeffer, einer Prise Kümmel und fein geschnittener Knoblauchzehe würzen und mit Weißwein ablöschen. Die Hafersahne dazugießen, die fein geschnittenen Basilikumblätter untermischen und 2 Minuten köcheln lassen.

Gesundheitsaspekt

Steinpilze gehören zu den wenigen Pilzarten, die man roh essen kann. Sie enthalten bis zu 90 Prozent Wasser, sind gute Eiweißträger und reich an freien Aminosäuren. Zudem enthalten sie Linolsäure und Linolensäure sowie Mineralstoffe (vor allem Kalium, Magnesium und Phosphor). Sie sind außerdem reich an (B-)Vitaminen.

Steinpilze enthalten Ergosterol, dem eine entzündungshemmende und antivirale Wirkung nachgesagt wird.

Gemischte Pilze im Wok mit Cashewnüssen

Für 4 Personen
250 g Champignons
250 g Austernpilze
150 g Steinpilze
1 Bund Frühlingszwiebeln
2 Knoblauchzehen
4 EL Olivenöl
50 g Cashewnüsse
1 Prise Pimentpulver ►

Die Pilze putzen, feinblättrig, in Streifen oder Stücke schneiden. Frühlingszwiebeln in 3 cm lange Stücke schneiden, den Knoblauch hacken.

Öl im Wok stark erhitzen, die Nüsse darin goldbraun rösten und herausnehmen.

Zwiebeln und Knoblauch im Öl glasig anschwitzen, die Pilze hinzufügen und unter ständigem Rühren 2 Minuten braten. Die Hitze reduzieren, mit ½ TL Salz, 1 Prise Pfeffer und 1 Prise Piment würzen, mit

2 EL Sherry
2 Stängel Basilikum
½ TL Salz, 1 Prise Pfeffer

Sherry ablöschen und 2 Minuten dünsten, dabei manchmal umrühren.
Die Hälfte der zerkleinerten Basilikumblätter unter die Pilze mischen, geröstete Nüsse darüberstreuen und mit dem übrigen Basilikumblättern garnieren.

Geröstete Pilze auf geraspeltem Gemüsebett

Für 4 Personen
250 g Shiitakepilze
150 g Austernpilze
150 g Champignons
250 g Karotten
250 g kleine Zucchini
1 Bund Radieschen
1 Frühlingszwiebel
1 Knoblauchzehe
50 g Sojabutter
1 EL Olivenöl
Salz, Pfeffer

Shiitakepilze, Austernpilze und Champignons in Streifen oder Scheiben schneiden. Karotten, Zucchini und Radieschen fein raspeln, Frühlingszwiebel fein schneiden und Knoblauchzehe fein hacken. Das Gemüse auf einer Servierplatte anrichten.
Olivenöl in einer Pfanne erhitzen, alle Pilze darin von allen Seiten anbraten, bis sie knusprig braun sind, mit Salz und Pfeffer würzen und an den Rand der Pfanne schieben. In der Pfannenmitte Sojabutter aufschäumen lassen, Zwiebel und Knoblauch darin anschwitzen und leicht bräunen lassen, mit den Pilzen vermischen, alles kurz braten und auf dem Gemüsebett verteilen.

Getreidegerichte

Quinoagemüse im Wok (► S. 123)

Getreidegerichte eignen sich als Vorspeise, Suppe, Hauptgericht, Salat oder als kalte Beilage.

> **Gesundheitsaspekt**
> Getreide ist ein guter Eiweißlieferant, der Fettgehalt ist sehr gering, der Anteil an ungesättigten Fettsäuren sehr hoch. Getreide enthält außerdem Kalzium, Kalium, Magnesium, B-Vitamine, Vitamin E sowie Spurenelemente und Enzyme und einen sehr hohen Anteil an Kohlenhydraten (Stärke).
> Getreide ist „vollwertig“ und deshalb ein besonders wichtiges Nahrungsmittel. Sie geben dem Körper viel Energie, und halten lange vor.
> Getreide wirkt antikarzinogen und antioxidativ. Es schützt das Herz-Kreislauf-System und normalisiert den Blutzucker.

Bretonische Buchweizenpfannkuchen mit Gemüsefüllung

Pfannkuchenteig für 4 Personen

250 g Buchweizen-Vollkornmehl
½ l kohlensäurehaltiges, kaltes Mineralwasser
3 EL Sesamöl
2 gestrichene EL Sojamehl
¾ TL Meersalz

Für die Gemüsefüllung

2 Auberginen
4 Tomaten
2 Zucchini ►

Zutaten zu einem Teig verrühren und mindestens ½ Stunde quellen lassen.

Shiitakepilze 30 Minuten in kaltem Wasser einweichen lassen, Wasser abgießen. Das Gemüse waschen. Auberginen in Würfel schneiden, mit Zitronensaft beträufeln, mit Salz vermengen, abdecken und 30 Minuten stehen lassen. Danach gründlich mit Wasser abspülen, mit Küchenpapier trocken tupfen und mit etwas Pfeilwurzelstärke bestäuben.

Die Tomaten mit kochendem Wasser übergießen und häuten, danach würfeln. Zucchini und Paprikaschote ebenfalls würfeln, Frühlingszwiebeln in Ringe schneiden. Die Stängel der Shiitakepilze abschneiden und die Pilze sehr fein hacken. Olivenöl

1 rote Paprikaschote
1 Bund Frühlingszwiebeln
4 getrocknete Shiitakepilze
2 Knoblauchzehen
Je 1 Handvoll Kräuter (Petersilie, Basilikum, Oregano, Thymian)
Saft einer halben Zitrone
Meersalz, Pfeffer
Etwas Pfeilwurzelstärke
5 EL Olivenöl

in einer Pfanne erhitzen, zuerst Paprika, Auberginen, Zucchini, Zwiebeln und Pilze 8 Minuten braten, danach die Tomatenwürfel dazugeben. Den Knoblauch pressen und unterrühren. 5 Minuten auf kleiner Flamme weitergaren, mit Meersalz und Pfeffer abschmecken und mit den Kräutern bestreuen.

In der Zwischenzeit in einer flachen Pfanne das Sesamöl erhitzen, die Buchweizenpfannkuchen von beiden Seiten anbraten und sogleich mit dem fertig gegarten Gemüse füllen.

Gesundheitsaspekt

Buchweizen wirkt auf die Blutzirkulation (Herzkranzgefäße), gefäßfestigend und blutungshemmend. Nicht-geröstet hilft Buchweizen bei Krampfadern, in gerösteter Form wirkt er gegen Völlegefühl.

Bulgur mit Karotten

Für 4 Personen
200 g Bulgur
2 Karotten
150 g Champignons
Kerbel
Zitronensaft
Rapsöl
Weißer Balsamicoessig
Salz, Pfeffer

Bulgur in gesalzenem Wasser einige Minuten kochen, abgießen.

Pilze putzen, in kleine Stücke schneiden und in Rapsöl braten, mit Bulgur und Kerbel vermischen, einen Spritzer Balsamicoessig dazugeben, mit Salz und Pfeffer würzen.

Karotten schälen, in kleine Stäbchen schneiden und ebenfalls in Öl anbraten, mit Zitronensaft und Salz würzen. Den Bulgur anrichten, darüber die Karottenstifte verteilen und mit Kerbel garnieren.

Gesundheitsaspekt

Bulgur wird aus Hartweizen hergestellt und ist gewissermaßen ein vorgekochtes Weizenprodukt. Bulgur enthält noch den Getreidekeim, ist reich an Ballaststoffen, Eiweiß und Vitaminen und enthält größere Mengen Eisen.

Waltrauds Bulgurbällchen

Für 4 Personen

300 ml Gemüsebrühe
150 g Dinkel-Vollwertbulgur
2 EL Pfeilwurzelstärke
Salz, Pfeffer
Öl zum Braten

Gemüsebrühe aufkochen, Bulgur einrühren, mit Salz und Pfeffer würzen. Den Bulgur auf kleiner Flamme 5 Minuten quellen lassen, zugedeckt abkühlen lassen. Das Stärkemehl in die Bulgurmasse einrühren und aus dieser Masse Bällchen formen. In einer Pfanne soviel Öl erhitzen, damit die Bällchen schwimmend gebacken werden können.

Gemüse-Kräuter-Couscous

Für 4 Personen

250 g Couscous
800 ml Gemüsebrühe
1 Bund Frühlingszwiebeln
2 Knoblauchzehen
300 g Zucchini
300 g Champignons
2 EL Öl
4 EL fein gehacktes Basilikum oder Koriander ▸

Frühlingszwiebeln in feine Ringe schneiden. Knoblauch schälen und fein hacken. Zucchini längs halbieren und quer in feine Scheiben schneiden. Die Champignons auch in feine Scheiben schneiden.

Frühlingszwiebeln und Knoblauch in heißem Öl anschwitzen. Zucchini und Champignons dazugeben und 4 Minuten weiterdünsten. Couscous und Kräuter dazugeben. Die Gemüsebrühe aufgießen, zugedeckt 5 Minuten quellen lassen. Ab und zu umrühren, mit Salz, Pfeffer und Zitronensaft würzen.

4 EL fein gehackte Petersilie
1 TL Meersalz
Pfeffer
Zitronensaft

Gesundheitsaspekt

Couscous wird aus Hartweizengrieß hergestellt und enthält alle gesunden Inhaltsstoffe, die auch im Weizen enthalten sind. Ein Weizensamen enthält z.B. Kohlenhydrate, Eiweiß, Neutralfette, Zellulose, Mineralsalze, zudem reichlich Kalium, Phosphor und Kalzium. Der Keim des Weizenkorns enthält Eiweißstoffe und Aminosäuren.

Weizen wirkt abführend, antianämisch und mineralsalzzuführend.

Gerstenreis

Für 4 Personen
200 g Gerste
200 g Sellerieknolle
4 EL Sojabutter
8 Pfefferkörner
½ TL Kreuzkümmel
½ TL Senfsamen
600 ml Wasser
Salz

Sojabutter in der Pfanne erhitzen, Gewürze dazugeben, danach die gewaschene, evtl. geröstete Gerste und den gewürfelten Sellerie daruntermischen und 3 Minuten rösten. Mit 600 ml Wasser aufgießen, zugedeckt 30 Minuten köcheln lassen und mit Salz würzen.

Gesundheitsaspekt

Gerste zählt zu den ältesten Getreidesorten. Sie enthält Eiweiß, Stärke, Kalzium, Kalium, Magnesium, Zink, die Vitamine B_1, B_2 und E sowie Niacin, Saponine, Phytoöstrogene, die antikanzerogen wirken. Außerdem zählt zu seinen Inhaltsstoffen Kieselsäure, die Nägel und Haar kräftigt.

Gerste wirkt stärkend, Qi-tonisierend, aufbauend, Hitze klärend, entzündungshemmend und entgiftend. In gerösteter Form hemmt sie Durchfall hemmend und regt die Diurese an. Gekeimte Gerste wirkt verdauungsfördernd und weicht Verhärtungen auf.

Graupenrisotto mit Sesamkarotten und Bärlauch

Für 4 Personen
150 g Rollgerste
60 g Karotte
60 g Knollensellerie
1 Zwiebel
1 EL Sojabutter
750 ml Gemüsebrühe
1 Thymianzweig
1 Bund Bärlauch
40 g Erbsen

Rollgerste 2 bis 6 Stunden gut mit Wasser bedeckt einweichen.
Karotte, Sellerie und Zwiebel schälen und in kleine Würfel schneiden und in der Sojabutter anschwitzen. Das Gerstenwasser abgießen, die Gerstenkörner zu dem Gemüse mischen und mit Gemüsebrühe aufgießen. Thymian zugeben unter gelegentlichem Umrühren 20 Minuten kochen lassen.
Bärlauch in Streifen schneiden, gemeinsam mit den Erbsen unter das Risotto mischen, mit Salz und Pfeffer würzen. Das Risotto auf den Sellerie-Karotten anrichten, mit Bärlauchstreifen garnieren.

Grünkernlaibchen

Für 4 Personen
¼ l Gemüsebrühe
100 g Grünkernschrot
2 EL Vollkornbrösel
1 EL gehackte Küchenkräuter
1 Zwiebel
1 Lorbeerblatt
1 Knoblauchzehe ▸

Gemüsebrühe, fein gehackte Zwiebel und Lorbeerblatt zum Kochen bringen, den Grünkernschrot hineinrühren, 5 Minuten kochen und 20 Minuten quellen lassen.
Die ausgekühlte Grünkernmasse mit dem zerdrückten Knoblauchzehen, Majoran, Gemüse-Kräutersalz, gehackten Küchenkräutern und den Vollkornbröseln gut vermischen.

Majoran
Vollkornbrösel zum Wenden
Sojabutter
Gemüse-Kräutersalz

Kleine Laibchen formen, in Vollkornbröseln wenden und in wenig Sojabutter auf beiden Seiten knusprig braten.

Gesundheitsaspekt

Grünkern ist unreif geernteter und gedarrter Dinkel. Er ist reich an Kohlenhydraten und Ballaststoffen. Diese wirken verdauungsfördernd und transportieren Giftstoffe aus dem Körper, verringern das Krebsrisiko und senken den Cholesterinspiegel im Blut. Grünkern ist außerdem reich an Vitaminen, vor allem der B-Gruppe.

Rudolfs Haferlaibchen mit Brokkolipüree

Laibchen für 4 Personen

4 Schalotten
4 EL Öl
100 g Haferflocken
450 ml Gemüsebrühe
1 Bund Petersilie
400 g mehligkochende Kartoffeln
1 TL Vollkornmehl

Brokkolipüree

500 g Brokkoli
4 Schalotten
1 Knoblauchzehe
2 EL Öl
2 EL Vollkornmehl ▸

Für die Laibchen Schalotten schälen und in feine Würfel schneiden. In einer Pfanne 2 EL Öl erhitzen und die Schalotten darin anschwitzen. Die Haferflocken zugeben, leicht rösten, mit Gemüsebrühe ablöschen, aufkochen und ca. 15 Minuten zu einem dicken Brei einkochen, dabei manchmal umrühren. Mit Salz und Pfeffer würzen.

Die Petersilie fein hacken. Die gekochten Kartoffeln schälen, mit einer Kartoffelpresse in die warme Haferflockenmasse drücken. Petersilie und Mehl unterrühren, Masse abkühlen. Laibchen formen. 2 EL Öl in einer Pfanne erhitzen, Laibchen darin beidseitig goldbraun braten.

Für das Brokkolipüree die Brokkoliröschen in Salzwasser weichkochen und kalt abschrecken, einige Röschen beiseitelegen.

250 ml Gemüsebrühe
125 ml Sojamilch

Schalotten und Knoblauch schälen. Schalotten in feine Würfel schneiden. 2 EL Öl in einer Pfanne erhitzen, Schalotten darin anschwitzen, Knoblauchzehe dazugeben. Vollkornmehl einrühren, Gemüsebrühe und Sojamilch dazugießen, aufkochen, 5 Minuten köcheln lassen, Die Knoblauchzehe entfernen, den Brokkoli zugeben und mit dem Mixer pürieren.

Gesundheitsaspekt
Hafer ist ein besonders hochwertiges Getreide. Er ist das eiweiß- und fettreichste Getreide, mit den höchsten Mengen an Vitaminen und Mineralstoffen. Er enthält besonders viel Kalzium, Eisen, Silizium, Mangan sowie Vitamin B_1 und E. Hafer ist das beste Getreide für kalte Wintertage. Hafer wirkt tonisierend und kräftigend, fördert das Wachstum, regt die Resorption an, wirkt außerdem als Antidepressivum und bei Hypothyreose, Spontanschweiß sowie bei Durchfall.

Gabriels Hirselaibchen

Für 4 Personen
1 große Zwiebel
2 Knoblauchzehen
2 EL Olivenöl
500 ml Gemüsebrühe
1 EL frisch gehackte Petersilie
250 g Hirse
1 TL Pfeilwurzelstärke ▸

Fein geschnittene Zwiebel und Knoblauch in Olivenöl anschwitzen, die Hirse waschen, zur Zwiebel geben und mit Gemüsebrühe aufgießen, ca. 15 Minuten dünsten und dann abkühlen lassen.
Die Pfeilwurzelstärke, Vollkornbrösel und die Petersilie untermischen, mit Salz und Pfeffer würzen. Kleine Laibchen formen, in etwas Bröseln wälzen und in Olivenöl backen.

20 g Vollkornbrösel
Salz, Pfeffer

Gesundheitsaspekt

Hirse enthält die Vitamine A, B_1, B_2 und C, außerdem Kalzium, Kalium, Kieselsäure, Natrium, Fluor und Eisen und ist fett- und eiweißreich. Gemeinsam mit Hafer gehört sie zu den Getreidearten mit dem höchsten ernährungsphysiologischen Wert.

Hirse wirkt tonisierend und nährt die Körperflüssigkeiten. In nicht gerösteter Form wird sie bei Gastritis eingesetzt, gegen Heißhungerattacken und Verstopfung, in gerösteter Form bei Resorptionsschwäche, Völlegefühl und Nahrungsmittelunverträglichkeit.

Georgs Maisküchlein

Für 4 Personen

500 g frische Maiskörner
1 kleine rote Zwiebel
2 TL Pfeilwurzelstärke
1 Handvoll gehackte Korianderblättchen
125 g Vollkornmehl
1 TL Backpulver
Salz, Pfeffer
Öl zum Braten

Backofen auf 120°C vorheizen. 400 g Maiskörner mit den restlichen Zutaten im Mixer pürieren. In eine Schüssel füllen und die restlichen Maiskörner unterrühren. In einer beschichteten Pfanne Öl erhitzen. Pro Maisküchlein 2 EL Teig in das Öl legen und bei mittlerer Hitze pro Seite 1 Minuten braten. Abtropfen lassen und im Backofen warm stellen.

Gekochte Polenta

Für 4 Personen
180 g Maisgrieß
250 ml Sojamilch
250 ml Wasser
2 EL Sojabutter
Salz
Muskat

250 ml Sojamilch und 250 ml Wasser mit 2 EL Sojabutter zum Kochen bringen. 180 g Maisgrieß unter ständigem Rühren einrieseln lassen, solange rühren und kochen lassen, bis der Grieß weich erscheint. Mit Salz und Muskat würzen.

Gesundheitsaspekt

Mais ist reich an ungesättigten Fettsäuren, enthält Fett, Vitamine und Mineralstoffe, ihm fehlen jedoch wichtige Eiweißstoffe.
Er wirkt appetitanregend, nährt die Körperflüssigkeiten, fördert die Darmpassage, den Auswurf und wirkt aufweichend.

Polentabällchen mit Oliven

Für ca. 20 Bällchen
60 g Polenta
50 g Schalotten
70 g grüne Oliven
50 g getrocknete Tomaten
2 EL gehackte Salbeiblätter
2 Knoblauchzehen
1 TL Pfeilwurzelmehl
Salz, Pfeffer
3 EL Öl

Schalotten würfeln, Oliven und die Tomaten fein hacken, mit gehacktem Salbei, gepresstem Knoblauch, Pfeilwurzelstärke und 60 g Polenta gut verkneten.
Aus der Masse 20 Kugeln formen, leicht flach drücken, in heißem Öl portionsweise bei mittlerer Hitze 10 Minuten braten.

Alex' Polenta e Bietole

Für 4 Personen
500 ml Wasser
600 g Mangold
150 g Maisgrieß
6 EL Olivenöl
Salz, Pfeffer

Mangold putzen und abspülen. Die Hälfte der Mangoldstiele in Würfel, die Hälfte der Blätter in Streifen schneiden. ½ l Wasser mit Salz und Pfeffer aufkochen. Maisgrieß unter ständigem Rühren langsam einrieseln lassen, zerkleinertes Mangoldgemüse dazugeben und bei kleiner Flamme 20 Minuten unter ständigem Rühren garen, bis sich die Polenta vom Topfboden löst. Die Polenta in eine flache Terrine füllen, die vorher mit kaltem Wasser ausgespült wurde, und glattstreichen, etwa 15 Minuten ruhen lassen.
Restliches Mangoldgemüse in 1 EL Öl 3 Minuten dünsten, mit Salz und Pfeffer würzen. Die Polenta aus der Form stürzen, in Scheiben schneiden, diese in heißem Öl anbraten, mit dem gedünstetem Mangold anrichten.

Edis Polentataler mit Porree

Für 4 Personen
330 ml Sojamilch
330 ml Wasser
2 TL Gemüsebrühe (Pulver)
½ TL Salz
170 g Maisgrieß
Muskatnuss
Pfeffer
400 g Porree
1 kleiner Apfel ▸

Sojamilch mit dem Wasser aufkochen, Gemüsebrühepulver und Salz dazugeben, danach unter ständigem Rühren, Maisgrieß einrieseln lassen, aufkochen und bei milder Hitze 5 Minuten köcheln, bis der Brei weich erscheint.
Muskatnuss und Pfeffer unterrühren und 13 Stunden quellen lassen.
Backblech fetten. Aus der abgekühlten Polentamasse 10 cm Kreise ausstechen, auf das Backblech legen und bei 180°C 20 Minuten backen.

½ EL Sojabutter
30 g Walnusskerne
¼ TL Curry
Kokosfett für das Backblech

Den Porree in Streifen schneiden, in Butter anschwitzen, Salz und 2 EL Wasser zugeben und zugedeckt weich dünsten. Den Apfel in dünne Spalten schneiden, zufügen und kurz mitgaren, mit Curry und Pfeffer abschmecken.
Das Gemüse auf den Polentatalern verteilen, die Walnüsse grob hacken und darüber streuen.

Quinoabratlinge

Die Vereinten Nationen haben das Jahr 2013 zum Internationalen Jahr der Quinoa ausgerufen. Quinoa ist zwar kein Getreide, sondern ein Fuchsschwanzgewächs, wird der Einfachheit halber aber hier bei den Getreidegerichten mit aufgeführt.
Quinoa muss vor der Verarbeitung gründlich mit heißem Wasser gewaschen werden, da es sonst bitter schmeckt.

Für 4 Personen
125 g Quinoa
1 Zwiebel
1 Karotte
2 Tomaten
1 kleiner Porree
2 Knoblauchzehen
1 Lorbeerblatt
1 TL Pfeilwurzelstärke
250 ml Gemüsebrühe
2 EL Öl
60 g Vollkornbrösel
Majoran
Salz, Pfeffer

Quinoa heiß waschen, das Gemüse in Öl anschwitzen. Quinoa dazugeben, mit Gemüsebrühe ablöschen, aufkochen lassen und 20 Minuten quellen lassen, ab und zu umrühren. Danach abkühlen lassen. Die Pfeilwurzelstärke und Brösel dazugeben, Bratlinge formen und auf dem Backblech im vorgeheiztem Backofen bei 170°C 10 Minuten backen.

Gesundheitsaspekt

Quinoa ist seit jeher das Grundnahrungsmittel der Inkas, hat einen außergewöhnlich hohen Nährstoffgehalt und enthält vor allem Tryptophan. Aus diesem Stoff kann das Gehirn das „Glückshormon“ Serotonin erzeugen. Zudem enthält Quinoa hochwertiges Eiweiß, Kalium,

Magnesium, Zink, Kalzium, Eisen sowie Vitamin E, C, B_1 und B_2.

Quinoagemüse im Wok

Für 4 Personen
160 g Quinoa
320 ml Gemüsebrühe
4 EL Sesamöl
1 Paprikaschote
1 Brokkoli
1 Kohlrabi
1 Karotte
1 Blumenkohl
12 TL Sojasoße
250 g Tofu

Quinoa unter heißem Wasser waschen und in 320 ml Gemüsebrühe bei mittlerer Hitze ca. 20 Minuten leicht köcheln lassen.
Den Brokkoli und Blumenkohl in kleine Röschen zerteilen. Die Karotte und den Kohlrabi in 1 cm große Stücke schneiden, die Paprikaschote halbieren und in kleine Stücke zerteilen, das Kerngehäuse entfernen. Den Tofu in kleine Würfel schneiden.
Im Wok 4 EL Sesamöl stark erhitzen, den Tofu darin 3 Minuten anbraten, aus dem Wok nehmen und beiseitelegen. Danach das Gemüse in der Reihenfolge: Karotte Blumenkohl, Brokkoli, Kohlrabi, Paprika unter Rühren anbraten, jeweils herausheben und in einer Schüssel beiseitestellen. Am Schluss das gesamte Gemüse und den Tofu nochmals in den Wok geben, Sojasoße hinzufügen und mit Salz und Pfeffer würzen. (► Foto S. 110/111)

Quinoa-Grünkern-Braten

Für 4 Personen
2 Zwiebeln
2 Karotten
1 kleiner Porree
40 g Sojabutter
100 g Grünkernschrot ►

Zwiebeln und Karotten in kleine Würfel, den Porree in kleine Ringe schneiden. Die Sojabutter erwärmen, den Grünkernschrot darin dünsten. Gemüse und Quinoa dazugeben, mit Gemüsebrühe aufgießen und zugedeckt auf kleinster Flamme quellen lassen, dann auskühlen. Die Pfeilwurzel-

100 g Quinoa
400 ml Gemüsebrühe
Salz, Pfeffer
Geriebene Muskatnuss
3 EL gemischte fein gehackte Kräuter

stärke und Brösel unter das gekühlte Grünkern-Quinoa-Gemisch mischen, mit Gewürzen und Kräutern abschmecken.
Die Masse zu einem Braten formen, in eine gefettete Form füllen und im vorgeheizten Backofen bei 180°C etwa 35 Minuten backen.

Quinoaküchlein

Für 4 Personen
4 EL Kichererbsen- oder Reisflocken
4 EL Reisdrink
8 EL gegartes Quinoa
1 TL Pfeilwurzelmehl
1 Schalotte
6 Champignons
4 EL Porreesprossen
Salz
Öl zum Ausbacken

Schalotte und Champignons fein würfeln. Die Kichererbsenflocken und den Reisdrink in einer Schüssel verquirlen und quellen lassen. Quinoa und Pfeilwurzelmehl dazugeben, gut verrühren, nochmals 2 Minuten quellen lassen, die restlichen Zutaten unterrühren, mit Salz würzen.
Eine große Bratpfanne mit Öl auspinseln und erhitzen. Den Teig in 4 Portionen in die Pfanne legen und die Küchlein 5 bis 10 Minuten bei schwacher Hitze braten, bis die Unterseite goldbraun und die Masse gestockt ist. Dann wenden und fertig braten. Mit Porreesprossen garnieren.

Quinoalaibchen

Für 4 Personen
1 Zwiebel
1 Knoblauchzehe
1–2 cm Ingwerwurzel
4 EL Pflanzenöl
½ Bund Petersilie
2 EL Buchweizenmehl

Zwiebel, Knoblauchzehe und geschälte Ingwerwurzel fein hacken.
In einem Topf Öl erhitzen, die Zwiebel glasig anschwitzen, danach Knoblauch und Ingwer hinzufügen, mit Wasser aufgießen. Mit Salz und Pfeffer würzen und 10 Minuten auf kleiner Flamme köcheln lassen. Danach von der Kochplatte nehmen

und weitere 10 Minuten quellen lassen. Anschließend die klein geschnittene Petersilie und das Buchweizenmehl dazumischen, kleine Laibchen formen und goldgelb anrösten.

Vaters Quinoa-Zucchini-Eintopf

Für 4 Personen
150 g Quinoa
1,5 l heißes Wasser
2 kleine Zucchini
1 Handvoll frische Petersilie
2 EL Öl
2 EL Sojasahne
1 TL hefefreie Suppenwürze
1 Msp. Kardamompulver
1 Msp. Kurkumapulver
300 g Basmatireis
1 EL Sojasoße
1 EL gerösteter Sesam

Quinoa heiß waschen, in 300 ml kochendes Wasser einrühren, aufkochen und 20 Minuten zugedeckt auf kleiner Flamme quellen lassen. Zucchini in kleine Würfel schneiden, Petersilie klein hacken. Das Öl erwärmen, Zucchiniwürfel, Suppenwürze, Kardamom- und Kurkumapulver kurz anbraten, mit 100 ml Wasser aufgießen und unter mehrmaligem Umrühren bissfest garen. Reis, Quinoa und Gemüse mischen, nochmals aufkochen und mit Sojasoße, Petersilie sowie Sojasahne abschmecken, mit Sesam bestreuen.

Tabouleh (Bulgur mit Minze)

Für 4 Personen
200 g feiner Bulgur
2 große Bund Petersilie
1 kleiner Bund Minze
200 g Kirschtomaten
6 EL Zitronensaft
4 EL Olivenöl
Salz, Pfeffer

Den Bulgur nach Packungsanweisung einweichen oder garen. Petersilien- und Minzeblättchen abspülen, abtrocknen, von den Stängeln zupfen und grob hacken. Die Tomaten halbieren oder vierteln.

Zitronensaft und Olivenöl verrühren, mit Salz und Pfeffer würzen. Die Zutaten vermischen und servieren.

Joes Tsampa-Pilz-Auflauf mit Gemüse

Tsampa ist geröstetes Gerstenmehl.

Für 4 Personen

20 g getrocknete Steinpilze
20 getrocknete Reishiipilze
20 g Champignons
1 Zwiebel
1 Karotte
1 Zucchini
1 kleiner Brokkoli
200 ml Gemüsebrühe
1 Bund Petersilie
Öl
Salz, Pfeffer
Muskat
300 ml Sojamilch
100 ml Hafersahne
150 g Tsampa
2 TL Pfeilwurzelstärke

Den Backofen auf 180°C vorheizen. Die getrockneten Pilze in warmem Wasser einweichen.
In der Zwischenzeit die fein gehackte Zwiebel in etwas Öl anschwitzen, die fein geschnittenen Pilze und das fein geschnittene Gemüse dazugeben, mit 200 ml Gemüsebrühe aufgießen und bei mittlerer Hitze 15 Minuten dünsten, mit Salz und Pfeffer würzen.
300 ml Sojamilch, 100 ml Hafersahne, 1 TL Salz, 1 Prise Muskat, 2 TL Pfeilwurzelstärke verrühren, 150 g Tsampa hinzufügen.
Die Pilz-Gemüse-Mischung in eine gefettete Auflaufform füllen, Milch-Sahne-Tsampa-Gemisch darüber gießen und 20 Minuten auf der untersten Schiene des vorgeheizten Backofens bei 180°C backen.

Seitanschnitzel mit Kartoffelsalat

Für 4 Personen

250 g Seitanfilets (▸ Weizenlaibchen, S. 127)
100 g Vollkornbrösel
3 EL Weißmehl
500 g Salatkartoffeln
2 rote Zwiebeln ▸

In eine Schüssel die Brösel, in eine andere Schüssel das Mehl geben, zum Mehl so viel Wasser dazugeben, bis eine dickflüssige Masse entsteht.
Die Seitanfilets jeweils einmal in die Mehl-Wasser-Mischung und dann in die Brösel tauchen. Nach dem Panieren in Rapsöl goldbraun braten.

Petersilie
Rapsöl zum Braten

Für das Dressing
50 ml Essig
3 EL Öl
100 ml Wasser
½ TL Salz
2 TL Roh-Rohrzucker

Für den Salat die Kartoffeln kochen, schälen, in Scheiben schneiden. Die Zutaten für das Dressing in einem zugedeckten Becher gut schütteln und über den Kartoffeln verteilen.

Weizenlaibchen

Für 4 Personen
250 g Perlweizen
200 g gewürfeltes Brot
250 g Karotten
2 TL Pfeilwurzelstärke
¼ l Sojamilch
1 Zwiebel
1 Bund Petersilie
Sojabutter
Öl
Salz, Pfeffer, Muskat

Weizen nach Packungsanweisung in Wasser kochen und mit Salz würzen. Gewürfeltes Brot in der erwärmten Milch ¼ Stunde ziehen lassen. Die Karotten schälen und raspeln, die Zwiebeln fein würfeln und die Petersilie hacken. Zwiebel und einen Teil der Karotten in Sojabutter andünsten. Zwiebel, restliche Karotten, gewürfeltes Brot, Pfeilwurzelstärke und Petersilie gut vermischen, mit Salz und Pfeffer, sowie Muskat würzen.
Laibchen formen und im erhitzten Öl beidseitig je 5 Minuten braten.

Gesundheitsaspekt

Weizen enthält essenzielle Aminosäuren (vor allem Leucin, Arginin, Valin und Phenylalanin), Vitamine (vor allem Vitamin B3, B5, B1, B6 und Folsäure) und zahlreiche Mineralstoffe (z.B. Kalium, Phosphor und Magnesium). Zudem enthält er Phytoöstrogene, die antikanzerogen wirken, sowie Kieselsäure, die das Haar und die Nägel stärkt.

Die wertvollsten Bestandteile finden sich im Keim und in den Randschichten. Weizen wirkt entgiftend und harmonisierend auf die inneren Sekretionen.
In der veganen Küche verwendet man vor allem Seitan, ein Produkt aus Weizenmehl, das mit Wasser verknetet wird, bis eine zähe, glutenreiche Masse entsteht, die in einer Marinade aus Sojasoße, Algen und Gewürzen kurz gekocht wird.

Knusprige Gemüse-Zartweizen-Rösti

Für 4 Personen
200 g Zucchini
200 g Karotten
100 g Kohlrabi
50 g Porree
50 g gekochter Zartweizen
1 EL Schnittlauchröllchen
1 TL Zitronenmelisse
50 g Vollkornmehl
2 TL Pfeilwurzelmehl
Öl zum Braten
Salz, Pfeffer

Zucchini, Karotten und Kohlrabi mit dem Gemüsehobel grob raspeln. Den Porree in feine Streifen schneiden und mit den Gemüseraspeln, dem Zartweizen, den Kräutern und dem Mehl locker vermengen. Das Pfeilwurzelmehl daruntermischen, mit Salz und Pfeffer würzen.
In einer Pfanne etwas Öl erhitzen. Mit einem Esslöffel kleine Häufchen der Gemüsemasse aufnehmen, in die Pfanne legen und versichtig flachdrücken, die Gemüserösti auf jeder Seite 2 Minuten braten, bis sie knusprig sind

Reisgerichte

Seraphinas Basmatireis mit Kardamom (▸ S. 132)

Gesundheitsaspekt Reis enthält zahlreiche lebenswichtige Aminosäuren, ist reich an Vitaminen, besonders der B-Gruppe, aber auch an Vitamin E, Niacin und Pantothensäure. Er enthält wichtige Mineralstoffe und Spurenelemente (Natrium, Kalium, Eisen, Kupfer und Jod) sowie Ballaststoffe. Am wenigsten dieser Stoffe enthält der weitverbreitete weiße, geschälte und polierte Reis. Deshalb sollte möglichst Naturreis verwendet werden.

Seraphinas Basmatireis mit Kardamom

Für 4 Personen
250 g Basmatireis
500 ml Wasser
50 g Rosinen
Salz, Pfeffer
4 Kardamomkapseln
2 Nelken
4 Msp. Safranpulver
¼ TL Zimt
50 gehobelte Mandeln
1 Limette

Rosinen in lauwarmem Wasser einweichen.
Den Reis gründlich mit kaltem Wasser waschen. 500 ml Wasser mit etwas Salz, Pfeffer Kardamomkapseln, Nelken, Safranpulver und Zimt aufkochen, den Reis dazugeben und ca. 15 Minuten zugedeckt auf kleiner Flamme köcheln lassen. Auf ausgeschalteter Herdplatte noch weitere 10 Minuten quellen lassen.
Die Mandeln in einer Pfanne ohne Fett leicht anrösten, mit dem Saft einer Limette und den abgetropften Rosinen unter den Reis mischen, mit Limettenscheiben garnieren. (► Foto S. 130/131)

Gemüsereispfanne

Für 4 Personen
120 g Dinkelreis
200 g Porree
150 g Karotten ►

Den Dinkelreis in ¼ l Wasser bissfest dünsten. Das Öl erhitzen, den in 2 cm Stücke geschnittenen Porree, die in große Scheiben geschnittenen Karotten und die halbe, in Streifen geschnittene Paprika darin

½ rote Paprikaschote
250 g Tomaten
2 Knoblauchzehen
2 EL Öl
1 TL Paprikapulver
Je 1 TL Oregano, Thymian und Basilikum
2 EL Zitronensaft
Salz, Pfeffer

leicht anbraten. Die Tomatenwürfel und die fein gehackten Knoblauchzehen dazugeben, alles 10 Minuten dünsten. Danach den gekochten Dinkelreis dazugeben. Paprikapulver und Kräuter untermengen, mit Salz und Pfeffer würzen, etwas ziehen lassen.

Jasminreis mit jungem Gemüse

Für 4 Personen
250 g Jasminreis
500 ml Wasser
½ TL Salz
2 EL Öl
3 Knoblauchzehen
Je ½ TL Kumin, Koriander, Kurkuma
1 Prise Chilipulver
1 Kohlrabi
2 Karotten
250 g Zuckerschoten
150 ml Gemüsebrühe
2 TL Pfeilwurzelstärke
3 EL Hafersahne
2 EL Kokosraspeln
Bio-Zitrone

250 g Jasminreis mit ½ TL Salz in 500 ml Wasser aufkochen und ca. 35 Minuten garen.

In einer Pfanne Öl erhitzen, 3 gehackte Knoblauchzehen, mit je ½ TL Kumin, Koriander, Kurkuma und 1 Prise Chilipulver kurz anbraten.

Kohlrabi in Stäbchen schneiden, die Karotten in Scheiben schneiden, beides in die Pfanne dazugeben und 3 Minuten braten. Danach 250 g Zuckerschoten dazugeben und kurz anbraten, mit 150 ml Gemüsebrühe aufgießen und alles weitere 7 Minuten garen.

2 TL Pfeilwurzelstärke mit 1 EL Wasser, 3 EL Hafersahne, 2 EL Kokosraspel und etwas abgeriebener Zitronenschale anrühren, zum Gemüse gießen und kurz aufkochen lassen. Zum Reis servieren.

Kräuterreis

Für 4 Personen
4 Tassen Wasser
2 Tassen ungeschälter Langkornreis
2 EL fein gehackter Dill
2 EL Öl
2 Prisen Meersalz
Je 1 EL fein gehackte Korianderblättchen, Schnittlauch und Petersilie

Reis mit Wasser in einem Topf zum Kochen bringen, salzen und zugedeckt 40 bis 50 Minuten garen. Kräuter und Öl einrühren.

Paella

Für 4 Personen
400 g Vollkornreis
1 l Gemüsebrühe
2 Schalotten
4 Knoblauchzehen
1 Peperoni
2 rote Paprikaschoten
200 g grüne Bohnen
1 Stange Porree
2 Stangen Staudensellerie
1 große Karotte
10 Okraschoten
4 Tomaten
einige Safranfäden
2 Blätter Lorbeer
4 EL Olivenöl
Meersalz, frischer Pfeffer

Schalotten und Knoblauchzehen schälen und fein hacken, Peperoni in Ringe schneiden, Paprikaschoten und Bohnen in kleine Stücke schneiden.
Porree längs halbieren und in Streifen schneiden, Sellerie und Karotten in feine Scheiben schneiden, die Okraschoten ganz lassen.
Das Öl in einem Wok erhitzen, Reis, Knoblauch und Schalotten darin glasig anschwitzen, Gemüse hinzufügen und unter mehrmaligem Rühren anbraten. Mit Salz und Pfeffer würzen, mit Gemüsebrühe aufgießen, die Lorbeerblätter und Safranfäden dazugeben und die Paella zugedeckt bei mäßiger Hitze 40 Minuten köcheln lassen, bis der Reis die Gemüsebrühe aufgesogen hat.
Am Ende der Garzeit die kleingewürfelten Tomaten dazugeben.

Reiscongee

Für 10 Personen

100g Vollkornreis oder Basmatireis

1 l Wasser

In einem großen Topf kaltes Wasser mit Reis aufkochen und auf kleiner Flamme zugedeckt etwa 2 bis 4 Stunden köcheln.

Gesundheitsaspekt Reiscongee ist das Hauptgericht der chinesischen Küche und durch Zusatz verschiedener Zutaten oder Heilpflanzen auch medizinisch universal einsetzbar. Es wirkt entschlackend und entgiftend, stärkt bei Schwäche und Wiedergenesung, ist bekömmlich und gesund sowohl für Säuglinge als auch für ältere Menschen. Reiscongee kann für eine Woche vorgekocht werden.

Reispilaw mit Spinat

Für 4 Personen

700 g frischer Spinat

¾ Tasse Reis

1½ Tassen Wasser

½ Tasse Öl

½ Tasse fein gehackte Zwiebeln

Salz, Pfeffer

Zwiebeln im Öl anschwitzen, Spinat in kleine Stücke schneiden und dazugeben, mitbraten, bis der Spinat weich wird. 1½ Tassen Wasser zugießen, mit Salz und Pfeffer würzen und zugedeckt etwa 3 bis 5 Minuten dünsten, 1 Tasse Reis dazugeben, umrühren und weitere 20 Minuten auf kleinster Flamme köcheln, bis das Wasser verdampft ist.

Risotto

Für 4 Personen
400 g Rundkornreis
80 g Zwiebeln
120 g Sojabutter
⅛ l Weißwein
1¼ l Gemüsebrühe
Salz, Pfeffer

Feingeschnittene Zwiebeln in 60 g Sojabutter anschwitzen, Reis dazugeben, bei milder Hitze glasig rösten, mit Wein aufgießen und nicht zugedeckt kochen, bis alle Flüssigkeit aufgebraucht ist. Nach und nach Gemüsefond dazugießen, der Reis sollte dabei immer bedeckt sein, garen, bis der Reis bissfest ist, und eine cremige Konsistenz entstanden ist – dabei öfters umrühren –, mit Salz und Pfeffer würzen und nochmals 60 g Sojabutter unterrühren.

Als willkommene Abwechslung können in der Endphase der Zubereitung des Risottos unterschiedlichste Zutaten hinzugefügt werden wie z.B. Steinpilze, Radicchiostreifen, Maroni, Safran, Kräuter (Bärlauch, Brennnessel, Rucola, Spinat), die man vorher im Mixer mit etwas Gemüsebrühe grob püriert. Es können auch andere Gemüsearten hinzugefügt werden wie z.B. Spargel, den man vorher kocht und mundgerecht schneidet, oder Kürbiswürfel, die man vor Zugabe in das Risotto mit in 300 ml Apfelsaft, etwas Zimtpulver, 2 Gewürznelken und etwas Salz 6 bis 8 Minuten gart. Der Phantasie sind dabei keine Grenzen gesetzt.

Safranreis

Für 4 Personen
350 g Naturreis
2 EL Pflanzenöl
1 kleine Zimtstange
2 Lorbeerblätter
700 ml Wasser
½ TL Salz
½ TL Safran

Reis gründlich mit kaltem Wasser waschen, bis das Wasser klar ist.
Öl in einem Topf erhitzen. Zimt und Lorbeerblätter darin bei mittlerer Hitze ½ Minute anrösten. Reis, 700 ml Wasser und Salz dazugeben, aufkochen und alles zugedeckt auf kleiner Flamme 20 bis 30 Minuten köcheln lassen. Danach den Safran untermischen, den Topf vom Herd nehmen und den Reis weitere 10 Minuten quellen lassen.

Currygerichte

Malaysisches Gemüsecurry (► S. 142)

Currygerichte sind Soßengerichte und Eintöpfe mit Gemüse und Reis. Curry ist kein eigenständiges Gewürz, sondern eine Gewürzmischung. Es gibt zwischen 10 und 36 verschiedene Inhaltsstoffe, die in einer Currymischung enthalten sein können. Ein besonders wichtiger Bestandteil ist die Kurkumawurzel (Gelbwurz), gefolgt von Koriander, Kreuzkümmel, schwarzem Pfeffer, Bockshornklee, grünem Kardamom, Senfkörnern, Muskatblüte, Piment und Nelken.
Man kann zwischen süßem, pikantem, mildem oder scharfem Geschmack wählen.

Gesundheitsaspekt
Curry wirkt appetitanregend und verdauungsfördernd, entzündungshemmend und Cholesterinspiegel stabilisierend. Der Curryanteil Kurkuma schwächt Krebszellen und hemmt das Tumorwachstum, gleichzeitig werden gesunde Zellen gestärkt, Curry wirkt dadurch krankheitsvorbeugend.

Apfel-Karotten-Curry mit Maroni-Pilaw

Für 4 Personen
1 große Zwiebel
4 Knoblauchzehen
600 g Karotten
2 säuerliche Äpfel
1 EL Öl
2 TL Currypulver
400 ml Gemüsebrühe
1 TL gehackter Ingwer
Schale von 1 Bio-Zitrone
100 ml Sojajoghurt
1 TL Pfeilwurzelstärke
3 EL Wasser ▸

Zwiebel, Knoblauch und Karotten schälen. Zwiebel und Knoblauch hacken. Das Kerngehäuse der Äpfel ausstechen und Karotten und Äpfel in dünne Scheiben schneiden. Die Zwiebel in ½ EL Öl weichdünsten. Knoblauch und Currypulver dazugeben und kurz anrösten, 200 ml Gemüsebrühe, Ingwer und Zitronenschale dazugeben und ca. 10 Minuten köcheln. Sojajoghurt zugeben, alles im Mixer pürieren.
Karotten in ½ EL Öl anbraten, mit 200 ml Gemüsebrühe aufgießen und 7 Minuten dünsten. Die Äpfel dazugeben und zugedeckt weitere 3 Minuten dünsten.

Pilaw
1 kleine Zwiebel
1 EL Öl
200 g Basmatireis
400 ml Wasser
2 EL gehackte Haselnüsse
1 Prise Muskat
1 Zimtstange
1 EL Rosinen
12 gekochte Maroni
Salz

Die Pfeilwurzelstärke mit 3 EL Wasser glattrühren und in die Joghurtsoße einrühren und unter Rühren nochmals 2 bis 3 Minuten köcheln lassen.
Für den Pilaw die Zwiebel fein hacken und in 1 EL Öl andünsten. Basmatireis, Haselnüsse, 1 Prise Muskat, 1 Zimtstange dazugeben und kurz unter Rühren anbraten. 400 ml Wasser, 1 EL Rosinen, Maroni und Salz dazugeben, zugedeckt ca. ¼ Stunde köcheln. Pilaw von der Kochplatte nehmen, zugedeckt quellen lassen und mit dem Curry servieren.

Blumenkohl-Kichererbsen-Curry

Für 4 Personen
800 g Blumenkohl
400 ml Gemüsebrühe
400 ml Kokosmilch
2 EL Currypaste
500 g gekochte Kichererbsen
1 Bund Jungzwiebeln
250 g Jasminreis
1 Handvoll Korianderblättchen
3 EL Sojasoße
Salz

Jasminreis nach Packungsanweisung zubereiten und mit den in Röllchen geschnittenen Jungzwiebeln vermischen, warm halten. Den Blumenkohl in kleine Röschen teilen. Gemüsebrühe, Kokosmilch und Currypaste aufkochen, Blumenkohlröschen dazugeben, nochmals aufkochen und 5 Minuten köcheln, bis die Röschen bissfest sind. Danach die Kichererbsen hinzufügen, nochmals 2 Minuten erhitzen, mit Sojasoße würzen.
Curry mit zerkleinerten Korianderblättchen garnieren und mit dem Reis servieren.

Lisas Gemüsecurry mit Cashewnüssen

Für 4 Personen
500 g buntes Gemüse (Zucchini, rote Paprikaschote, Brokkoli, geschälte Süßkartoffel)
1 große Zwiebel
2 Handvoll frischer Spinat
1 Handvoll halbierte Cashewnüsse
2 EL gelbe Senfsamen
100 g rote Linsen
3 EL Rapsöl
1 EL fein geriebener Ingwer
1 Msp. Chilipulver
½ TL gemahlener Koriander
1 TL Kurkumapulver
500 ml heißes Wasser
400 g gewürfelte Tomaten
400 ml Kokosmilch
1 EL Roh-Rohrzucker
Salz

Zwiebeln in feine, Gemüse in grobe Würfel schneiden. Cashewkerne ohne Fett anrösten, Senfsamen ebenso kurz anrösten und im Mörser grob zerkleinern.
Linsen mit kaltem Wasser waschen.
Das Öl erhitzen, Zwiebelwürfel kurz anschwitzen, Linsen, 1 EL fein geriebener Ingwer, 1 Msp. Chilipulver, ½ TL gemahlener Koriander, 1 TL Kurkumapulver zufügen und mit Wasser aufgießen. Die Tomatenwürfel untermischen und auf mittlerer Flamme kochen, bis die Linsen völlig zerfallen sind. Die Kokosmilch einrühren und weitere 5 Minuten kochen, bis eine sämige Konsistenz entsteht. Bei Bedarf noch etwas heißes Wasser zufügen, mit Salz und Zucker würzen.
Die Gemüsewürfel zur Soße geben und bissfest kochen. Schließlich Cashewnüsse und Spinat zufügen und noch weitere 2 Minuten mitkochen.

Malaysisches Gemüsecurry

Für 4 Personen
250 g grüne Bohnen
1 kleiner Blumenkohl
2 Karotten ▸

Die grünen Bohnen vom Faden befreien und schräg in Streifen schneiden. Den Blumenkohl in kleine Röschen teilen. Die Karotten und Kartoffeln schräg in Streifen schneiden. Die Chilischoten ent-

2 Kartoffeln
2 Chilischoten
4 EL Kokosflocken
½ TL Chinagewürz (s.u.)
70 g Sojajoghurt
1 TL Currypulver
1 EL Sesamsamen

kernen und in feine Ringe schneiden und die Kokosflocken wässern.

Das gesamte Gemüse mischen, Chinagewürz (s.u.) dazugeben, knapp mit heißem Wasser bedecken, aufkochen und zugedeckt bei schwacher Hitze 15 bis 20 Minuten garen.

Den Kochtopf mit dem Gemüse von der Herdplatte nehmen, die Flüssigkeit abgießen, Sojajoghurt, abgetropfte Kokosflocken und Curry untermischen und auf der warmen Herdplatte 5 bis 7 Minuten ziehen lassen, nicht mehr kochen.

Die Sesamsamen in einer Pfanne goldbraun rösten und über das Gemüsecurry streuen. (► Foto S. 138/139)

Chinagewürz auf Vorrat

3 Sternanis
1 EL Fenchelsamen
1½ TL Cassia-Zimtpulver
½ TL Szechuanpfeffer
¼ TL Nelken

Alle Zutaten anrösten und im Mörser zerstoßen, in Schraubgläsern aufbewahren.

Grünes Gemüsecurry

Für 4 Personen

250 g grüne Bohnen
250 g Zuckerschoten
2 grüne Paprikaschoten
4 gelbe spitze Paprikaschoten
1 grüne Pfefferschote
1 Bund Frühlingszwiebel

Bei den grünen Bohnen und den Zuckerschoten den Faden entfernen, grüne Bohnen halbieren.

Paprikaschoten in feine Streifen schneiden, Pfefferschote von allen Samenkörnern befreien und in feine Würfel schneiden. Die Knollen der Frühlingszwiebeln ebenso fein würfeln, die grünen Teile in schräge Ringe schneiden. Karotten in feine Würfel

4 junge Karotten ▸
3 Knoblauchzehen
Ca. 3 cm frische Ingwerwurzel
1 TL helle Senfkörner
1 TL geschroteter Koriander
100 g Kokosflocken
250 ml Gemüsebrühe
150 ml Sojajoghurt
1–2 EL Currypulver
5 EL Sojaöl
Salz
1 TL Zucker
1 EL gehackte Korianderblättchen

schneiden, Knoblauchzehen und Ingwer hacken. Das Öl im Wok erhitzen, Ingwer, Knoblauch, 1 TL helle Senfkörner und den geschroteten Koriander dazugeben und bei geringer Hitze unter Rühren rösten, bis der Knoblauch glasig wird. Portionsweise das Gemüse dazugeben, beginnend mit den grünen Bohnen, ca. 30 Sekunden andünsten, danach an den Rand der Pfanne schieben, die nächste Portion Gemüse dazugeben und in der gleichen Weise vorgehen. Schließlich die Kokosflocken darunterrühren, mit 250 ml Gemüsebrühe aufgießen, unter häufigem Wenden ca. 8 Minuten garen. Mit Salz und Zucker würzen, den Sojajoghurt unter das Gemüse mischen, Currypulver dazufügen und nochmals alles durchrühren, mit Korianderblättchen garnieren.

Kartoffelcurry mit Koriander und Ingwer

Für 4 Personen
600 g Baby-Kartoffeln
1 Zwiebel
2 Knoblauchzehen
20 g frischer Ingwer
1½ Chilischoten
2½ Handvoll Korianderblättchen
1 Handvoll Minzeblättchen
350 g Reis
750 ml Gemüsebrühe
40 ml Pflanzenöl
1 TL Currypulver

Kartoffeln schälen, halbieren und in Salzwasser solange köcheln, bis sie gerade weich sind.
Zwiebel, Knoblauch, Ingwer und Chilischoten grob hacken, mit den Korianderblättchen und Minzeblättchen im Mixer pürieren.
Den Reis nach Packungsanleitung zubereiten.
40 ml Öl in einem großen Topf erhitzen, Currypulver dazugeben und unter Rühren 3 Minuten erhitzen, bis es zu duften beginnt. Den Zwiebel-Knoblauch-Ingwer-Kräuter-Mix und das Korianderpulver daruntermischen und 1 Minute lang weiterrühren. Danach die halbierten Cocktailtomaten dazugeben und ca. 2 Minuten dünsten, bis die Tomaten gerade weich sind.

1 TL Korianderpulver ▸
200 g Cocktailtomaten
100 g rote Linsen
50 g Erbsenschoten
2 EL Sojajoghurt
Saft einer Zitrone
Salz

Die Gemüsebrühe und die Linsen in den Topf schütten, zum Kochen bringen und ca. 10 Minuten köcheln lassen, bis die Linsen weich sind. Danach die Kartoffeln hinzufügen, nochmals 5 Minuten kochen, die Erbsenschoten dazugeben und 1 Minute köcheln. Zum Schluss Sojajoghurt und Zitronensaft unterrühren.

Curry in Schalen füllen, mit Korianderblättchen garnieren, mit Reis servieren.

Kichererbsencurry mit Reis

Für 4 Personen
400 g Kichererbsen
1 Zwiebel
150 g Kartoffeln
250 g Brokkoli
2 TL Currypulver
300 ml Kokosmilch
1 Würfel Gemüsebrühe
250 g Reis
½ l Wasser
2 EL Rapsöl

Zwiebel und Kartoffeln schälen und in Würfeln schneiden.

Rapsöl mit Currypulver mischen und erhitzen, Zwiebel und Kartoffeln dazugeben, bis die Zwiebelwürfel weich sind. Kichererbsen, zerkleinerten Brokkoli, Kokosmilch und den zerbröselten Gemüsebrühewürfel dazugeben. Alles bei niedriger Hitze köcheln, dabei gelegentlich umrühren.

Gewaschenen Reis mit Wasser in einen Topf geben, zum Kochen bringen und etwa 20 Minuten köcheln lassen.

Kichererbsen-Weißkohl-Curry

Für 4 Personen
200 g gegarte Kichererbsen
350 g Weißkohl
150 g Zwiebeln ▸

Zwiebeln und Knoblauch hacken, Chilis klein schneiden. Kartoffeln in ca. 3 cm große Würfel, Weißkohl in kleine Streifen schneiden.

Zwiebeln, Knoblauch und Chilis mit etwas Wasser im Mixer zu einer Paste pürieren. Öl im Topf erhit-

4 Knoblauchzehen
3 Chilischoten
3 Kartoffeln
4 EL Olivenöl
1 EL Currypulver
1 TL gemahlenes Kumin
600 ml Wasser
200 ml Gemüsebrühe
1½ TL Salz
100 g geröstete und gehackte Erdnüsse

zen, die Paste darin kurz anbraten, Currypulver, Kumin, Kartoffeln, Kichererbsen und Salz hinzufügen, mit 400 ml Wasser und 200 ml Gemüsebrühe aufkochen und zugedeckt ca. 20 Minuten köcheln lassen. Dann den Weißkohl dazugeben, mit 200 ml Wasser aufgießen, 15 Minuten köcheln lassen.
Vor dem Servieren mit den Erdnüssen garnieren.

Kürbis-Kokos-Curry

Für 4 Personen
500 g Kürbis
1 große Zwiebel
2 Tomaten
1 Chilischote
1 Prise Cayennepfeffer
1 TL Koriandersamen, zerstoßen
1 TL Koriander, gemahlen
½ TL Piment
1 Zimtstange
1 TL Kurkuma
Safranfäden
1 Dose Kokosmilch
2 EL Öl
Salz, Pfeffer
1 EL frische Korianderblättchen

In einem Topf Öl erhitzen, gehackte Zwiebel und gehackte Chilischote glasig anschwitzen, 1 Prise Cayennepfeffer, 1 TL zerstoßene Koriandersamen, 1 TL Korianderpulver, ½ TL Piment, 1 Zimtstange, 1 TL Kurkuma, einige Safranfäden dazugeben und kurz mitrösten. Danach die Tomatenwürfel daruntermischen, 2 Minuten dünsten und mit Kokosmilch aufgießen.
Kürbisfleischwürfel dazugeben, mit Salz und Pfeffer würzen und 20 Minuten kochen lassen, bis der Kürbis weich ist. Mit frischen Korianderblättchen garnieren.

Linsencurry mit Zwiebelreis

Für 4 Personen

250 g rote Linsen
200 g Basmatireis
2 Zwiebeln
750 ml Gemüsebrühe
2 TL Kurkuma
Je ½ TL zerstoßene Koriander- und Senfkörner
Je ½ TL Kurkumapulver und Cayennepfeffer
¼ Msp. Piment
2 EL gehackte Petersilie
2 EL Limettensaft
1 rote Zwiebel
2 EL Öl
Salz, Pfeffer
2 TL Sambal Oelek (s.u.)

Reis nach Packungsanweisung garen.
1 Zwiebel fein hacken, die andere in Ringe schneiden. Die gehackte Zwiebel in 1 EL heißem Öl glasig anschwitzen, 70 g Linsen dazugeben, kurz mitdünsten, 250 ml Gemüsebrühe aufgießen und ca. 15 Minuten köcheln lassen. Dann mit 500 ml Gemüsebrühe im Mixer pürieren. 180 g Linsen und die Zwiebelringe 12 Minuten mitköcheln, je ½ TL zerstoßene Koriander- und Senfkörner, ½ TL Kurkumapulver und ¼ Msp. Piment in 1 EL Öl anrösten, bis es duftet und mit der Petersilie unter die Linsen mischen. Mit Sambal Oelek, Limettensaft, Salz und Pfeffer würzen.
Reis mit Zwiebelringen garnieren.

Sambal Oelek auf Vorrat

300–350 g Chilischoten
1–2 EL Zitronensaft
1 EL Öl
1–2 EL Palmzucker
100 ml Wasser
2 TL Salz

200 g frische Chilischoten in der Pfanne rösten, bis diese leicht braun werden, mit 100 ml Wasser aufgießen und ca. ½ Stunde dünsten lassen. Dann abkühlen lassen und mit den restlichen Zutaten im Mixer pürieren. Die Paste in ein Glas füllen und im Kühlschrank aufbewahren, hält ca. 8 Wochen.

Gerichte mit Hülsenfrüchten

Kidneybohnenpfanne (► S. 153)

Bei Hülsenfrüchten gilt: Je kleiner, desto schmackhafter.
Einweichen: Getrocknete Hülsenfrüchte (mit Ausnahme von Linsen und geschälten Erbsen) müssen vor dem Kochen mindestens 12 Stunden, am besten über Nacht, in reichlich kaltem Wasser, eingeweicht werden. Dabei löst sich ein Großteil der sonst schwer verdaulichen Stoffe im Wasser. Aus diesem Grund sollte man nach der Einweichzeit das Wasser abgießen, die Hülsenfrüchte gut abspülen und in frischem Wasser bei mäßiger Hitze – nicht zugedeckt – weich kochen. Sie sollten dabei immer mit Wasser bedeckt sein.
Nach der Kochzeit sollten die Hülsenfrüchte nicht abgeschreckt werden, sondern im Kochwasser abgekühlt und erst danach abgegossen werden. Dadurch wird das Platzen der Schalen vermieden.
Kochzeit: Häufig beträgt die Kochzeit zwischen ½ bis 1½ Stunden. Je älter die Hülsenfrüchte sind, desto länger ist deren Kochzeit. Ihr Gewicht ist leichter als frische Hülsenfrüchte; gekochte Hülsenfrüchte sind mehr als doppelt so schwer wie getrocknete.

Gesundheitsaspekt

Hülsenfrüchte haben unter den pflanzlichen Nahrungsmitteln den höchsten Eiweißgehalt und weisen einen hohen Anteil an Ballaststoffen auf, die verdauungsfördernd wirken. Außerdem enthalten Hülsenfrüchte Vitamin B_1, B_2, B_3 und Folsäure, Pantothensäure und Mineralstoffe (Zink, Mangan, Selen).

Adzukibohnen-Curry

Für 4 Personen
250 g Adzukibohnen
500 g Zucchini
2 gelbe Paprikaschoten
2 Zwiebeln ▸

Adzukibohnen über Nacht einweichen. In frischem Wasser etwa 1 Stunde garen.
Gewürze mit etwas Salz im Mörser zerkleinern, in Öl 5 Minuten anrösten. Zwiebeln und Knoblauchzehen würfeln und in Öl kurz dünsten.

2 Knoblauchzehen
3 EL Öl
2 EL Kokosraspeln
2 TL gemahlenen Kurkuma
1 TL Kumin
2 TL Senfkörner
1 TL Piment
1 TL Koriander
1 Chilischote
1 Zimtstange
2 Nelken

In Scheiben geschnittene Zucchini und in kleine Streifen geschnittene Paprikaschoten dazugeben und kurz mitdünsten. Alles mischen und 10 Minuten ziehen lassen. Kokosraspeln ohne Fett rösten und über den Eintopf streuen.

Gesundheitsaspekt

Adzukibohnen stammen aus dem Himalaya, sind leichter verdaulich als die europäischen Bohnen und haben eine kürzere Garzeit. Mit 25 Prozent Proteinanteil sind Adzukibohnen eine der proteinreichsten Gemüsesorten.
Sie regulieren die Darmtätigkeit und helfen außerdem bei Menstruationsbeschwerden. In der TCM gelten Adzukibohnen als nierenstärkend.

Bohneneintopf mit Oliven

Für 4 Personen
100 g Karotten
3 Stangen Sellerie
80 g Porree
1 rote Paprikaschote
200 g Sojabohnen
2 EL Vollkornmehl
250 g Cocktailtomaten
1 Knoblauchzehe
1½ l Gemüsebrühe
80 g schwarze Oliven
200 g grüne und gelbe Bohnen
200 g Stangenbohnen ▸

Weiße Bohnen über Nacht einweichen, Einweichwasser abgießen, Bohnen mit frischem Wasser bedeckt weichkochen (ca. 1 Stunde). Stangenbohnen in 3 cm große Stücke schneiden, mit den Sojabohnen in Salzwasser weichkochen. Karotten schälen und in Scheiben schneiden. Sellerie in 1 cm große Stücke und die grünen und gelben Bohnen in 3 cm lange Stücke schneiden.
In einem Topf etwas Öl erhitzen, das Gemüse darin 10 Minuten schmoren lassen.
Die Gemüsemischung mit Mehl bestäuben. Tomaten und Knoblauchzehe dazugeben, mit Salz würzen, mit Gemüsebrühe aufgießen und zusammen

400 g weiße Bohnen
Je 1 EL Thymian und Bohnenkraut
2 EL Pflanzenöl
Salz

kochen. Die Oliven dazugeben und ca. 10 Minuten köcheln lassen.
Sobald das Gemüse weich ist, Knoblauchzehe entfernen, weiße Bohnen, Thymian, Bohnenkraut, Stangenbohnen und Sojabohnen dazugeben, kurz aufkochen und mit Salz abschmecken.

Gesundheitsaspekt Bohnenkraut ► S. 334

Grüne Bohnen mit Knoblauch und Tomaten

Für 4 Personen
700 g grüne Bohnen
50 g getrocknete Tomaten
1 rote Zwiebel
2 Knoblauchzehen
3 EL Zitronensaft
150 ml Gemüsebrühe
2 EL Olivenöl
1 TL Zitronenschale
1 Rosmarinzweig
1 TL Ahornsirup
Salz, Pfeffer
Chili

Grüne Bohnen in kochendem Salzwasser 10 bis 15 Minuten bissfest garen, abschrecken und abtropfen lassen.
Die Knoblauchzehen in sehr dünne Scheiben und die getrockneten Tomaten in feine Streifen schneiden. Rosmarinnadeln abzupfen, grob hacken und die Zwiebel würfeln.
Öl in einem Topf erhitzen und Rosmarin, Zwiebel, Zitronenschale, Knoblauch und Tomaten bei milder Hitze darin andünsten, mit 3 EL Zitronensaft ablöschen.
150 ml Gemüsebrühe aufgießen und alles 3 Minuten bei mittlerer Hitze kochen lassen, mit den grünen Bohnen vermischen, mit Salz, Pfeffer, Ahornsirup und Chilipulver würzen.

Kidneybohnenpfanne

Für 4 Personen
125 g Kidneybohnen
100 g Mais
80 g Lauchzwiebeln
3 Tomaten
1 kleine Gemüsezwiebel
2 EL Maiskeimöl
100 g Erbsen
Chilipulver
Petersilie
Salz, Pfeffer

Von den Lauchzwiebeln ca. 75 g in Ringe schneiden, Tomaten würfeln. Zwei Drittel der kleinen Gemüsezwiebel in Streifen schneiden, den Rest fein würfeln. In einer großen Pfanne Öl erhitzen Zwiebelstreifen zufügen und 5 Minuten bei mittlerer Hitze braten.

Die fertig gekochten Kidneybohnen und Maiskörner (beides am besten frisch gekocht, sonst fertig aus der Dose) dazugeben, ebenso die gewürfelten Tomaten und die Erbsen. Alle Zutaten gut mischen und weitere 5 Minuten braten. Mit Salz, Pfeffer und Chilipulver würzen.

Zum Schluss die restlichen 5 g Lauchzwiebelringe und die fein geschnittene Petersilie darüberstreuen.
(► Foto S. 148/149)

Gesundheitsaspekt

Kidneybohnen sind reich an Stärke und Proteinen, zudem enthalten sie hohe Mengen an Kalium, Kalzium, Magnesium und Eisen. Sie bestehen zu 70 Prozent aus Kohlenhydraten, zu 25 Prozent aus Proteinen und zu 5 Prozent aus Fett.

Bratlinge aus schwarzen Bohnen und Süßkartoffeln

Für 4 Personen
250 g schwarze Bohnen
2 große Süßkartoffeln
1 Chilischote
½ Zwiebel
1 Knoblauchzehe
1 Karotte
Vollkornbrösel
½ Bund Koriandergrün
Limettensaft
Etwas Pflanzenöl
Kümmelpulver
Salz, Pfeffer

Die über Nacht eingeweichten und gekochten Bohnen in einer Schüssel zerstampfen.
Die geschälten, in Würfel geschnittenen Süßkartoffeln in einem Topf mit viel Wasser weichkochen. Eine halbe Zwiebel, die Knoblauchzehe, Chilischote und Karotte fein hacken, mit etwas Öl braten, bis das Gemüse weich ist, zu den schwarzen Bohnen geben, die Süßkartoffeln zugeben und die Masse nochmals zerstampfen. Koriandergrün und einen Schuss Limettensaft dazugeben. Je nach Beschaffenheit der Masse, diese mit den Semmelbröseln binden.
Mit Salz, Pfeffer und Kümmelpulver würzen. Die Masse für ½ Stunde kühl stellen. Danach Bratlinge formen und bei mittlerer Hitze in etwas Öl braten.

Gesundheitsaspekt

Schwarze Bohnen stammen aus Mexiko. Sie haben eine besondere Wirkung auf den Dickdarmbereich des Verdauungstrakts und senken das Dickdarmkrebs-Risiko.
Schwarze Bohnen sind reich an biologisch hochwertigem Eiweiß, sie enthalten viele Ballaststoffe, Kohlenhydrate, Vitamine und Mineralstoffe, sekundäre Pflanzenstoffe und Saponine.

Erbsen-Kartoffel-Rösti

Für 4 Personen
500 g Kartoffeln
3 EL Vollkornmehl
1 Handvoll Erbsen
1 große Zwiebel
Salz, Pfeffer
Öl zum Braten

Kartoffeln raspeln, in einem Sieb ausdrücken, die Masse mit 3 EL Vollkornmehl vermengen und mit Salz und Pfeffer würzen.
Die Zwiebel klein hacken und mit den Erbsen dazumischen. Kleine Fladen formen und in heißem Öl von beiden Seiten anbraten.

Gesundheitsaspekt

Erbsen sind sehr nährstoffreich, haben einen hohen Anteil an hochwertigem Eiweiß sowie an Kohlenhydraten in Form von Zucker und Stärke. Sie sind außerdem reich an Eisen, Kalium, Kalzium, Phosphor und (B-)Vitaminen. Sie enthalten das cholesterinsenkende Saponin, antioxidativ wirkende Flavonoide und krebsvorbeugende Stoffe wie z.B. Phenolsäure.
Erbsen wirken verjüngend und fördern das Zellwachstum. Sie kräftigen die Nerven, das Haar und das Bindegewebe.

Kichererbsen-Gemüsetopf

Für 4 Personen
260 g Kichererbsen
3 Tomaten
1 kleine Stange Porree
1 Karotte
1 Zwiebel
1 Knoblauchzehe
1 Aubergine ▸

Kichererbsen über Nacht in reichlich Wasser einweichen, anschließend in ungesalzenem Wasser 1 bis 2 Stunden, je nach Packungsanweisung, weich kochen.
Porree und Karotte in Scheiben schneiden, Zwiebel und Knoblauchzehe fein hacken. Die Aubergine, Zucchini und Kartoffel würfeln. Das zerkleinerte

1 Zucchini
1 Kartoffel
1,5 ml Gemüsebrühe
5 EL Tomatenmark
Thymian
Salz, Pfeffer
4 EL Öl

Gemüse in 4 EL Öl andünsten. Kichererbsen und gewürfelte Tomaten hinzufügen. Das Ganze mit Gemüsebrühe übergießen (das Gemüse sollte dabei bedeckt sein).
Den Gemüsetopf mit 5 EL Tomatenmark, Salz, Pfeffer und Thymian würzen und 15 Minuten leicht köcheln lassen.

Gesundheitsaspekt

Kichererbsen haben einen sehr hohen Anteil an essenziellen Aminosäuren. Wegen ihres hohen Gehalts an Kalzium und Phosphor beugen sie Osteoporose vor. Sie enthalten außerdem Kohlenhydrate, Ballaststoffe, Eiweiß und Vitamine der Gruppe A, B, C und E.

Hummus

Hummus ist eine orientalische Kichererbsenspezialität.

Für 4 Personen
260 g Kichererbsen
4 Knoblauchzehen
Entsteinte Oliven
Salz

Kichererbsen über Nacht in reichlich Wasser einweichen, anschließend in ungesalzenem Wasser 1 bis 2 Stunden, je nach Packungsanweisung, weich kochen. Dann mit Salz würzen, mit dem Mixer pürieren und eventuell etwas Kochwasser zugeben. Die fein gehackten Knoblauchzehen unter das Püree mischen und mit in Scheiben geschnittenen Oliven garnieren.

Annas Linseneintopf

Für 4 Personen
600 g vorgekochte braune Linsen
400 g Karotten
200 g Sellerie
1 große Zwiebel
3 Knoblauchzehen
1½ l Gemüsebrühe
2 EL Öl
1 Handvoll Petersilienblättchen
Salz, Pfeffer

Karotten und Sellerie schälen und in große Würfel, Zwiebel in Streifen und Knoblauch in Scheiben schneiden.
Öl in einem Topf erhitzen, die Zwiebel und den Knoblauch darin ca. 1 Minute glasig dünsten, Karotten und Sellerie dazugeben, die Gemüsebrühe aufgießen und aufkochen. Das Gemüse zugedeckt 6 bis 8 Minuten köcheln lassen, danach die Linsen dazugeben und nochmals 2 Minuten köcheln, mit Salz und Pfeffer würzen und mit gehackter Petersilie garnieren.

Gesundheitsaspekt

Linsen bestehen zu 30 Prozent aus Eiweiß, sind reich an Kohlenhydraten (etwa 55 Prozent) und Mineralstoffen und enthalten besonders viel Eisen, Kalium, Magnesium, Kalzium, Phosphor und Kupfer sowie viele verdauungsfördernde Ballaststoffe und reichlich Vitamine, insbesondere B_1 und B_6, aber auch Vitamin A und E.

Linsenlaibchen mit Porreesoße

Linsenlaibchen für 4 Personen
200 g getrocknete braune Linsen
200 g Zwiebeln
6 EL Öl ▸

Die Linsen in reichlich Wasser (Verhältnis 1:3) 30 Minuten weichkochen, abgießen und abtropfen lassen. Die Zwiebeln schälen, klein würfeln und in 1 EL Öl anschwitzen. Danach von der Herdplatte nehmen.

1 Schuss Balsamicoessig
2 EL Petersilie
100 g Weizengrieß
200 g Buchweizenmehl
Muskat
Thymian
Salz, Pfeffer

Porreesoße
500 g Porree
2 TL Sojabutter
120 ml Gemüsebrühe
250 ml Hafersahne
2 TL Pfeilwurzelstärke
Salz, Pfeffer
Muskat

Zwei Drittel der Linsen mit dem Mixer pürieren, Petersilie, Grieß, Mehl und die Zwiebelwürfel unterrühren, mit Salz, Pfeffer, Thymian und einigen Tropfen Essig würzen. Aus der Linsenmasse 8 Laibchen formen und im restlichen Öl beidseitig braten.
Für die Porreesoße Porree längs halbieren und quer in ca. 2 cm lange Stücke schneiden. Porree in 1 TL Sojabutter anschwitzen, mit Gemüsebrühe und Hafersahne aufkochen, 1 Minute köcheln lassen. Die Pfeilwurzelstärke mit 2 TL Wasser vermischen, in die Soße rühren, kurz aufkochen und mit Salz, Pfeffer und Muskat würzen.
Die Laibchen mit der Soße anrichten und mit gehackter Petersilie garnieren.

Linsenkugeln

Für 4 Personen
125 g rote Linsen (kleiner als braune Linsen, bereits geschält und z.T. halbiert) oder 125 g Belugalinsen (Berglinsen)
1 Lorbeerblatt
2 Zweige Thymian
4 EL Vollkornsemmelbrösel
2 Zwiebeln
1 EL Öl
2 EL Balsamicoessig ▸

Linsen 2 bis 4 Stunden in ½ l Wasser einweichen, mit Lorbeerblatt und Thymian aufkochen und zugedeckt etwa 30 Minuten kochen (Belugalinsen bleiben bissfest!).
Lorbeer und Thymian entfernen. Wenn die Flüssigkeit komplett aufgesogen ist, die Linsen salzen. Semmelbrösel und 1 TL Salz untermischen und 30 Minuten quellen lassen.
Zwiebeln fein würfeln und in Öl goldgelb anbraten. Die Linsen mit Zwiebeln, Essig, Sojasoße, Pfeffer und Cayennepfeffer verrühren. Aus der Masse mit nassen Händen 16 Kugeln formen und in heißem Öl knusprig braten.

1 EL Sojasoße
Pfeffer, Cayennepfeffer
Öl zum Braten

Sojabohnenbratlinge

Zutaten 4 Personen
200 g getrocknete Sojabohnen
700 ml Gemüsebrühe
1 Zucchini
1 Zwiebel
2 Knoblauchzehen
Petersilie
Prise Chilipulver
Salz, Pfeffer
2 EL Pfeilwurzelstärke
Öl zum Braten

Die Sojabohnen 24 Stunden einweichen, danach 1½ Stunden in 700 ml Gemüsebrühe kochen und anschließend zerstampfen oder mit dem Mixer pürieren. Die Masse zurück in den warmen Topf gießen und die übrige Flüssigkeit verdampfen lassen, dabei öfters umrühren, danach in eine Schüssel umfüllen und abkühlen lassen.
Die Zucchini raspeln, die Zwiebel klein schneiden, die Knoblauchzehe pressen und die Petersilie klein hacken, mit Salz, Pfeffer und etwas Chilipulver würzen, zum Bohnenbrei geben und mit 2 EL Pfeilwurzelstärke binden.
Kleine feste Kugeln formen, etwas flach drücken und in Öl auf beiden Seiten braten.

Gesundheitsaspekt

Sojabohnen enthalten ca. 37 Prozent Eiweiß, ca. 20 Prozent Fett (cholesterinfrei), ca. 30 Prozent Kohlenhydrate, sehr viel Magnesium, Kalzium und Kalium. Sie enthalten Substanzen, die eine hormonähnliche Wirkung haben und verfügen außerdem über Isoflavone, die antikanzerogen wirken.
Sojabohnen über Nacht einweichen und ausreichend lange kochen (ca. 1½ Stunden), da sonst

das Verdauungsenzym Trypsin durch Sojabestandteile neutralisiert wird.

Wachtelbohneneintopf mit Fenchel

Für 4 Personen
300 g Wachtelbohnen
1 l Gemüsebrühe
2 Lorbeerblätter
2 Zwiebeln
2 Knoblauchzehen
1 Bund Frühlingszwiebeln
400 g Tomatenwürfel
1 große Fenchelknolle mit Grün
4 EL Olivenöl
80 g Puntalette (italienische Reisnudeln)
Salz, Pfeffer

Die Wachtelbohnen mit kaltem Wasser bedecken und über Nacht einweichen. Am nächsten Tag die Bohnen kalt abspülen, mit der Gemüsebrühe und den Lorbeerblättern in einem Topf aufkochen lassen und bei milder Hitze zugedeckt 40 Minuten garen.

Zwiebeln in feine Spalten schneiden, Knoblauch pressen und die Frühlingszwiebeln in schräge, 2 cm lange Stücke schneiden. Das Grün der Fenchelknolle beiseitelegen, die Knolle in sehr feine Scheiben schneiden und in 2 EL Öl von jeder Seite anbraten, danach abtropfen lassen.

Zwiebeln und Knoblauch im restlichen Öl glasig anschwitzen, Frühlingszwiebeln und Tomatenwürfel dazugeben, kurz aufkochen und mit Salz und Pfeffer würzen.

Lorbeerblätter aus den Bohnen nehmen, Gemüse zufügen und 10 bis 15 Minuten köcheln. Reisnudeln in Salzwasser kochen, abgießen, abtropfen lassen, mit Fenchelscheiben zu den Bohnen geben, mit Salz und Pfeffer würzen und mit dem zerkleinerten Fenchelgrün garnieren.

Gesundheitsaspekt

Wachtelbohnen haben einen hohen Anteil an Vitaminen, Mineralstoffen und wertvollen Ballaststoffen. Ihr Eiweißreichtum kommt vor allem der veganen und vegetarischen Küche zugute, außerdem haben sie einen sehr geringen Anteil an Fetten und sind frei von Cholesterin.

Tofuspezialitäten

Tomaten-Tofu-Quiche (► S. 171)

Tofu stammt aus den asiatischen Regionen. Er ist ein Produkt aus Sojabohnen und wird deshalb auch Bohnenquark genannt. Tofu wird aus einem weißen Sojabohnenteig hergestellt, der aus Sojamilch entsteht, die mit Meersalzextrakt zur Koagulation gebracht und zu Blöcken gepresst wird.
Je nach Wassergehalt unterscheidet man verschiedene Tofuarten, am bekanntesten ist der cremig weiche Seidentofu oder der gepresste Räuchertofu.

Gesundheitsaspekt

Tofu enthält mit ca. 37 Prozent Eiweiß doppelt so viel Eiweiß wie Fleisch. Zudem enthält er sekundäre Pflanzeninhaltsstoffe (Isoflavone), die eine antikanzerogene Wirkung haben. Außerdem bewirkt der regelmäßige Verzehr von Tofu eine Senkung des Cholesterinspiegels im Blut und eine Linderung von Postmenopausebeschwerden.
Menschen, die allergisch auf Sojabohnen reagieren, sollten auf Tofu verzichten. Als Alternative bieten sich Lupinen (► S. 340) an, die hochwertiges pflanzliches Eiweiß enthalten, purinarm und cholesterin-, lactose- und glutenfrei sind.
Im Winter sollte Tofu nur in geringen Mengen verzehrt werden, da er im Sinne der TCM eine kühlende Wirkung hat.

Bandnudeln mit Sonnenblumenkernen und Tofu

Für 4 Personen
400 g Tofu
Sojasoße
4–5 EL Buchweizenmehl
1 EL Öl
300 g Vollkorn-Bandnudeln ►

Tofu in Würfel schneiden, mit Sojasoße beträufeln, in Mehl wenden und in Öl ausbacken.
Die Bandnudeln in Salzwasser bissfest kochen. Die Petersilie grob hacken, die Knoblauchzehen zerdrücken. Im erhitzten Öl Knoblauch, Zitronenschale und Petersilie 2 Minuten anrösten und mit

1 Bund Petersilie
4 Knoblauchzehen
2 EL Öl
1 TL Zitronenschale
60 g Sonnenblumenkerne
Salz, Pfeffer

Salz und Pfeffer würzen. Sonnenblumenkerne ohne Fett anrösten.
Die Bandnudeln in einer Schüssel anrichten, die Petersilien-Knoblauchsoße darüber gießen und mit den Sonnenblumenkernen garnieren.

Gemüsepfanne mit Tofu

Für 4 Personen
400 g Tofu
1 große Zwiebel
2 Karotten
1 grüne und 1 gelbe Paprikaschote
2 Blätter Weißkohl
2 TL Sojasoße
Etwas Wasser
1 Prise Currypulver
Salz, Pfeffer
2 EL Öl

Zwiebel in Ringe schneiden, Karotten, Weißkohlblätter und Paprikaschoten in dünne Streifen schneiden, den Tofu würfeln.
In einem Wok das Öl erhitzen, den Tofu kurz anbraten und wieder herausnehmen. Die Zwiebelringe anschwitzen, danach die Karotten 2 Minuten mitdünsten, mit Sojasoße ablöschen, etwas Wasser zugeben und 5 Minuten auf kleiner Flamme dünsten lassen. Schließlich die Paprika- und Krautstreifen dazugeben und alles dünsten, bis es gar ist. Bei Bedarf Wasser dazugießen, den Tofu einlegen und mit Salz, Pfeffer und Currypulver würzen.

Gemüse-Tofu-Wok mit Quinoa

Für 4 Personen
250 g Tofu „natur“
250 g Quinoa
1 Zwiebel
250 g Brokkoli
150 g Pilze ►

Quinoa gründlich waschen und mit der Gemüsebrühe zum Kochen bringen, zugedeckt bei mittlerer Hitze köcheln, bis die Gemüsebrühe vom Quinoa aufgenommen wurde, vom Herd nehmen und zugedeckt quellen lassen.

3 Karotten
200 g Sojasprossen
400 ml Gemüsebrühe
3 EL Rapsöl
4 EL Sojasoße

Öl im Wok erhitzen, den in Würfel geschnittenen Tofu und die kleingeschnittene Zwiebel dazugeben und so lange braten, bis sie goldbraun sind. Den in kleine Stücke geschnittenen Brokkoli, die in Scheiben geschnittenen Karotten, die geviertelten Pilze und die Sprossen dazugeben. Bei hoher Hitze schnell unter Umrühren braten. Nach etwa 5 Minuten 4 EL Sojasoße dazugeben und nochmals umrühren.
Zusammen mit dem Quinoa servieren.

Gröstl mit Räuchertofu

Für 4 Personen
700 g Kartoffeln
2 Zwiebeln
200 g Räuchertofu
1 mittelgroße Zucchini
1 Paprikaschote
2–3 EL Rapsöl
Petersilie
1 Prise Salz

Kartoffeln schälen, in kleine Würfel schneiden und kochen. Zwiebeln fein hacken, Räuchertofu, Zucchini und Paprikaschote in kleine Würfel schneiden.
In einer Pfanne Öl erhitzen und Tofu mit Zucchini und Paprikaschote goldbraun braten, danach Kartoffelwürfel dazugeben und ebenfalls goldbraun braten, leicht salzen. Zum Schluss fein gehackte Petersilie darüberstreuen.
Dazu passt Sojajoghurt mit Schnittlauch oder grüner Salat mit Tomaten.

Simons Kartoffel-Gröstl mit Räuchertofu

Für 4 Personen
1 kg festkochende Kartoffeln
2 große Zwiebeln ►

Kartoffeln nicht zu weich dämpfen, schälen und in dünne Scheiben schneiden. Zwiebel und Knoblauch schälen, Zwiebeln in feine Ringe, den Knoblauch in dünne Scheiben schneiden, den Tofu würfeln.

4 Knoblauchzehen
400 g Räuchertofu
2 EL Sojasoße
1 Prise Muskat
1 TL Korianderkörner
1 TL Majoran
1 TL Liebstöckel
2 TL Preiselbeeren
Kresse
4 EL Öl zum Braten

In einer beschichteten Pfanne 1 EL Öl erhitzen. Die Kartoffeln unter Rühren knusprig braten, herausnehmen und mit Salz würzen. In einem weiteren EL Öl Zwiebel und Knoblauch anschwitzen und danach unter Rühren goldgelb braten. Den Tofu untermischen, unter Rühren kurz anbraten und mit Sojasoße ablöschen.
Gröstl mit 1 Prise Muskat, je 1 TL Koriander, Majoran und Liebstöckel würzen und solange bei schwacher Flamme unter Rühren dünsten, bis die gesamte Flüssigkeit verdampft ist. Kartoffeln zugeben, mit Preiselbeeren und Kresse garnieren.

Seidentofu mit Blüten

Für 4 Personen
300 g Seidentofu
Etwas Sojamilch
1 Bund frische Gartenkräuter
5 Radieschen
1 Handvoll essbare Blüten (z.B. Ringelblume, Borretsch, Kapuzinerkresse)
Salz, Pfeffer

Seidentofu mit Sojamilch glatt rühren und mit Salz und Pfeffer würzen.
Die Kräuter sehr fein hacken, die Radieschen in dünne Scheiben schneiden, von beiden zum Garnieren einen Teil beiseitestellen. Von größeren Blüten, die einzelnen Blütenblätter abzupfen, die kleinen Blütenblätter im Ganzen belassen.
Kräuter, Radieschen und jeweils die Hälfte der Blüten locker unter den Seidentofu rühren. Die zurückbehaltenen Blüten gemeinsam mit Kräutern und Radieschenscheiben zum Garnieren verwenden.

Seidentofu mit Gemüsesalsa

Für 4 Personen
1 rote Zwiebel
2 Knoblauchzehen
4 Tomaten
1 rote Paprikaschote
½ kleine Gurke
500 g Seidentofu
4 EL Radieschensprossen
2 EL geröstete Kürbiskerne
4 EL weißer Balsamicoessigz, 2 EL Öl
Salz, Pfeffer

Zwiebel und Knoblauch fein hacken. Paprika, Tomaten und Gurke fein würfeln und mit 4 EL weißem Balsamicoessig und 2 EL Öl vermischen. Mit Salz und Pfeffer würzen und etwas ziehen lassen.
Den Seidentofu in kleine Schüsseln portionieren, die Salsa darauf verteilen und mit Radieschensprossen und Kürbiskernen garnieren.

Tofu mit Gemüse, Meerrettich und Kresse

Für 4 Personen
200 g Tofu
15 ml Sojasoße
1 TL dunkles Sesamöl
1 EL geschälter, fein gehackter Ingwer
200 g Karotten
300 g Mangold
300 g daumendicker weißer Spargel
Meerrettich
Kresse
Rapsöl
Salz, Pfeffer

Tofu aus der Lake nehmen, abtropfen lassen, in 1 cm dicke Scheiben schneiden. 15 ml Sojasoße, Sesamöl und Ingwer verquirlen, über die Tofuscheiben gießen und 15 Minuten ziehen lassen.
Mangoldblätter von den Stielen zupfen und in ca. 1,5 cm breite Streifen schneiden. Karotten schälen und in 5 mm breite Scheiben schneiden. Spargel schälen, der Länge nach durchschneiden und in 3 cm lange Stücke schneiden.
Gesalzenes Wasser aufkochen und Gemüse portionsweise darin bissfest kochen, die Mangoldblätter nur kurz überkochen. Das Gemüse jeweils mit anbraten. Gemüsesorten vermischen, nochmals in heißem Wasser kurz erwärmen.

Etwas Soße auf die Teller verteilen, das Gemüse darauf legen, mit Salz und Pfeffer würzen und etwas Öl darüberträufeln. Darauf die Tofuscheiben legen und mit reichlich frisch geriebenem Meerrettich und Kresse bestreuen.

Tofu-Steinpilz-Ragout

Für 4 Personen
400 g fester Tofu
1 kleiner Blumenkohlkopf
1 Stange Porree
1 großer Steinpilz
1 kleine Zwiebel
500 ml Gemüsebrühe
1 Prise Muskatpulver
Salz, Pfeffer

Blumenkohl in Röschen teilen und in der Gemüsebrühe dünsten, bis er weich ist, danach mit dem Mixer zerkleinern.
Die klein gehackte Zwiebel im Öl anschwitzen, den blättrig geschnittenen Steinpilz dazugeben und miträsten, mit 100 ml Gemüsebrühe ablöschen. Den Porree in Ringe schneiden, dazugeben und 5 Minuten auf kleiner Flamme dünsten lassen. Den Blumenkohl daruntermischen und mit Salz und Pfeffer würzen.

Maras Nudelauflauf mit Tofu und grünen Bohnen

Für 4 Personen
200 g grüne Stangenbohnen
160 g Reisnudeln
200 g Sojasprossen
2 kleine rote Zwiebeln
300 g Räuchertofu
8 EL Sojasoße ▸

Grüne Bohnen putzen und im Salzwasser bissfest kochen. Reisnudeln 4 Minuten in heißem Wasser einweichen, dann abgießen.
Backofen auf 220°C vorheizen. 4 Auflaufförmchen (Inhalt je 300 ml) mit Öl ausstreichen.
Sojasprossen waschen und abtropfen lassen. Grüne Bohnen in ca. 0,5 cm dicke, schräge Stücke schneiden. Zwiebel schälen, halbieren und in dünne

2 Chilischoten
4 EL Korianderblättchen

Scheiben schneiden. Tofu grob raspeln und mit Sojasoße pürieren. Nudeln, Gemüse, fein gehackte Chilischote und Koriander untermischen und mit Salz und Pfeffer würzen.
Die Masse auf die Förmchen verteilen und im Backofen (mittlere Schiene, Gitterrost) ca. 35 Minuten backen.

Teriyaki-Tofu mit Brokkoli und Champignons

Für 4 Personen
400 g fester Tofu
2 EL Sesamöl
4 EL Sojasoße
1 kleiner Brokkoli
200 g Champignons
2 Knoblauchzehen
1 TL geriebener frischer Ingwer
2 EL Öl
1 EL Korianderblättchen

Teriyakisoße
100 ml Weißwein
100 ml Sojasoße
2–3 Ingwerscheiben
2 Limetten
4 EL brauner Roh-Rohrzucker
1 TL Pfeilwurzelstärke

Tofu würfeln, mit Sesamöl und Sojasoße über Nacht marinieren.
Brokkoli in Röschen teilen, in heißem Salzwasser blanchieren, bis die Röschen bissfest sind.
In einer Pfanne mit heißem Öl die Tofuwürfel, gemeinsam mit den feinblättrig geschnittenen Knoblauchzehen, anbraten, die geviertelten Champignons dazugeben, einige Minuten mitrösten, mit Teriyakisoße ablöschen und noch weitere 2 bis 3 Minuten dünsten lassen. Ingwer und Korianderblättchen und zum Schluss die Brokkoliröschen dazugeben.
Für die Zubereitung der Teriyakisoße je 3 Teile Weißwein, Sojasoße und Wasser mit 2 bis 3 Ingwerscheiben zum Kochen bringen, 30 Minuten köcheln lassen, mit dem Saft der beiden Limetten sowie 4 EL braunem Roh-Rohrzucker verrühren und mit 1 TL Pfeilwurzelstärke binden.

Tomaten-Tofu-Quiche

Quicheteig

200 g Weizen-Vollkornmehl
150 g Pflanzenmargarine
80 ml Wasser
Prise Salz

Belag

400 g Seidentofu
400 g Cocktailtomaten
2 EL Öl
1 EL Pfeilwurzelstärke
1 TL Salz
2 EL gemischte Kräuter (Thymian, Rosmarin, Oregano, Majoran, Bohnenkraut, Salbei)
1 Prise Muskat
1 Prise weißer Pfeffer

Für den Quicheboden das Mehl mit Wasser, Salz und Margarine verrühren und durchkneten. Den Teig, in Klarsichtfolie gewickelt, ½ Stunde im Kühlschrank ruhen lassen. Backform mit etwas Öl einfetten und mit Mehl bestäuben. Den Backofen auf 200°C (Umluft 180°C) vorheizen.

Den gekühlten Teig auf einer bemehlten Arbeitsfläche etwas größer als die Backform ausrollen, in die Form legen und einen etwa 1 cm hohen Rand formen. Den Boden mehrmals mit einer Gabel einstechen. Auf mittlerer Schiene ca. 10 Minuten backen.

Für den Belag: Tomaten waschen, Stielansätze entfernen und halbieren. Seidentofu, Olivenöl, Salz, Muskat und die Pfeilwurzelstärke mit dem Mixer pürieren und mit Pfeffer und den übrigen Kräutern würzen. Die Masse auf dem vorgebackenen Teig gleichmäßig verteilen. Die Tomaten mit der Wölbung nach oben in die Seidentofumasse drücken. Im Backofen auf der mittleren Schiene 30 Minuten bei 200°C (180°C) backen. Danach auf 175°C (155°C) herunterschalten und weitere 15 Minuten backen.

Nach dem Backen kurz ruhen lassen und warm genießen. (► Foto S. 162/163)

Tempeh mit buntem Gemüse

Tempeh stammt aus Indonesien und ist ein Produkt von klebriger Konsistenz, das aus fermentierten Edelpilzen und gelben Sojabohnen besteht und einen nussigen Geschmack hat. Tempeh hat einen hohen Gehalt an Eiweiß und wird als Ersatz für unterschiedliche Fleischrezepte verwendet.

Für 4 Personen

400 g Tempeh
2 Knoblauchzehen
6 EL Sojasoße
1 TL brauner Vollrohrzucker
1 TL Zitronengraspulver
1 TL Ingwerpulver
1 Msp. Cayennepfeffer
6 EL Öl

Gemüse

1 rote und 1 gelbe Paprikaschote
300 g Chinakohl
2 rote Zwiebeln
250 g Brokkoli
3 cm frischer Ingwer
200 ml Kokosmilch
1–2 EL Limettensaft
2 EL Öl
Salz, Pfeffer

Für den Tempeh die Knoblauchzehen pressen, mit 6 EL Sojasoße, 1 TL Zucker, 1 TL Zitronengraspulver, 1 TL Ingwerpulver, 1 Msp. Cayennepfeffer verrühren. Den Tempeh in 1 cm dicke Scheiben schneiden, in der Marinade wenden und 20 Minuten darin ziehen lassen.

Für das Gemüse: Paprikaschoten in Stücke schneiden, Chinakohl in Streifen schneiden, die Zwiebeln achteln, Brokkoli in Röschen teilen. 1 EL Öl im Wok erhitzen, den fein gehackten Ingwer, Zwiebeln, Paprika und Brokkoli unter Rühren bei mittlerer Hitze 5 Minuten braten. Den Chinakohl untermengen, kurz anbraten, die Kokosmilch dazugießen und mit Salz und Pfeffer würzen. Den Limettensaft dazugeben und 5 Minuten unter Rühren garen. Das Öl in einer beschichteten Pfanne erhitzen, die Tempehscheiben darin von beiden Seiten anbraten und noch heiß mit dem Gemüse servieren.

Nudeln und Pasta

Vegane Spaghetti Bolognese (► S. 183)

Nudeln werden vor allem aus Hartweizengrieß – aber auch aus Reis, Mais oder Kartoffeln – und Wasser hergestellt, teilweise unter Zusatz von Kräutern und Gewürzen. Die bekannte Pasta ist eine getrocknete Teigware aus Italien. Aus Asien kommen Glasnudeln aus Mungobohnenstärke, Reisnudeln aus Reismehl oder Sojanudeln aus Buchweizenmehl, die mit grünem Teepulver gefärbt sind.
Nudeln und Pasta gibt es in ganz unterschiedlichen Formen. Makkaroni sind röhrenförmige Hohlnudeln. Penne sind ebenfalls Hohlnudeln mit abgeschrägten Enden, sie sind jedoch nur so schmal wie eine Schreibfeder. Rigatoni sehen ähnlich aus wie Penne, sind aber etwas breiter und haben gerade Enden. Farfalle nennt man auch Schmetterlingsnudeln. Tortiglioni sind kurze Röhrennudeln. Spirelli heißen auf Italienisch auch Fusilli und sind Spiralnudeln.
Nudeln werden vor dem Verzehr gekocht, meistens so lange, bis sie al dente (bissfest) sind. Nudeln haben einen hohen Anteil an Kohlenhydraten, Eiweiß und wenig Fett.

Bandnudeln mit grünen Bohnen

Für 4 Personen
300 g grüne Bandnudeln
300 g Kartoffeln
250 g grüne Bohnen
4 EL Basilikumpesto (► S. 231)
4 EL Olivenöl
Salz, Pfeffer
Gehackte Petersilie

Die Kartoffeln schälen, waschen, in mundgerechte Stücke schneiden, in Salzwasser ca. 20 Minuten garen und dann abgießen.
Die Bohnen waschen, putzen, quer halbieren, in gesalzenem Wasser in 15 bis 20 Minuten garen, abgießen, kalt abschrecken und abtropfen lassen. Die Nudeln in reichlich kochendem Salzwasser bissfest (al dente) garen.
Kartoffeln und Bohnen in heißem Olivenöl in einer großen Pfanne anbraten und mit Salz und Pfeffer würzen.

Die abgetropften Nudeln untermengen, auf den Tellern mit je 1 EL Pesto anrichten und mit Petersilie garnieren.

Bandnudeln mit Paprikagemüse

Für 4 Personen

200 g Hartweizengrieß-nudeln
1 rote und 1 gelbe Paprikaschote
1 Knoblauchzehe
10 Walnusshälften
1 Bund Koriander
2 EL Olivenöl
Salz, Pfeffer

Paprikaschoten in Streifen schneiden und in 1 EL Öl andünsten.
Knoblauch grob würfeln, mit Koriander und Walnüssen (einige Korianderblättchen und 4 Nusshälften beiseitelegen) mit dem Mixer pürieren, 1 EL Öl unterrühren und mit Salz und Pfeffer würzen.
Nudeln nach Packungsanweisung bissfest kochen, abgießen und sofort mit dem Korianderpesto mischen, auf den Tellern verteilen, das Paprikagemüse darauf anrichten, mit Korianderblättchen und den übrigen Nusshälften garnieren.

Farfalle mit Radicchiosoße

Für 4 Personen

400 g Farfalle
1 kleiner Radicchiosalat
1 Schalotte
2 EL Sojabutter
100 ml Weißwein
100 ml Hafersahne
2 EL Schnittlauchröll-chen
Salz, Pfeffer

Die Farfalle in Salzwasser bissfest kochen.
Radicchio in Streifen schneiden. Die Schalotte fein hacken und in heißer Butter glasig anschwitzen, mit Weißwein ablöschen, etwas köcheln lassen. Danach die Hafersahne dazugießen und alles mit dem Mixer pürieren.
Den Radicchio in heißer Butter kurz andünsten, die abgetropften Farfalle untermengen, mit der Soße übergießen, mit Schnittlauchröllchen garnieren.

Fusilli mit Gemüsesoße

Für 4 Personen
500 g Fusilli
3 Schalotten
4 Tomaten
100 g Tomatenmark
1 Zucchini
250 ml Gemüsebrühe
1 Bund Basilikum
2 EL Olivenöl
Salz, Pfeffer

Schalotten fein hacken und in 1 EL Olivenöl anschwitzen. Tomatenmark einrühren, mit Gemüsebrühe aufgießen und ca. 5 Minuten köcheln.
Tomaten an der Oberseite kreuzweise einschneiden, ca. 5 Sekunden in kochendes Wasser legen, kalt abschrecken, enthäuten, vierteln und entkernen. Das Fruchtfleisch in Stücke schneiden, Zucchini längs halbieren und blättrig schneiden.
Das Gemüse in 1 EL Öl anschwitzen, die Tomatensoße zugießen, kurz köcheln lassen und mit Salz und Pfeffer würzen.
Fusilli in Salzwasser bissfest kochen. Basilikumblätter in feine Streifen schneiden. die Nudeln mit der Soße übergießen und mit Basilikum bestreuen.

Frühlingsrollen mit Glasnudeln

Für 4 Personen
1 Packung Reispapier
50 g Glasnudeln
4 Shiitakepilze
1 EL Korianderblättchen und -stängel
1 Knoblauchzehe
50 g Bambussprossen
1 große Zwiebel
1 Karotte
1 Blatt Weißkohl
100 g Sojabohnensprossen ►

Reispapier kurz in kaltem Wasser einweichen und auf ein feuchtes Geschirrtuch legen. Pilze mindestens 30 Minuten, besser einige Stunden, einweichen. Das Einweichwasser abgießen, die Stiele der Pilze entfernen und die Hüte fein hacken.
Glasnudeln 20 Minuten in heißem Wasser einweichen, abtropfen lassen und auf ca. 4 cm Länge schneiden.
Zwiebel klein würfeln, die ½ Knoblauchzehe klein hacken, die Karotte fein raspeln und das Weißkohlblatt fein hacken. Pilze, Glasnudeln und Gemüse mischen und dazugeben.

Pflanzenöl zum Frittieren
Kleingehackte Petersilie

Je eine Portion der Füllung auf die Mitte des Reisblatts geben, die Seiten nach innen klappen und das Blatt aufrollen, die Ränder andrücken.
Im Wok oder in der Fritteuse Öl erhitzen, je 3 bis 4 Rollen in das heiße Öl legen und goldgelb frittieren und abtropfen lassen. Frühlingsrollen mit Petersilie garnieren.

Hörnchennudeln mit Kohl und Wurzelgemüse

Für 4 Personen
200 g Hörnchennudeln
½ Kohlkopf
250 g Karotten
250 g gelbe Rüben
250 g rote Zwiebeln
1 kleiner Bund Schnittlauch
2 EL Sojabutter
150 ml Gemüsebrühe
1 EL frisch geriebener Meerrettich
Salz, Pfeffer

Karotten und gelbe Rüben schälen und in ½ cm dicke Längsstreifen und diese dann quer in Stifte schneiden. Vom Kohl die dicken Mittelrippen ausschneiden, Blätter in dünne Streifen schneiden.
Zwiebeln halbieren und in dünne Scheiben, den Schnittlauch in Röllchen schneiden.
Die Nudeln in Salzwasser bissfest kochen, abgießen und abtropfen lassen.
Wurzelgemüse und Zwiebeln in aufgeschäumter Sojabutter anschwitzen lassen, die Gemüsebrühe zugießen und das Gemüse zugedeckt bissfest köcheln. Hörnchennudeln unter das Gemüse rühren und mit Salz und Pfeffer würzen. Mit Meerrettich und Schnittlauch garnieren.

Kürbis-Hörnchennudeln-Eintopf

Für 4 Personen
150 g Hörnchennudeln
500 g Hokkaido-Kürbis
800 g Tomatenwürfel
2 Zwiebeln
2 Knoblauchzehen
1 kleine rote Chilischote
200 ml Wasser
200 ml Orangensaft
2 EL Olivenöl
1 Prise Currypulver
4 Zweige Thymian
1 Lorbeerblatt
Salz, Pfeffer

Zwiebeln und Knoblauch grob würfeln, Chilischote halbieren, entkernen und abspülen.
Öl in einem großen Topf erhitzen, Zwiebeln und Knoblauch darin anbraten, mit Salz, Pfeffer, Curry, Chili, der Hälfte der gehackten Thymianblättchen und dem Lorbeerblatt würzen.
Tomatenwürfel dazugeben, 200 ml Wasser aufgießen, bei mittlerer Hitze ca. 10 Minuten köcheln lassen. Danach das in Würfel geschnittene Kürbisfleisch mit 200 ml Orangensaft hinzufügen und weitere 20 Minuten köcheln lassen.
Die Hörnchennudeln in reichlich Salzwasser bissfest garen und unter den Eintopf mischen, mit Salz und Pfeffer würzen und mit den übrigen Thymianblättchen garnieren.

Makkaroni mit Tomaten und Erbsen

Für 4 Personen
250 g Makkaroni
1 kleine rote Zwiebel
2 Knoblauchzehen
200 g Erbsenschoten
200 g Cocktailtomaten
3 EL Olivenöl
1 EL Sojabutter
250 ml Gemüsebrühe
1 EL Pfeilwurzelstärke
2 EL Wasser ►

Die Zwiebel in Streifen schneiden, Knoblauch würfeln, die Erbsenschoten quer halbieren und die Tomaten vierteln.
Makkaroni in Salzwasser bissfest kochen, abgießen und abtropfen lassen.
Öl in einer Pfanne erhitzen, die Tomaten und Erbsenschoten darin anbraten, dann aus der Pfanne nehmen. Im Bratenrückstand Zwiebel und Knoblauch in Butter anschwitzen, die Gemüsebrühe zugießen und aufkochen. Das Pfeilwurzelmehl mit

30 g Basilikum
Salz, Pfeffer

2 EL Wasser verrühren, in die Soße rühren und 1 Minute mitköcheln.
Makkaroni mit Soße, Tomaten und Erbsenschoten vermischen, das grob geschnittene Basilikum dazugeben und mit Salz und Pfeffer würzen.

Penne mit Pfifferlingen

Für 4 Personen
400 g Penne
300 g Pfifferlinge
2 Knoblauchzehen
2 Frühlingszwiebeln
2 EL Sojabutter
5 EL Hafersahne
50 g Pinienkerne
Salz, Pfeffer
1–2 EL gehackte Petersilie

Penne in reichlich Salzwasser al dente kochen.
Frühlingszwiebel grob würfeln, Knoblauch hacken. Pfifferlinge ohne Butter in der Pfanne braten, die Butter erst dazugeben, wenn die austretende Flüssigkeit verdampft ist, danach die Frühlingszwiebeln und den Knoblauch mitrösten. Hafersahne dazugießen und köcheln lassen, bis eine sämige Konsistenz entsteht. Die Pinienkerne unter die Soße mischen und mit Salz und Pfeffer würzen.
Die Penne auf Tellern anrichten, mit der Soße übergießen und mit gehackter Petersilie garnieren.

Penne mit Zucchini, Auberginen und Tomaten

Für 4 Personen
350 g Penne
200 g Zucchini
150 g Auberginen
100 g Cocktailtomaten
1 Knoblauchzehe
4 EL Olivenöl ►

Auberginen schälen. Auberginen und Zucchini in Julienne (besonders feine und dünne Streifen) schneiden.
Cocktailtomaten in 1 EL Öl scharf anbraten und salzen. In einer anderen Pfanne 3 EL Öl erhitzen, in Würfel geschnittene Knoblauchzehe kurz anbraten, Danach die Auberginen und Zucchini dazugeben,

Salz, Pfeffer
2 EL gehackte Petersilie

3 Minuten dünsten, Cocktailtomaten hinzufügen und mit Salz und Pfeffer würzen.
Die Penne bissfest kochen, mit dem Gemüse mischen und mit Petersilie garnieren.

Rigatoni mit Bohnen

Für 4 Personen
400 g Rigatoni
300 g getrocknete dicke weiße Bohnen
1½ l Wasser
750 g Tomaten
1 Knoblauchzehe
½ Bund Petersilie
½ Bund Basilikum
80 ml Olivenöl
Salz, Pfeffer

Bohnen über Nacht in reichlich Wasser einweichen, am nächsten Tag in 1½ l Wasser etwa 2 Stunden kochen.
Die Tomaten an der Oberseite kreuzweise einritzen, mit kochendem Wasser überbrühen, häuten, vierteln und entkernen. Knoblauchzehe, Tomaten, grob gehackte Petersilie und Basilikum sowie Olivenöl zu den Bohnen geben und das Ganze weitere 5 bis 10 Minuten köcheln. Knoblauchzehe herausnehmen und die Rigatoni zu den Bohnen geben und solange köcheln, bis die Nudeln bissfest sind und das Kochwasser dickflüssig ist (etwa 10 Minuten).
Mit Salz und Pfeffer würzen und mit Petersilie und einigen Basilikumblättern garnieren.

Rigatoni mit Steinpilzsoße

Für 4 Personen
300 g Rigatoni
500 g Steinpilze
1 Knoblauchzehe
2 Salbeiblätter
¼ Bund Petersilie
50 ml Öl ▸

Pilze in feine Scheiben schneiden. Knoblauch, Salbei und Petersilie fein hacken. Das Öl erhitzen, Knoblauch und Kräuter darin einige Minuten andünsten, Pilze dazufügen, mit Salz und Pfeffer wür zen und ca. 20 Minuten auf kleiner Flamme weiterdünsten.

2 EL kleine Pfefferminzblättchen
Salz, Pfeffer

Die Rigatoni in reichlich Salzwasser al dente kochen, abgießen, mit der Soße vermengen und mit Pfefferminzblättchen garnieren.

Vegane Spaghetti Bolognese

Für 4 Personen
150 g Vollkornspaghetti
3 Stangen Sellerie
1 Stange Porree
2 Karotten
4 Tomaten
1 Schalotte
1 Knoblauchzehe
2 EL Öl
8 EL fertig gekochte Linsen
250 ml Gemüsebrühe
1 Handvoll Kräuter
1 Lorbeerblatt
Salz, Pfeffer

Sellerie, Porree, Karotten, Tomaten, Schalotte und Knoblauch klein würfeln.
Das Öl in einem großen Topf erhitzen, Schalotte und Knoblauch darin glasig anschwitzen lassen. Das restliche Gemüse und die Linsen dazugeben, Gemüsebrühe aufgießen, Kräuter und Lorbeerblatt hinzufügen, mit Salz und Pfeffer würzen und 30 Minuten köcheln lassen.
Die Spaghetti al dente kochen, abgießen, abtropfen lassen und auf den Tellern anrichten. Soße Bolognese darüber verteilen und mit fein geschnittener Petersilie garnieren. (▸ Foto S. 174/175)

Noras Spaghetti mit Knoblauch und Olivenöl

Für 4 Personen
250 g Vollkornspaghetti
3 Knoblauchzehen
4 EL Olivenöl
1 Peperoncino (Peperoni)
1 Bund Petersilie

Spaghetti in reichlich Salzwasser al dente kochen. Knoblauch in hauchdünne Scheiben schneiden. Peperoncino klein schneiden und zerdrücken, Petersilie fein hacken. In einer Pfanne die Hälfte des Olivenöls erhitzen, den Knoblauch darin goldgelb braten, den zerdrückten Peperoncino hinzufügen.

Das Gewürzöl und das restliche kalte Öl zu den Spaghetti geben und mit Pfeffer bestreuen.

Kräuterspaghetti mit Artischocken

Für 4 Personen
250 g Vollkornspaghetti
3 mittelgroße Artischocken
1 Bio-Zitrone
3 Schalotten
75 g entsteinte, grüne Oliven
4 EL Olivenöl
Je ein Bund Petersilie und Basilikum
Je 2 TL Thymian- und Oreganoblättchen
2 Stiele Estragon
Salz, Pfeffer

Stiele und Blattkronen der Artischocken abschneiden, die Blattspitzen mit einer Schere kürzen. Artischocken und Zitronenscheiben in reichlich Salzwasser 50 Minuten kochen. Die Blätter ablösen, Artischockenböden vom „Heu“ befreien und in Viertel schneiden. Zwiebeln würfeln und zusammen mit den klein gehackten Oliven in 4 EL Olivenöl andünsten. Die Artischockenviertel dazugeben und warm halten.
Spaghetti in reichlich Salzwasser al dente kochen, abgießen, abtropfen lassen. Spaghetti und Artischocken mischen, mit Salz und Pfeffer würzen und die fein gehackten Kräuter darüberstreuen.

Matthias' Spaghetti mit Tomaten und Pilzen

Für 4 Personen
500 g Vollkornspaghetti
500 g Tomaten
500 g Champignons
3 Knoblauchzehen
1 Bund Petersilie
4 EL Olivenöl
Salz, Pfeffer

Spaghetti in reichlich Salzwasser al dente kochen.
Die Tomaten mit kochendem Wasser überbrühen, kalt abschrecken, häuten und würfeln. Von den Champignons Stiele etwas kürzen, die Pilze vierteln oder achteln. Knoblauch in dünne Scheiben schneiden und Petersilie grob hacken.
In einer Pfanne Olivenöl erhitzen, die Champignons darin andünsten, Knoblauch dazugeben,

etwa 10 Minuten dünsten. Danach die Tomatenwürfel untermischen, mit Salz und Pfeffer würzen und noch 1 bis 2 Minuten dünsten.
Die Spaghetti mit dem Gemüse mischen und mit Petersilie garnieren.

Zucchinispaghetti mit Tofupesto

Für 4 Personen
160 g Vollkornspaghetti
200 g Zucchini
100 g Blattspinat
1 rote Chilischote
1 Jungzwiebel
2 Knoblauchzehen
4 EL Olivenöl
1 Bio-Zitrone
200 g mittelfester Tofu
Je ½ Bund Petersilie und Basilikum
1 Zweig Minze
Salz, Pfeffer

Tofu in Würfel schneiden, Petersilie, Basilikum und Minze grob hacken.
Die Schale der Zitrone abreiben und die Zitrone auspressen. Kräuter, 1 EL Olivenöl, 2 EL Zitronensaft und 1 TL Zitronenabrieb mit dem Mixer zu einem Pesto pürieren. Den Tofu damit vermischen, mit Salz und Chili würzen und im Kühlschrank durchziehen lassen. Knoblauch in feine Scheiben, Zwiebel und Chilischote in Ringe und Zucchini ebenfalls in Scheiben schneiden.
Tofu in einer erhitzten Pfanne in etwas Öl anbraten, salzen, aus der Pfanne nehmen und warm halten. 2 EL Öl in der Pfanne erhitzen, Zwiebel und Knoblauch darin kurz anschwitzen, Zucchini dazugeben, mit Salz würzen und bei starker Hitze anbraten.
Die Spaghetti in reichlich Salzwasser al dente kochen, abgießen, abtropfen lassen, mit Tofu, Zucchini, Spinat und Zitronensaft vermischen und mit Chiliringen garnieren.

Spirelli-Vollkornnudeln mit Bohnen und Gemüse

Für 4 Personen
200 g Spirelli-Vollkorn-nudeln
200 g Wachtelbohnen
2 große Tomaten
2 Karotten
2 gelbe Rüben
1 grüne Paprikaschote
1 kleine Zwiebel
1 Knoblauchzehe
200 ml Gemüsebrühe
Olivenöl
Salz, Pfeffer
Frischer Thymian

Bohnen über Nacht einweichen, in frischem Wasser bei schwacher Hitze ca. 1 Stunde weichkochen und im Kochwasser abkühlen lassen.
Tomaten kreuzweise an der Oberseite einritzen und für 20 Sekunden in kochendes Wasser legen, abschrecken, häuten, entkernen und würfeln.
Karotten und gelbe Rüben in 1 cm große Würfel schneiden, Paprika klein würfeln, Zwiebel und Knoblauch fein hacken.
Zwiebel und Knoblauch mit der Paprika in wenig Olivenöl andünsten. Karotten und gelbe Rüben in der Gemüsebrühe weich kochen.
Die Spirelli in Salzwasser bissfest kochen. Bohnen und Nudeln abgießen, in die Brühe geben, Tomatenwürfel dazugeben, kurz ziehen lassen, mit Salz und Pfeffer würzen und mit frischem Thymian garnieren.

Tortiglionisalat mit Pfifferlingen

Für 4 Personen
200 g Tortiglioni
200 g Pfifferlinge
1 kleine Zwiebel
½ kleiner Radicchiosalat
1 Bund Basilikum
4 EL weißer Balsamicoessig ►

Tortiglioni in Salzwasser bissfest kochen, abgießen, kalt abschrecken und abtropfen lassen.
Pfifferlinge und klein gehackte Zwiebel in 1 EL Öl anschwitzen, mit Salz und Pfeffer würzen und abkühlen lassen. Radicchio und Basilikumblätter in feine Streifen schneiden, einige Basilikumblätter aufbewahren.

5 EL Olivenöl
Salz, Pfeffer

Nudeln, Pilze, Radicchio und Basilikum in eine Schüssel geben, eine Marinade aus Essig, Öl, Salz und Pfeffer darüberträufeln und mit den Basilikumblättern garnieren

Walnuss-Zitronen-Tortiglioni mit grünen Bohnen

Für 4 Personen
400 g Tortiglioni
500 g grüne Bohnen
4 Knoblauchzehen
1 Bio-Zitrone
120 g Walnüsse
2 EL Sojabutter
2 EL Walnussöl
150 ml Gemüsebrühe
Salz, Pfeffer
2 EL gehackte Oreganoblättchen

Tortiglioni in kochendem Salzwasser al dente kochen.
Grüne Bohnen in kochendem Salzwasser ca. 8 Minuten bissfest kochen, abgießen, kalt abspülen und abtropfen lassen.
Knoblauch in feine Scheiben schneiden und Walnüsse grob hacken. Die Schale der Zitrone abreiben und die Zitrone anschließend auspressen. Sojabutter und Walnussöl in einer Pfanne erhitzen, Knoblauch und Walnüsse hinzufügen und 1 Minute anrösten, mit 4 EL Zitronensaft und 150 ml Gemüsebrühe ablöschen, die Zitronenschale dazugeben und aufkochen lassen.
Tortiglioni abgießen, abtropfen lassen und mit den grünen Bohnen zurück in den Topf schütten. Die heiße Butter-Nuss-Mischung unterrühren und alles 2 bis 3 Minuten unter Rühren erhitzen, mit Salz und Pfeffer würzen, auf den Tellern anrichten und mit den Oreganoblättchen garnieren.

Salate und Dressings

Brotsalat „Panzanella“ (► S. 198)

Salate zählen zur Gruppe der Blattgemüse, sie enthalten viele Vitalstoffe, Ballaststoffe und Vitamine und bestehen größtenteils aus Wasser.
Die sekundären Pflanzenstoffe in den Salaten schützen vor vielen Krankheiten. Außerdem ist Salat gut gegen Stress, im grünen Salat wirkt eine opiatähnliche Substanz auf unseren Organismus. Die Bitterstoffe in einigen Salatsorten sorgen für gute Laune und stärken das Immunsystem. Salate regen den Appetit an, wirken verdauungsfördernd und sind für eine gesunde Ernährung unverzichtbar.
Wichtig ist ein wohlschmeckendes Dressing. Öl sollte dabei immer enthalten sein, damit die fettlöslichen Substanzen ihre Wirkung entfalten können.

Basilikumdressing

Für 4 Personen
1 EL Balsamicoessig (rot oder weiß)
4 EL Salatöl
8 EL Gemüsebrühe
2 gewürfelte Schalotten
1 gepresste Knoblauchzehe
½ Bund Basilikum
Salz, Pfeffer

Essig mit Salz und Pfeffer in einer Schüssel verquirlen und langsam die Gemüsebrühe zugeben. Knoblauch und Schalotten daruntermischen, zuletzt das Öl unterziehen. Die hauchfein geschnittenen Basilikumblätter unter das Dressing rühren.
Passt zu: Tomatensalat, lauwarmem Salat aus grünen Bohnen oder Spargel.

Kartoffeldressing

Für 4 Personen
1 Zwiebel
5 EL Öl
100 ml Gemüsebrühe
2 EL Weißweinessig ▸

Zwiebel klein schneiden, Öl mit Gemüsebrühe mischen, das Kartoffelpulver einrühren und Essig, Salz, Pfeffer und Petersilie unterziehen.
Passt zu: Feldsalat, Löwenzahnsalat, warmem Weißkohlsalat.

1 EL Kartoffelbreipulver (instant)
Salz, Pfeffer
2 EL fein gehackte Petersilie

Kräuterdressing

Für 4 Personen
2 Tomaten
2 Frühlingszwiebeln
2 EL Dill
½ Bund Schnittlauch
6 EL Olivenöl
6 EL Weißwein
½ TL Vollrohrzucker
½ TL Meersalz
½ TL schwarzer Pfeffer

Tomaten vierteln, entkernen und würfeln. Frühlingszwiebeln und Schnittlauch in feine Röllchen schneiden, Dillspitzen abzupfen. Öl mit Weißwein, Zucker, ½ TL Meersalz und ½ TL schwarzer Pfeffer glatt rühren. Tomaten, Frühlingszwiebeln und Kräuter unterrühren.
Passt zu allen Salatkreationen.

Aromatisches Pimpinelle-Gartenkräuter-Dressing

Für 4 Personen
½ Knoblauchzehe
1 Zwiebel
1 TL mittelscharfer Senf
1 EL Apfelessig
1 EL Weißweinessig
3 EL Traubenkernöl
2 EL Rapsöl
50 ml Gemüsebrühe
½ Bund Schnittlauch ▸

Die Zwiebel würfeln. Mit dem geschälten Knoblauch die Salatschüssel ausreiben. Zwiebel, Senf und Essig verquirlen, das Öl langsam darunterschlagen, mit Gemüsebrühe verdünnen und mit Salz, Pfeffer würzen. Die Blättchen der Kräuter von den Stielen zupfen, klein schneiden und mit dem Dressing verrühren. Den Schnittlauch erst kurz vor dem Servieren untermischen.
Passt zu vielen Blattsalaten, aber auch zu Kartoffelsalat.

3 Zweige Pimpinelle
3 Stängel Petersilie
1 Blatt Liebstöckel
Salz, Pfeffer

Sesamdressing

Für 4 Personen
Je 1 EL geröstete weiße und schwarze Sesamsamen
250 ml Kokoscreme
1½ EL Palmzucker
3 EL Limettensaft
2 EL Sojasoße
Salz

Alle Zutaten, verrühren, bis eine Soße mit cremiger Konsistenz entsteht.
Passt zu allen Blatt- und Kartoffelsalaten.

Cremig leichtes Tofutti Sour Supreme Dill-Dressing

Für 4 Personen
1 Bund Dill
½ Knoblauchzehe
2 TL Zitronensaft
100 g Tofutti Sour Supreme
Prise Zucker
Salz, Pfeffer

Dill von den Stielen zupfen und sehr fein schneiden. Knoblauch pressen, mit den anderen Zutaten verrühren und mit Salz und Pfeffer würzen.
Passt zu: Gurkensalat, verschiedenen Blattsalaten wie Eisbergsalat oder Kopfsalat.

Hannahs Frühlingssalat

Für 4 Personen
250 g Bundkarotten
250 g grüner Spargel
100 g Römersalat (Herzen)
½ Topf Kerbel
½ Bund Petersilie
½ Bund Zitronenmelisse
4 EL Gemüsebrühe
2 EL Estragonessig
2 EL Öl
Etwas abgeriebene Zitronenschale
Salz, Pfeffer

Karotten waschen, schälen und in Stifte schneiden. Grünen Spargel waschen, Enden abschneiden und in ca. 3 cm große Stücke schneiden. Karottenstifte in gesalzenem Wasser 5 Minuten kochen, nach etwa 2 Minuten grünen Spargel zugeben, abgießen. Römersalatherzen putzen, Blätter grob schneiden und in einer Schüssel mit Karotten und Spargel mischen.

Für das Dressing Kräuterblättchen, Brühe, Essig, Öl, Salz, Pfeffer und Zitronenschale verquirlen und über den Salat gießen.

Sommersalat mit Blüten

Für 4 Personen
1 Kopfsalat
1 Gurke
3 Tomaten
2 Karotten
2 EL Balsamicoessig
4 EL Sonnenblumenöl
½ Bund Basilikum
½ Bund Schnittlauch
2 TL Senf
Salz, Pfeffer
8 Kapuzinerblüten
4 Zucchiniblüten

Den Salat waschen und zerkleinern. Die Gurke schälen und in Scheiben schneiden. Die Tomaten vierteln und die Karotten in Streifen schneiden. Die Gewürze mischen, mit dem Öl, dem Essig und dem Senf verquirlen, mit Salz und Pfeffer würzen und über den Salat gießen. Mit den Blüten garnieren.

Herbstsalat mit Zitronenfilets

Für 4 Personen

200 g Mischsalat: Eichblatt, Radicchio, Feldsalat

200 g Cocktailtomaten

750 kleine festkochende Kartoffeln

½ Bund Salbeiblätter

1 Bio-Zitrone

8 EL Öl

2 EL roter Balsamicoessig

1 TL Senf

1 EL Kürbiskernöl

2 EL geröstete Kürbiskerne

Salz, Pfeffer

Backofen auf 180°C (Umluft 160°C) vorheizen.
Kartoffeln schälen und längs halbieren. Zitronenschale abreiben, danach die Zitrone halbieren. Eine Hälfte filetieren, die andere Hälfte auspressen. Kartoffeln, Zitronenfilets, grob gehackte Salbeiblätter, Salz, Pfeffer und 4 EL Öl in einer Auflaufform mischen und im Backofen 30 bis 40 Minuten unter gelegentlichem Wenden backen. 1 EL Zitronensaft, Essig, Salz, Pfeffer, Senf verquirlen, Kürbiskernöl unterschlagen.
Mischsalat mit den halbierten Cocktailtomaten in einer Schüssel anrichten, mit dem Dressing beträufeln und mit den Kürbiskernen garnieren.

Erfrischender, aber nicht kühlender Herbstsalat

Für 4 Personen

½ Kopf Endiviensalat (Friséesalat)

300 g Stangensellerie

200 g Porree

Einige Blätter Stangensellerie

1 Apfel

Einige blaue Weintrauben ▸

Fein geschnittenen Sellerie und Porree mit Endiviensalat, dünnen Apfelspalten und den blauen Trauben mischen.
Hafersahne, Paprikapulver, geriebenen Meerrettich, Senf, Öl, Essig und Salz verquirlen, über den Salat gießen und mit den klein geschnittenen Sellerieblättern garnieren. Darüber die ohne Fett gerösteten zerkleinerten Walnusskerne streuen.

3 EL Hafersahne
1 Prise Paprikapulver
1 TL geriebener Meerrettich
2 EL Balsamicoessig
3 EL Erdnussöl
1 TL Senf
½ TL Salz
50 g gehackte Walnusskerne

Wintersalat mit Birnen und Haselnüssen

Für 4 Personen
1½ Birnen
1 EL Zitronensaft
Ca. ½ Tasse Wasser
70 g Radicchio
130 g Feldsalat
½ Schalotte
30 g Datteln
2 EL Balsamicoessig
2½ EL Sonnenblumenöl
1 gestrichener TL Senf
½ TL Agavensirup
1½ EL Tofutti Sour Supreme
2½ EL Haselnüsse
Salz, Pfeffer

Birnen längs vierteln, Kerngehäuse entfernen, ½ Tasse Wasser mit Zitronensaft erhitzen, Birnen darin kurz dünsten, abkühlen lassen und in dünne Scheiben schneiden.

Balsamicoessig mit Salz, Pfeffer, Senf, Agavensirup, Tofutti Sour Supreme und Sonnenblumenöl verrühren. Schalotte fein würfeln, Feldsalat zerkleinern und Radicchio in breite Streifen schneiden. Die Datteln längs halbieren und in feine Streifen schneiden. Alles mit dem Dressing vermischen.

Birnenscheiben auf einer Servierplatte anrichten, Salat darüber verteilen und mit grob gehackten Haselnüssen garnieren.

Winterlicher Couscous-Fenchel-Salat mit Grapefruit

Für 4 Personen
1 Fenchelknolle
200 g Couscous
½ TL Curry
200 ml kaltes Wasser
3 rosa Grapefruits
1 Bio-Zitrone
½ Salatgurke
50 g Petersilie
50 g Minze
5 EL Öl
Salz, Pfeffer

Couscous mit ½ TL Salz, Curry und 200 ml kaltem Wasser verrühren und 20 Minuten quellen lassen.
Die Filets der Grapefruits vorsichtig herauslösen, den Saft dabei auffangen. Die Zitrone heiß abspülen, die Schale abreiben und den Saft auspressen. Den Fenchel halbieren, den Strunk herausschneiden und in ganz feine Streifen schneiden. Die Gurke würfeln. Petersilie und Minze fein hacken.
Couscous mit einer Gabel auflockern, Fenchel, Grapefruitfilets und Grapefruitsaft, sowie Zitronensaft und -schale, Kräuter und Öl unter den Couscous mischen, mit Salz und Pfeffer würzen und 2 Stunden abgedeckt kühl stellen. Mit Minzeblättchen garnieren.

Artischocken-Erbsen-Salat

Für 4 Personen
2 kleine Artischocken
350 g frische Erbsenschoten
1 Knoblauchzehe
1 Bio-Zitrone
1 Stängel Basilikum
2 EL Öl
Salz, Pfeffer

Von den Artischocken die äußeren harten Blätter entfernen und die übrigen Blattspitzen etwa um ein Drittel kürzen. Stiele schälen, das Ende knapp abschneiden, die Artischocken längs vierteln. ½ l Wasser mit 1 EL Zitronensaft aufkochen und die Artischocken darin 5 Minuten kochen, dann abgießen. Erbsenschoten aufbrechen, die Erbsen herauslösen, in sprudelndem Salzwasser 2 Minuten kochen und abgießen.
Artischocken und Erbsen in eine Schüssel geben. Zitrone heiß abspülen, eine Hälfte in dünne Schei-

ben schneiden, die andere Hälfte auspressen. Knoblauch fein hacken, Basilikumblätter von den Stängeln zupfen und grob hacken und alles mit dem Gemüse mischen. 2 EL Öl darüber verteilen, mit Salz und Pfeffer würzen und 2 Stunden durchziehen lassen.

Michis Adzukibohnensalat

Für 4 Personen
200 g fertig gekochte Adzukibohnen
1 grüne und 1 rote Paprikaschote
½ TL Paprikapulver
20 schwarze Oliven
2 EL Kapern
2 TL Oregano
Einige Blättchen Liebstöckelkraut
2 EL Sojasoße
8 EL Wasser
2 EL Maiskeimöl
6 EL Balsamicoessig

Bohnen mit den in kleine Streifen geschnittenen Paprikaschoten in eine Schüssel geben, die Oliven und Kapern hinzufügen. Mit den übrigen Ingredienzien eine Marinade anrühren und über die Gemüse-Bohnen-Mischung gießen.

Pikanter Brokkolisalat

Für 4 Personen
600 g Brokkoliröschen
500 ml Gemüsebrühe
1 rote Zwiebel
2 Knoblauchzehen ►

Brokkoliröschen in der Gemüsebrühe weich kochen, abgießen. Zwiebel und Knoblauchzehen fein würfeln. Öl, Essig, Senf, Salz und Pfeffer verquirlen, über das Gemüse gießen und 2 Stunden ziehen lassen, mit Schnittlauchröllchen garnieren.

4 EL Öl
3 EL Balsamicoessig
1 EL Senf
1 EL Schnittlauchröllchen
Salz, Pfeffer

Brotsalat „Panzanella"

Für 4 Personen
250 g altbackenes, kräftiges Vollkornbrot
3 Fleischtomaten
2 kleine rote Zwiebeln
1 Bund Basilikum
6 EL Öl
2 EL Balsamicoessig
½ Bund Basilikum
Salz, Pfeffer

Brot in eine Schüssel legen, mit Wasser bedecken und etwa 5 Minuten ziehen lassen. Das Brot gut ausdrücken und zerbröckeln.
Tomaten überbrühen, häuten und in Würfel schneiden. Zwiebel in dünne Scheiben schneiden, und Essig, Salz, Pfeffer und Öl verrühren. Brot, Tomaten, Zwiebeln und in Streifen geschnittene Basilikumblätter mischen und das Dressing darüber verteilen. (▸ Foto S. 188/189)

Brunnenkressesalat

Für 4 Personen
1 Bund Brunnenkresse
150 g Champignons
3 EL Sojabutter
1 Karotte
1 kleine Zucchini
3 Radieschen
3 EL Apfelessig
2 EL Walnussöl
4 EL Pflanzenöl
Salz, Pfeffer

Die Champignons in Scheiben schneiden, in 1½ EL Sojabutter kurz anbraten und mit Salz und Pfeffer würzen. Karotte und Zucchini in dünne Streifen, die Radieschen in Scheiben schneiden und die Brunnenkresse klein zupfen.
Essig mit Salz und Pfeffer verrühren, Walnussöl und Pflanzenöl daruntermischen und die Salatzutaten mit dem Dressing vermengen.

Gesundheitsaspekt
Frische Brunnenkresse hat einen hohen Anteil an Vitaminen. Getrocknete Brunnenkresse wirkt gegen Ödeme, Leberleiden und Hautausschlag und hat zudem eine harntreibende und blutreinigende Wirkung.

Buchweizensalat mit Tomatenwürfeln

Für 4 Personen
300 g Buchweizen
3 grob gewürfelte Fleischtomaten
3 Knoblauchzehen
1 EL Zitronenmelisse
2 Blätter Pfefferminze
2 TL Senf
180 g Sojajoghurt
3 EL Öl
2 EL Balsamicoessig
Salz, Pfeffer

Buchweizen mit heißem Wasser spülen, in 1½ l Wasser 10 Minuten kochen, abgießen und mit etwas Salz würzen und abkühlen lassen. Tomatenwürfel und gepresste Knoblauchzehen in die abgekühlte Buchweizenmasse mischen.
Sojajoghurt, Öl, Essig, Senf, Salz und Pfeffer verquirlen, über den Buchweizen gießen, mit fein geschnittener Zitronenmelisse vermischen und mit Pfefferminze garnieren.

Endiviensalat mit Tomaten und Linsensprossen

Endiviensalat ist von Mai bis Dezember erhältlich.

Für 4 Personen
1 Kopf Endiviensalat (Friséesalat)
4 Tomaten ▸

Endivienblätter der Breite nach in Streifen schneiden, die Tomaten überbrühen, enthäuten und würfeln. Die Zwiebel in feine Scheiben schneiden. Essig, Öl, Senf, Salz und Pfeffer verquirlen.

1 kleine Zwiebel
200 g Linsensprossen
4 EL Schnittlauchröllchen
6 EL Himbeeressig
6 EL Distelöl
1 TL Senf
½ TL Salz, Pfeffer

Linsensprossen, Zwiebeln, Schnittlauchröllchen mit Endiviensalat und den Tomatenwürfeln mischen, das Dressing darüber verteilen.

Gesundheitsaspekt

Der bittere Geschmack des Endiviensalats ist auf das im Milchsaft enthaltene Inulin zurückzuführen. Inulin hat eine harn- und galletreibende sowie eine appetitanregende Wirkung. Endiviensalat hat einen sehr hohen Gehalt an Mineralstoffen (Kalium, Kalzium, Eisen, Kupfer, Zink), außerdem enthält er B-Vitamine, aber auch Vitamin C.
Der Salat sollte erst nach dem Waschen geschnitten werden, da sonst an den Schnittstellen viele Nährstoffe verloren gehen.

Feldsalat mit Belugalinsen und Süßkartoffeln

Für 4 Personen
150 g Feldsalat
700 g Süßkartoffeln
150 g Belugalinsen (Berglinsen)
1 Becher Sojajoghurt
1 EL Senf
1 TL Agavensirup
½ Bund Schnittlauch
2 EL Rapsöl
Salz, Pfeffer

Backofen auf 200°C (180°C) vorheizen. Die Linsen 25 bis 30 Minuten in Wasser bissfest kochen.
Süßkartoffeln schälen, achteln und mit 1 EL Öl, Salz und Pfeffer würzen, im vorgeheizten Backofen auf mittlerer Schiene ca. 25 Minuten backen.
Joghurt mit Senf, klein geschnittenem Schnittlauch, Salz, Pfeffer, 1 EL Öl und Agavensirup verrühren und mit den abgetropften Linsen mischen. Den Feldsalat kurz untermengen und mit den noch warmen Süßkartoffeln anrichten.

Fenchelsalat mit Zwiebeln und Oliven

Für 4 Personen
500 g Fenchel
400 g Karotten
150 g Radieschen
2 rote Zwiebeln
50 g grüne und schwarze (entsteinte) Oliven
1 Bio-Zitrone
1 TL Himbeeressig
1 TL Agavensirup
6 EL Öl
Salz, Pfeffer

Den Fenchel fein hobeln, die Karotten und Radieschen in feine Scheiben schneiden. Die Zwiebeln schälen, halbieren und in Streifen, die Oliven in dünne Scheiben schneiden. Die Hälfte einer Zitrone abreiben, danach den Saft auspressen. Beides mit dem Himbeeressig, Agavensirup und Öl verrühren und mit Salz und Pfeffer würzen. Alle Zutaten miteinander vermischen.

Salat mit grünen Bohnen auf asiatische Art

Für 4 Personen
250 g grüne Bohnen
1 Salatgurke
2 rote Chilischoten
2 Schalotten
1 Knoblauchzehe
1 walnussgroßes Stück frischer Ingwer
4 EL Teriyakisoße
Saft einer Limette
3 Stängel Koriander
½ TL Agavensirup
1 EL Öl
Salz

Grüne Bohnen waschen, putzen und in reichlich kochendem Salzwasser ca. 4 Minuten bissfest garen, danach abgießen. Einen Teil der grünen Bohnen längs halbieren. Die Gurke waschen, dritteln und der Länge nach in schmale Stifte schneiden.
Chilis waschen, putzen und fein hacken. Schalotten schälen und in feine Ringe schneiden, Knoblauch schälen und durch eine Knoblauchpresse drücken. Ingwer schälen und fein raspeln.
Das Öl in einer Pfanne erhitzen, Ingwer, Knoblauch und gehackte Chilis darin kurz anrösten, mit Teriyakisoße und Limettensaft ablöschen. Agavensirup und Zwiebelringe dazugeben, durchmischen und abkühlen lassen.

Grüne Bohnen mit den Gurkenstiften mischen. Korianderblättchen abzupfen, fein hacken und darüber streuen. Den Salat mit Marinade beträufeln.

Grünkernsalat

Für 4 Personen
200 g Grünkern
4 Zwiebeln
4 EL Öl
3 EL Essig
1 EL Senf
Salz, Pfeffer
Petersilie
2 Gewürzgurken
8 Radieschen

Grünkern in Wasser 4 bis 8 Stunden einweichen, aufkochen und zugedeckt etwa 30 Minuten kochen. Salz dazugeben und abkühlen lassen.
Zwiebeln würfeln und in 1 EL Öl goldgelb andünsten. Essig mit Senf, Salz, Pfeffer und 3 EL ÖL glatt rühren und mit Grünkern und Zwiebeln mischen. Petersilie fein hacken, Gewürzgurken in dünne Scheiben schneiden, mit Grünkern mischen und mit Radieschenscheiben belegen.

Hirsesalat mit Brokkoli

Für 4 Personen
200 g Hirse
500 ml Wasser
Salz
600 g Brokkoli
60 g eingelegte getrocknete Tomaten
6 EL Öl
4 EL Essig
2 TL Senf
Basilikum
Salz, Pfeffer

Hirse heiß waschen, mit 500 ml Wasser und Salz aufkochen und bei mittlerer Hitze 15 Minuten garen, abkühlen lassen.
Brokkoli in Röschen teilen, in Salzwasser zugedeckt bei mittlerer Hitze 6 bis 8 Minuten bissfest garen. Die getrockneten Tomaten würfeln.
Hirse mit 2 EL Öl vermischen. 4 EL Garflüssigkeit mit Essig, Senf, Salz, Pfeffer und 4 EL Öl verrühren, mit Brokkoli, Hirse und Trockentomaten mischen. Basilikum in Streifen schneiden und unterziehen.

Käferbohnensalat

Für 4 Personen
200 g getrocknete Käferbohnen
Je 100 g rote und gelbe Cocktailtomaten
80 g Spinat
2 rote Zwiebeln
1 rote und 1 grüne Spitzpaprikaschote
3 EL roter Balsamicoessig
2 EL Wasser
2 EL Rapsöl
4 EL Kürbiskernöl

Bohnen über Nacht einweichen. Das Einweichwasser abgießen und Bohnen gut bedeckt in frischem Wasser ca. 1½ Stunden weich kochen. Im Kochwasser auskühlen, danach abgießen.
Zwiebeln schälen, Zwiebeln und rote Paprika in feine Streifen, grüne Paprika in dünne Ringe schneiden.
Für die Marinade Essig, Wasser, Rapsöl und Kernöl verrühren, Tomaten, Zwiebel und Paprika mit der Marinade vermischen, mit Salz und Pfeffer würzen und eine Weile ziehen lassen. Mit den Spinatblättern garnieren.

Kichererbsensalat mit bunten Paprika

Für 4 Personen
300 g Kichererbsen
Je 1 grüne, gelbe und rote Paprikaschote
3 Frühlingszwiebeln
Saft einer Zitrone
3 EL Sojajoghurt
1 Schuss Sojasoße
4 EL Öl
Salz, Pfeffer
2 EL fein gehacktes Basilikum

Kichererbsen über Nacht in reichlich Wasser einweichen, anschließend in ungesalzenem Wasser 40 Minuten weich kochen, abkühlen lassen.
Paprikaschoten in feine Streifen schneiden, fein gewürfelte Frühlingszwiebeln unterrühren und beides mit den Kichererbsen vermischen.
Öl, Saft einer Zitrone, Sojasoße, Joghurt, Salz, Pfeffer verquirlen, mit den Kichererbsen und den Paprikastreifen vermischen und mit Basilikum garnieren.

Kürbissalat

Für 4 Personen
250 g Kürbisfruchtfleisch
300 ml frisch gepresster Orangensaft
Abrieb einer halben Bioorange
6 EL Öl
4 Zweige Minze
Salz, Pfeffer

Orangensaft mit dem Orangenabrieb in einem kleinen Topf köcheln und auf die Hälfte reduzieren lassen. Den Kürbis schälen und in dünne Streifen hobeln. Die Orangensaftreduktion mit Salz und Pfeffer würzen und abkühlen lassen.
Das Öl unterrühren und über die Kürbisstreifen gießen, mit grob gehackten Minzeblättchen garnieren.

Christophs Kürbissalat mit Früchten der Saison

Für 4 Personen
400 g Hokkaido- oder Butternusskürbis
4 EL Öl
6 EL Balsamico- oder Apfelessig
Salz, Pfeffer
2 EL Walnussöl
6 EL Wasser
40 g Kürbiskerne
4 EL Kürbiskernöl
70 g Feldsalat
Früchte der Saison
Frisch geriebener Meerrettich

Kürbis halbieren, Kerne herausschaben, Kürbis in Spalten schneiden, schälen und mit Salz und Pfeffer würzen. Die Kürbisspalten in Öl bei mittlerer Hitze auf jeder Seite 4 Minuten braten, mit 4 EL Essig ablöschen, mit Walnussöl und 3 EL Wasser aufgießen und mit Salz und Pfeffer würzen, abkühlen lassen.
Die Kürbiskerne in 1 EL Kernöl rösten, bis sie aufspringen, salzen und auskühlen lassen. Den restlichen Essig mit Salz, Pfeffer und 3 EL Wasser verrühren, das übrige Kernöl dazugießen und kräftig verquirlen.
Die Marinade mit dem Feldsalat und den Früchten der Saison vermengen, über den Kürbisspalten verteilen, mit den Kürbiskernen und dem frisch geriebenen Meerrettich garnieren.

Lauwarmer Linsensalat

Für 4 Personen
150 g Belugalinsen (Berglinsen)
2 EL weißer Balsamicoessig
2 TL Senf
Saft einer Orange
1 EL Walnussöl
4 EL Olivenöl
1 mittelgroße Süßkartoffel
1–2 cm großes Stück Ingwerknolle
2 Schalotten
100 ml Gemüsebrühe
140 g Endiviensalat

Die Linsen in kochendem Wasser – ohne Salz – 30 Minuten bissfest garen, abgießen und abtropfen lassen.

Süßkartoffel schälen und in 1 cm große Würfel schneiden. Ingwer schälen und fein reiben. Schalotten abziehen, fein würfeln und in 1 EL Olivenöl glasig anschwitzen. Süßkartoffel und Ingwer dazugeben und 2 Minuten braten. Die Hälfte des Orangensafts und die Gemüsebrühe angießen, alles bei mittlerer Hitze 15 Minuten kochen, bis die Kartoffelstücke bissfest sind und die Flüssigkeit beinahe aufgebraucht ist.

Essig, Senf, die andere Hälfte des Orangensafts, Walnussöl und 3 EL Olivenöl zu einem cremigen Dressing verquirlen, mit Salz und Pfeffer würzen.

Eine Hälfte dieses Dressings und die Linsen mit dem Zwiebel-Kartoffel-Ingwer-Gemisch verrühren und mit Salz, Pfeffer und Essig würzen.

Den Endiviensalat in mundgerechte Stücke zupfen, auf 4 Tellern verteilen, mit der anderen Hälfte des Dressings beträufeln und den Linsensalat darauf anrichten.

Linsensalat mit Physalis

Für 4 Personen
400 g Linsen
4 Radicchioblätter
4 EL Suppengrün
2 EL Agavensirup ▸

Die Linsen in Wasser gar kochen und abtropfen lassen. Fein geschnittenes Suppengrün im Agavensirup erhitzen, mit Essig ablöschen und mit Linsen, Öl und den Gewürzen vermischen. Den Linsensa-

4 EL Brombeeressig
4 EL Walnussöl
Salz, Pfeffer
Physalis

lat auf den Salatblättern anrichten und mit Physalis garnieren.

Pak-Choi-Salat

Für 4 Personen
2 kleine Pak-Choi
200 g geräucherter Tofu
4 Frühlingszwiebeln
2 Karotten
1 rote Chilischote
2 EL Limettensaft
2 EL Sojasoße
½ TL Ingwerpulver
½ TL Zitronengraspulver
40 g geröstete Erdnüsse
6 EL Erdnussöl
Salz
Koriandergrün

Pak-Choi in Scheiben, Karotten in Streifen und Frühlingszwiebel in Ringe schneiden, auf 4 Tellern anrichten. 4 EL Erdnussöl, Limettensaft, Sojasoße, Ingwer- und Zitronengraspulver und eine Prise Salz verquirlen. Die Chilischote würfeln und unterrühren, alles über den Salat gießen.
Den Tofu würfeln, in einer beschichteten Pfanne mit 2 EL Erdnussöl goldbraun braten. Die Erdnusskerne dazugeben, kurz anbraten, beide noch heiß auf den Salat streuen und mit Koriandergrün garnieren.

Paprikasalat mit Sesamdressing

Für 4 Personen
2 rote und 2 gelbe oder grüne Paprikaschoten
4 EL Sonnenblumenöl
6 kleine Schalotten
1 Handvoll Basilikum
1 Handvoll Koriander
Je 1 EL weiße und schwarze Sesamsamen ▸

Die in große Stücke geschnittenen Paprikaschoten in Sonnenblumenöl, Salz und Pfeffer 20 Minuten marinieren. Danach auf beiden Seiten ca. 5 bis 7 Minuten grillen, ohne die Haut dabei zu verbrennen. Paprikastücke abkühlen lassen, in eine Schüssel geben und die Hälfte der Schalotten, das Basilikum, den Koriander, den Sesam, und das Dressing dazugeben.

Salz, Pfeffer
1 EL gerösteter Sesam (weiß und schwarz)

Die Zutaten mischen, auf den Tellern verteilen, mit den restlichen Schalotten und dem geröstetem Sesam bestreuen.

Pastinakensalat

Für 4 Personen
4 mittelgroße Pastinaken
2 EL Rosinen
Einige Stiele Estragon
1 EL Mandeln
1 EL Agavensirup
Saft einer ½ Zitrone
2 EL Walnussöl
Salz, Pfeffer

Die Pastinaken schälen, dicke Wurzeln längs halbieren, in wenig Salzwasser bissfest garen, abgießen und abkühlen lassen, danach reiben und in eine Salatschüssel geben. Grob zerhackte Estragonblättchen und die Rosinen dazugeben.
Agavensirup mit Zitronensaft, Walnussöl, Salz und Pfeffer verrühren. Alle Zutaten gut mischen, und mit den gehackten Mandeln garnieren.

Reissalat mit Rosinen und Paprika

Für 4 Personen
250 g gekochter Reis
Salz
1 rote Paprikaschote
1 kleine Zwiebel
50 g Rosinen
100 g Sojajoghurt
Salz, Pfeffer
Melissenblättchen

Den Reis in Salzwasser ca. 20 Minuten bissfest kochen, abkühlen lassen. Die Paprikaschoten und die Zwiebel würfeln und mit dem Reis mischen. Die Rosinen in warmem Wasser einweichen.
Sojajoghurt, Salz und Pfeffer verquirlen, über die Reismischung gießen und mit den zerkleinerten Melissenblättchen garnieren. Wasser von den Rosinen abgießen und unter den Reis mischen.

Rettichsalat

Für 4 Personen
1 weißer Rettich
1 Bund Radieschen
1 kleine Salatgurke
150 ml Tofutti Sour Supreme
2 EL Essig
2 EL Sonnenblumenöl
2 EL Schnittlauchröllchen
Salz, Pfeffer

Weißen Rettich und Gurke raspeln, Radieschen in Scheiben schneiden und alles miteinander vermengen.
Tofutti Sour Supreme, Salz, Pfeffer, Essig und Öl verquirlen, auf den Rettichsalat gießen und durchmischen, mit Schnittlauchröllchen garnieren.

Rettichsalat mit Fenchelsamen

Für 4 Personen
1 weißer Rettich
Salz
2 TL Fenchelsamen
2 Limetten
4 Stängel Petersilie
2 EL Olivenöl
Pfeffer

Den Rettich schälen und feinblättrig hobeln, in eine Schüssel geben und salzen. 10 Minuten ziehen lassen, die entstandene Flüssigkeit abgießen.
Den Saft einer ausgepressten Limette, die gehackten Petersilienblättchen, die Fenchelsamen und das Olivenöl verquirlen und über den Rettich gießen, mischen und 10 Minuten ziehen lassen. Mit Pfeffer würzen, die übrig gebliebene Limette in Scheiben schneiden und den Salat damit garnieren.

Bunter Rohkostsalat

Für 4 Personen
1 rote und 1 gelbe Paprikaschote ►

Paprikaschoten vierteln und in feine Streifen, Karotten in feine Stifte schneiden. Den Rotkohl und

2 Karotten
¼ Kopf Rotkohl
2 kleine Zucchini
1 rote Zwiebel
12 Radieschen
3 EL Balsamicoessig
Saft einer Limette
2 EL Ahornsirup
6 EL Öl
50 g geröstete Erdnüsse
Salz, Pfeffer

die Zucchini fein hobeln. Zwiebel und Radieschen in dünne Scheiben schneiden.
Essig mit Limettensaft und Ahornsirup in einer Salatschüssel verrühren. Öl langsam darunterschlagen. Das zurechtgeschnittene Gemüse dazugeben und vermischen, mit Salz und Pfeffer würzen und mit gehackten, gerösteten Erdnüssen garnieren.

Rotkohlsalat mit Granatapfelkernen und Orangenscheiben

Für 4 Personen
500 g Rotkohl
1 Granatapfel
2 Bio-Orangen
5 EL Himbeeressig
4 EL Orangensaft
2 EL Preiselbeermarmelade
Prise Zimtpulver
4 EL Walnussöl
4 EL Walnusskerne
Salz, Pfeffer

Die äußeren Blätter vom Rotkohl entfernen. Den Rotkohl vierteln, Strunk entfernen und den Kohl in feinste Streifen schneiden. In einer Schüssel mit ½ TL Salz bestreuen und mit den Händen durchkneten, bis der Rotkohl weich wird.
Granatapfel halbieren, die Kerne herauslösen, dabei den Saft auffangen. Orangenschale abreiben, danach die Orangen mitsamt der weißen Haut dick abschälen. Orangen in dünne Scheiben schneiden und diese halbieren. Rotkohl, Granatapfelkerne und Orangenscheibenhälften vermischen.
Himbeeressig, Orangensaft, Granatapfelsaft, Orangenschalenabrieb, Preiselbeermarmelade und Zimt verrühren, mit Salz und Pfeffer würzen und das Walnussöl untermengen. Das Dressing unter den Rotkohl mischen und abgedeckt 1 bis 2 Stunden durchziehen lassen.

Walnusskerne ohne Fett rösten, bis sie duften, dann abkühlen lassen, grob hacken und über den Salat streuen.

Rote-Rüben-Salat mit Gurkenwürfeln oder Apfelspalten

Für 4 Personen
300 g rote Rüben
1 Gurke oder 1 Apfel
2 Frühlingszwiebeln
1 Prise Dill
1 Prise Paprikapulver
2 EL Balsamicoessig
2 EL Wasser
3 EL Öl
1 Prise Roh-Rohrzucker
1 TL Senf
1 Prise Salz, Pfeffer
¼ TL Kümmel
1 TL geriebener Meerrettich

Rote Rüben kochen, schälen und abkühlen lassen. Danach kleinblättrig schneiden. Gurke würfeln, (oder Apfel in kleine Spalten schneiden), die Zwiebeln in feine Ringe schneiden.
Die Gewürze mit Essig, Wasser, Öl und Senf verquirlen, über die roten Rüben gießen, mit den Gurkenwürfeln, oder Apfelspalten vermengen und mit etwas Kümmel und geriebenem Meerrettich garnieren.

Sellerierohkost mit Ananas

Für 4 Personen
200 g Sellerieknolle
150 g Äpfel
120 g Ananas
40 g Walnüsse
Saft einer halben Zitrone
¼ l Sojajoghurt ►

Geschälten Sellerie in hauchdünne Streifen schneiden, mit Zitronensaft und etwas Salz marinieren und mit den Händen durchkneten, bis er weich wird. Agavensirup und Joghurt einrühren. Äpfel in gröbere Streifen, Ananas in kleine Stücke schneiden und beides gemeinsam mit den gehackten Walnüssen untermengen.

1 EL Agavensirup
Salz

Spinatsalat mit Mangoscheiben

Für 4 Personen
300 g Blattspinat
1 Mango
½ Limette
30 g Cashewnüsse

Dressing
½ Knoblauchzehe
1 Zwiebel
1 TL mittelscharfer Senf
1 EL Apfelessig
1 EL Weißweinessig
3 EL Traubenkernöl
2 EL Rapsöl
50 ml Gemüsebrühe
2 EL frischer Koriander
Salz, Pfeffer

Für das Dressing: Die Zwiebel würfeln. Mit dem geschältem Knoblauch die Salatschüssel ausreiben. Zwiebel, Senf und Essig gut verquirlen, das Öl langsam darunterschlagen, mit Gemüsebrühe verdünnen und mit Salz, Pfeffer würzen.

Spinat putzen, waschen und abtropfen lassen. Die Mango schälen, das Fruchtfleisch in dünne Scheiben schneiden.

Die Limette halbieren und in dünne Scheiben schneiden. Cashewnüsse und den Koriander grob hacken.

Spinat portionsweise auf Tellern anrichten, mit dem Dressing beträufeln, mit Mangoscheiben garnieren und mit Koriander und Cashewkernen bestreuen.

Sprossensalat

Für 4 Personen
4 Handvoll Sprossen (Adzukibohnen, Alfalfa, Bockshornklee, Linsen, Mungbohnen, Sojabohnen)
Einige Blätter Eisbergsalat ▸

Die Sprossen blanchieren und abtropfen lassen. Die Radieschen in Scheiben, den Apfel in feine Spalten schneiden.

Kleingehackte Zwiebel, Essig, Öl, Salz und Pfeffer verquirlen.

Die Salatblätter auf den Tellern verteilen, Radieschen und Apfelspalten darauf legen, zuletzt die

Einige Radicchioblätter
1 Bund Radieschen
1 kleine Zwiebel
1 Apfel
6 EL weißer Balsamicoessig
4 EL Öl
Petersilie
Schnittlauch
Salz, Pfeffer

Sprossen anrichten und alles mit dem Dressing beträufeln.

Sojabohnensprossensalat nach Sezuan-Art

Für 4 Personen
600 g Sprossen
1 rote und 1 gelbe Paprikaschote
4 EL Sesamöl
2 EL Reisessig
1 EL Chiliöl
1 EL fein gehackter Knoblauch
4 EL helle Sojasoße
1 Prise Zucker
3 Frühlingszwiebeln
2 EL geröstete weiße Sesamkörner

Die Frühlingszwiebel fein würfeln, die Paprikaschoten in feine Streifen schneiden, Essig, Öle, Sojasoße mit einer Prise Zucker verquirlen und mit den übrigen Zutaten vermengen. Durchziehen lassen und mit den gerösteten Sesamkörnern garnieren.

Gabis Starfood-Salat

Für 4 Personen
2 Handvoll Spinatblätter
300 g Bittersalate (Endivie, Löwenzahn, Radicchio)
200 g Kürbisfleisch
4 Orangen
120 g blaue Trauben
20 Cocktailtomaten
4 EL Olivenöl
2 EL Kräuter (Kerbel, Basilikum, Pfefferminze)
Wildblüten
8 EL Himbeeressig
Etwas Zitronensaft
60 g Ahornsirup
4 EL Walnussöl
4 EL grob gehackte Walnüsse
Pfeffer

Blattspinat und Salat waschen und abtropfen lassen. Tomaten vierteln, die Trauben halbieren. Die Orangen schälen, filetieren und halbieren. Den Kürbis würfeln und in Olivenöl kurz anbraten, herausnehmen und abkühlen lassen.
8 EL Himbeeressig, etwas Zitronensaft, 60 g Ahornsirup, 2 EL Walnussöl mit Salz und Pfeffer verquirlen. Das Dressing über die Salatmischung gießen und mit grob gehackten Walnüssen garnieren.

Tomatensalat mit Bulgur

Für 4 Personen
2 Fleischtomaten
175 g Bulgur (Weizenschrot)
1 große rote Zwiebel
1 Bund Petersilie
1 Bund Minze
3 EL Öl ▸

Die Tomaten würfeln. Zwiebel in Ringe schneiden und Kräuter grob hacken.
Bulgur in eine große Schüssel geben, mit reichlich kochendem Wasser bedecken, kurz umrühren und zugedeckt ca. 25 Minuten ziehen lassen, bis der Bulgur das Wasser aufgenommen hat und die Menge sich verdoppelt hat.

Saft einer Zitrone
1 rote Chilischote
Salz, Pfeffer

Öl und Zitronensaft mit dem Bulgur mischen. Zwiebel, gehackte Chilischote, Kräuter und zuletzt die Tomatenwürfel unterheben, mit Salz und Pfeffer würzen und mit Kräutern garnieren.

Mediterraner Tomatensalat

Für 4 Personen
600 g Freilandtomaten
1 kleiner Radicchio (ca. 200 g)
½ Bund Rucola
Je 1½ Zweige Rosmarin, Thymian, Oregano
1 TL abgeriebene Zitronenschale
170 g frische weiße Bohnenkerne
260 ml Gemüsebrühe
1 Schalotte
2 EL Balsamicoessig
1½ EL Orangensaft
5 EL Olivenöl
Salz, Pfeffer

Tomaten in dicke Scheiben schneiden, danach auf einem mit Backpapier bedeckten Backblech verteilen. Kräuter bis auf einen Zweig Rosmarin grob hacken und mit 1 TL Salz und Zitronenschale mischen. Tomatenscheiben damit bestreuen, bei 100°C Umluft ca. 50 Minuten im Backofen antrocknen lassen.
Bohnenkerne mit dem Rosmarinzweig in der Gemüsebrühe aufkochen und bei schwacher Hitze ca. 30 Minuten garen. Schalotte fein würfeln, mit Essig, Orangensaft, Pfeffer und Salz verrühren, danach 4 EL Öl unterquirlen.
Bohnen abtropfen lassen und noch heiß mit dem Dressing mischen. Radicchio und Rucola in mundgerechte Stücke zupfen. Tomaten aus dem Backofen nehmen, mit 3 EL Olivenöl beträufeln und flach auf einer großen Servierplatte verteilen.
Die Bohnenkerne und Blattsalate mischen, mit dem Dressing über den Tomaten anrichten.

Rolands Zwiebel-Kartoffel-Salat

Für 4 Personen

500 g festkochende Kartoffeln
500 g kleine Zwiebeln
1 TL gemahlener Koriander
1 TL Kreuzkümmel
1 TL Schwarzkümmel
2 Knoblauchzehen
1 Chilischote
½ Bund frischen Koriander
3 EL Zitronensaft
4 EL Öl
Salz

Kartoffeln kochen und abgekühlt in 2 cm dicke Spalten schneiden. Die Zwiebeln längs so teilen, dass sie am Wurzelansatz noch zusammenhalten.

Koriander, Kreuzkümmel, Schwarzkümmel ohne Fett leicht anrösten und beiseitestellen.

Zwiebeln von allen Seiten in 1 EL Öl 5 Minuten anbraten, salzen und zugedeckt 5 bis 8 Minuten garen, dabei 1 bis 2 EL Wasser zugeben. Danach abkühlen lassen. Knoblauch fein hacken. Chilischote in feine Streifen schneiden. Gewürze, Knoblauch und Chili zu den Zwiebeln geben, kurz anschwitzen.

Die restlichen 3 EL Öl mit Zitronensaft und Salz mischen und mit den abgekühlten Zwiebeln mischen. Kartoffelscheiben unterheben und durchziehen lassen. Koriander grob hacken, unter den Salat mischen.

Chutneys

Kiwi-Chutney mit Schalotten und Thymian (► S. 220)

Chutneys stammen ursprünglich aus Indien. Der Name leitet sich von „Chatni" ab, was in der Hindu-Sprache so viel wie „scharf gewürzt" bedeutet. Ein Chutney ist eine würzige, pikante, musartige Soße mit süßem, saurem oder scharfem Geschmack.
Chutneys bestehen aus fein gewürfeltem Gemüse oder Früchten, wobei man als Hauptzutaten Äpfel, Ananas, Feigen, Kiwi, Knoblauch, Koriander, Kürbis, Mango, Aprikosen, Papaya, Tomaten, Sauerkirschen, Zucchini, Zwiebeln oder Kombinationen infrage kommen. Die spezielle Geschmacksrichtung erreicht man durch Zugabe von ausgewählten Gewürzen wie Kurkuma, Kumin, Zimt, Ingwer, Chili, Lorbeer oder Nelken. Aber auch brauner Zucker, Essig, Salz und Pfeffer dürfen nicht fehlen.
Wen die Gewürze im fertigen Chutney stören, der kann beispielsweise Nelken, Senfkörner, Zimtstangen, Pfefferkörner, Lorbeer in einem Leinensäckchen mitkochen, das nach dem Kochen wieder entfernt wird.
Die Zubereitung von Chutneys ähnelt der Zubereitung von Marmeladen, die Kochzeit ist allerdings länger, meist an die 30 bis 40 Minuten, manchmal sogar 1½ Stunden.
Chutneys werden kühl aufbewahrt und halten ca. 3 Monate. Erst nach längerem Stehen entwickelt das Chutney seinen vollen Geschmack.
Chutneys passen gut zu Reis- oder Nudelgerichten oder können als Dip gereicht werden.

Ananas-Chutney mit Preiselbeeren

Für 2 Gläser à 250 ml
1 Ananas
1 Zwiebel
75 g getrocknete Preiselbeeren
1 TL Öl
4 TL Citroessenz
100 ml Orangensaft ►

Ananas schälen, vierteln, den Strunk entfernen und das Fruchtfleisch und die Zwiebel in Würfel schneiden. Beides in heißem Öl kurz andünsten.
Citroessenz, Saft und Ahornsirup dazugeben und 15 Minuten köcheln lassen. Die Preiselbeeren hinzufügen und mit Salz und Pfeffer würzen. Die Minze in Streifen schneiden, zum Chutney geben und noch mal kurz aufkochen.

4 EL Ahornsirup
4 Stiele Minze
Salz, Pfeffer

Das Chutney in saubere, heiß ausgespülte Schraubgläser füllen, verschließen und für etwa 10 Minuten auf den Kopf stellen.

Apfel-Chutney

Für 2 Gläser à 200 ml
8 säuerliche Äpfel
200 g Vollrohrzucker
2 Zimtstangen
1 Chilischote
300 ml Weißwein
100 ml Apfelschnaps
80 ml Apfelessig
2 EL Minzeblättchen

Äpfel vierteln, entkernen und klein würfeln, mit dem Zucker vermischen und in einem Topf bei schwacher Hitze aufkochen lassen. Die Zimtstange, die gehackten Minzeblättchen und die klein geschnittene ½ Chilischote hinzufügen, mit Weißwein, Apfelschnaps und Apfelessig aufgießen, salzen, bei mittlerer Hitze 10 bis 15 Minuten köcheln, bis eine dickliche Masse entsteht.
Das kochend heiße Chutney in heiß ausgespülte, saubere Schraubgläser füllen, für 10 Minuten auf den Kopf stellen.

Aprikosen-Chutney

Für 4 Gläser à 200 ml
300 g getrocknete Aprikosen
400 g Aprikosengelee
100 g Schalotten
2 Knoblauchzehen
2 rote Chilischoten
4 EL Öl
10 EL weißer Balsamicoessig
150 ml Wasser
Salz, Pfeffer

Schalotten und Knoblauch fein würfeln, Aprikosen in kleine Würfel schneiden. Die Chili der Länge nach halbieren, entkernen und auch fein würfeln.
In einer Pfanne 4 EL Öl erhitzen, Schalotten und Knoblauch darin glasig anschwitzen. Aprikosen- und Chiliwürfel dazugeben, mit Essig ablöschen und mit 150 ml Wasser aufgießen. Das Aprikosengelee einrühren und zugedeckt bei mittlerer Hitze 4 bis 5 Minuten kochen.
Danach mit Salz und Pfeffer würzen und das kochend heiße Chutney in heiß ausgespülte, saubere

Schraubgläser füllen, für 10 Minuten auf den Kopf stellen.

Feigen-Rosinen-Chutney

Für 4 Gläser à 200 ml
200 g Feigen
200 g Zwiebeln
40 g Zucker
100 g Roh-Rohrzucker
100 ml Rotwein
1 Nelke
1 Prise Zimt
¼ TL Senfkörner
1 Prise Piment
½ Bio-Zitrone
1½ EL roter Balsamicoessig

Zwiebeln halbieren, in Streifen schneiden, mit Zucker in einen Topf geben und unter gelegentlichem Rühren goldgelb karamellisieren.
Die Feigen abreiben, vierteln und gemeinsam mit den Rosinen im Topf kurz andünsten, mit Rotwein ablöschen, aufkochen und 15 Minuten köcheln lassen. Die Nelke, eine Prise Zimt, ¼ TL Senfkörner und eine Prise Piment dazugeben und weitere 15 Minuten köcheln. Die Schale der Zitrone abreiben, den Saft auspressen, beides unter das Chutney rühren und köcheln bis die Masse dicklich wird.
Ein Viertel des Chutneys mit dem Mixer pürieren, danach wieder unter das restliche Chutney unterrühren, mit Balsamico würzen und das kochend heiße Chutney in heiß ausgespülte, saubere Schraubgläser füllen und für 10 Minuten auf den Kopf stellen.

Kiwi-Chutney mit Schalotten und Thymian

Für 2 Gläser à 300 ml
8 Kiwis
2 Schalotten
200 ml Ananassaft ►

Schalotten fein würfeln, mit Ananassaft, Essigessenz, Senfkörnern, Nelken und Zucker aufkochen und 2 bis 3 Minuten köcheln lassen.

6 TL Essigessenz
1 TL Senfkörner
6 Gewürznelken
100 g Roh-Rohrzucker
4 Stiele Thymian
Salz, Pfeffer

Die Kiwis schälen, würfeln und den Sud darüber gießen. Thymian dazugeben, aufkochen lassen und mit Salz und Pfeffer würzen.
Das kochend heiße Chutney in heiß ausgespülte, saubere Schraubgläser füllen und für 10 Minuten auf den Kopf stellen. (► Foto S. 216/217)

Kürbis-Chutney

Für 3 Gläser à 200 ml
1 kg Kürbis
2 säuerliche Äpfel
2 rote Zwiebeln
2 Knoblauchzehen
1 Zweig Rosmarin
1 rote Chilischote
1 TL helle Senfkörner
1½ TL Koriandersamen
3 Pimentkörner
100 g frische Preiselbeeren
320 g Vollrohrzucker
1 EL Öl
300 ml weißer Balsamicoessig
1–2 TL Salz, Pfeffer

Kürbis schälen, Kerne und Fasern entfernen und in ca. 2 cm große Würfel schneiden. Äpfel ungeschält vierteln, das Kerngehäuse entfernen und in 1 cm große Würfel schneiden.
Knoblauchzehen zerdrücken, Zwiebeln fein würfeln, von der Chilischote die Kerne und weißen Häute entfernen und die Schote fein hacken.
Senf-, Koriander- und Pimentkörner im Mörser grob zerstoßen.
Das Öl in einem großen Topf erhitzen, die Zwiebel darin glasig anschwitzen, Knoblauch, Chili und Gewürze dazugeben und kurz mitdünsten, bis sie anfangen zu duften. Die restlichen Zutaten dazugeben und unter Rühren 30 bis 40 Minuten köcheln lassen, bis die Masse dicklich wird.
Rosmarin entfernen, mit Salz und Pfeffer würzen, das kochend heiße Chutney in heiß ausgespülte, saubere Schraubgläser füllen und für 10 Minuten auf den Kopf stellen.

Mango-Chutney

Für 2 Gläser à 200 ml
1 Mango
6 EL kaltes Wasser
80 g Vollrohrzucker
4 EL Himbeeressig
2 EL Weißwein
10 g Ingwer
10 Pfefferkörner
1 TL rosa Pfefferkörner
2 Zimtstangen
3 Nelken
2 Lorbeerblätter
1 TL Paprikapulver
1 TL Salz, Pfeffer

Die Mango schälen, das Fruchtfleisch vom Kern herunterschneiden und würfeln. Die Würfel in einen großen Topf geben, Wasser, Zucker, Himbeeressig und Weißwein hinzufügen und mit Salz, frisch gehacktem Ingwer, schwarzen und rosa Pfefferkörnern würzen. Danach die Zimtstangen, Nelken und die Lorbeerblätter dazugeben und mit einer Prise Pfeffer und 1 TL Paprikapulver würzen. Zusammen kurz aufkochen lassen und auf kleiner Flamme 40 Minuten köcheln lassen, bis die Masse dicklich wird. Dabei öfters umrühren.
Gewürze entfernen, das kochend heiße Chutney in heiß ausgespülte, saubere Schraubgläser füllen und für 10 Minuten auf den Kopf stellen.

Papaya-Zitronen-Chutney

Für 2 Gläser à 150 ml
1 Papaya
1 Bio-Zitrone
1 Zwiebel
1 rote Chili
30 g Vollrohrzucker
1 Zimtstange
1 Sternanis
3 Kardamomkapseln
1 TL Essig
Öl
Salz

Zitrone vierteln und in dünne Scheiben schneiden. Papaya schälen, halbieren und entkernen. Fruchtfleisch in 2 cm große Stücke schneiden. Zwiebel fein würfeln, Chili entkernen und hacken.
Zwiebel, Zitronenscheiben und Chili in 2 EL Öl 10 Minuten anbraten. Papaya, Zucker, Zimtstange, Sternanis und Kardamom dazugeben und köcheln, bis der Zucker leicht zu karamellisieren beginnt. Salz und 1 TL Essig dazugeben und weitere 10 Minuten auf kleiner Flamme köcheln.
Das kochend heiße Chutney in heiß ausgespülte, saubere Schraubgläser füllen und für 10 Minuten auf den Kopf stellen.

Grünes Tomaten-Chutney

Für 5 Gläser à 200 ml
1,2 kg grüne Tomaten
400 g rote Tomaten
200 g Weißkraut
½ Stange Staudensellerie
120 g gelbe Zwiebeln
40 g rote Zwiebeln
3 Knoblauchzehen
1½ große Äpfel
Je 1½ grüne und rote Chilis
¼ EL frisch geriebener Ingwer
½ EL Senfkörner
½ EL geriebener Kreuzkümmel
1 Gewürznelke
40 g frische oder getrocknete Johannisbeeren
200 g Gelierzucker
400 ml Essig
1 EL Salz

Tomaten an der Oberseite kreuzweise einschneiden, blanchieren, häuten und klein würfeln.
Kraut, Sellerie, Zwiebeln, Knoblauch und Äpfel ebenfalls schneiden und zu den Tomaten geben, salzen und mindestens 2 Stunden, am besten über Nacht stehen lassen.
Chilis halbieren, entkernen und in Streifen schneiden. Gemeinsam mit 1 EL frisch geriebenem Ingwer, den Senfkörnern, dem geriebenen Kreuzkümmel, den Gewürznelken und den Johannisbeeren zum Gemüse geben, mit 400 ml Essig aufgießen und den Gelierzucker einrühren.
In einen großen Topf etwas Wasser gießen, alle Zutaten hinzufügen und zum Kochen bringen. Danach auf kleiner Flamme 1½ Stunden köcheln lassen.
Das kochend heiße Chutney in heiß ausgespülte, saubere Schraubgläser füllen und für 10 Minuten auf den Kopf stellen.

Sauerkirsch-Chutney

Für 2 Gläser à 200 ml
50 g Sauerkirschen
2 Orangen
200 g rote Zwiebeln
2 Zweige Rosmarin ►

Kirschkerne entfernen, Orangen schälen, entkernen und filetieren, dabei auch die weiße Haut entfernen.
Zwiebel grob würfeln, Rosmarinnadeln von den Zweigen zupfen und fein hacken. Die Chilischote

2 rote Chilischoten
30 g frische Ingwerwurzel
1½ TL rosa Pfefferkörner
150 ml roter Balsamicoessig
200 g Roh-Rohrzucker

entkernen und in kleine Ringe schneiden, Ingwer schälen und klein würfeln.

Balsamicoessig und Zucker aufkochen, die restlichen Zutaten dazugeben und bei mittlerer Hitze 40 bis 50 Minuten köcheln, bis eine dickliche Masse entsteht. Dabei öfters umrühren. Das kochend heiße Chutney in heiß ausgespülte, saubere Schraubgläser füllen und für 10 Minuten auf den Kopf stellen.

Zucchini-Chutney

Für 3 Gläser à 200 ml
4–6 Zucchini
4 Zwiebeln
2 Paprikaschoten
2 Pepperoncino
4 Knoblauchzehen
400 ml Ahornsirup oder Agavendicksaft
500 ml weißer Balsamicoessig
1 Bio-Zitrone
Je 2 TL Senfkörner, Pfefferkörner
2 Lorbeerblätter

Zucchini, Zwiebeln, Paprikaschote klein schneiden, Peperoncino und Knoblauchzehen fein würfeln.

Etwas Wasser in einen Topf gießen, das Gemüse, Peperoncino und Knoblauch hinzufügen, vermengen und salzen. Danach den Agavendicksaft, bzw. Ahornsirup daruntermischen, kurz aufkochen lassen, mit dem Saft der ausgepressten Zitrone ablöschen. Den Essig aufgießen, die Gewürzkörner hinzufügen und 30 bis 40 Minuten köcheln lassen, bis eine dickliche Masse entsteht. Dabei öfters umrühren.

Das kochend heiße Chutney in heiß ausgespülte, saubere Schraubgläser füllen und für 10 Minuten auf den Kopf stellen.

Salsas und Pestos

Oben: Koriandersalsa (► S. 228)
Unter: süßes Pesto (► S. 232)

Salsas

Salsas stammen ursprünglich aus Spanien. „Salsa“ heißt auf Spanisch „Soße“. Salsas bestehen hauptsächlich aus gewürfeltem Gemüse, wobei man als Hauptzutat Chili, Fenchel, Knoblauch, Peperoni, grüne Tomatillos und rote Tomaten verwenden kann. Mitunter werden auch Früchte verwendet wie z.B. Kirschen.
Salsas und Pestos passen besonders gut zu Nudelgerichten.

Kirschensalsa

Für 4 Personen
200 g Kirschen
1 EL Vollrohrzucker
40 ml roter Balsamicoessig
40 ml Wasser
2 EL Agavendicksaft
Chilipulver

Kirschen halbieren und entkernen. Zucker in einer Pfanne bei schwacher Hitze karamellisieren, mit Essig ablöschen, Wasser aufgießen und kochen, bis sich der Zucker aufgelöst hat.
Die Kirschen zugeben und mit Agavendicksaft und Chilipulver würzen.

Koriandersalsa

Für 4 Personen
2 EL frische Korianderblättchen
4 Tomaten
1 Bund Frühlingszwiebeln
2 Limetten
2 grüne Chilischoten
Salz, Pfeffer

Tomaten vierteln und fein hacken. Frühlingszwiebeln fein hacken und zu den Tomaten geben. Limetten auspressen, den Saft zur Gemüsemischung gießen und mit Salz und Pfeffer würzen.
Die Korianderblättchen fein hacken, Chilischoten der Länge nach halbieren, entkernen, fein hacken und gemeinsam mit den Korianderblättchen unter die Soße mischen. (► Foto S. 226/227)

Salsa mit Mais und grünen Bohnen

Für 4 Personen

100 g Mais aus der Dose
200 g grüne Bohnen
3 Frühlingszwiebeln
1 Handvoll Minzeblättchen
1 Chilischote
3 EL Olivenöl
2 EL Limettensaft
Salz, Pfeffer

Grüne Bohnen waschen und den Faden entfernen. Reichlich Salzwasser zum Kochen bringen und die grünen Bohnen darin 6 bis 8 Minuten blanchieren, abseihen, mit kaltem Wasser abschrecken und in 1 cm große Stücke schneiden.

Frühlingszwiebeln in feine Ringe schneiden. Die Minze grob hacken und die Chilischote in feine Streifen schneiden.

Olivenöl in einer Pfanne erhitzen, die grünen Bohnen darin bei mittlerer Hitze 1 Minute anbraten und mit Salz und Pfeffer würzen. Mais und Frühlingszwiebeln hinzufügen und umrühren.

Minzeblättchen und Chilistreifen in einer Schüssel mit Limettensaft verrühren, die Grüne-Bohnen-Mais-Mischung dazugeben, alles vermengen und lauwarm oder kalt servieren.

Tomaten-Fenchel-Chili-Salsa

Für 4 Personen

4 Tomaten
1 Fenchelknolle mit Fenchelgrün
2 Knoblauchzehen
1 TL rote Chilipaste
Saft ½ Limette
3 EL Olivenöl
Salz

Die Tomaten an der Oberseite kreuzweise einschneiden, kurz in kochendes Wasser tauchen, häuten und würfeln. Die Fenchelknolle mit dem Fenchelgrün klein schneiden, den Knoblauch fein hacken. Alle Zutaten mit Chilipaste, Limettensaft und Olivenöl vermengen und mit Salz abschmecken.

Salsa verde

Für 4 Personen
150 g Petersilie
50 g Kresse
20 g Kapern
1 Knoblauchzehe
80 g Schalotten
200 ml Olivenöl extra virgine
2 EL Balsamicoessig
Pfeffer

Petersilie- und Kresseblättchen von den Stielen zupfen und mit 100 ml Olivenöl grob mit dem Mixer pürieren. Kapern, Knoblauch und Schalotten fein hacken und dazugeben. Balsamicoessig, 100 ml Olivenöl einrühren, alles vermischen und mit Pfeffer würzen.

Pestos

Pestos stammen ursprünglich aus Italien, der Name leitet sich von „pestare“ ab, was so viel wie „zerstampfen“ bedeutet. Pesto ist eine Gewürzsoße, deren Zutaten hauptsächlich aus Kräutern, Knoblauch, geschälten Mandel- oder Pinienkernen, Sesam- oder Sonnenblumenkernen, Olivenöl, Salz und Pfeffer bestehen. Pestos werden nicht gekocht. Die Zutaten werden im Mörser zu einer sämigen Paste verarbeitet. Man kann die Zutaten aber auch zerkleinern und danach mit dem Mixer pürieren.
Pestos schmecken vorzüglich zu Nudelgerichten.
Bei der Aufbewahrung von Pestos sollte man darauf achten, dass das Pesto vollständig mit Öl bedeckt ist, da es sich sonst schnell bräunlich verfärbt und nicht lange haltbar ist. In der Regel hält es im Kühlschrank einige Wochen.

Bärlauchpesto

Für 3 Gläser à 100 ml
150 g Bärlauch
60 g geschälte Mandeln oder Pinienkerne
60 g frisch geriebener Soja-Parmesankäse
4 Knoblauchzehen
6 EL Olivenöl
Salz, Pfeffer
Olivenöl zum Auffüllen

Bärlauch grob hacken und gemeinsam mit den Mandeln, dem geriebenen Soja-Parmesankäse, den Knoblauchzehen und dem Olivenöl mit dem Mixer pürieren, mit Salz und Pfeffer würzen, nochmals kurz durchrühren und in saubere Schraubgläser füllen. Dabei darauf achten, dass das Pesto vollständig mit Öl bedeckt ist.

Basilikumpesto

Für 4 Personen
1 Bund Basilikum
4 Knoblauchzehen
50 g Pinienkerne
50 g Soja-Parmesankäse
50 ml Olivenöl
Salz

Frisches Basilikum, Knoblauchzehen, Pinienkerne, Salz und Soja-Parmesankäse in einem Mörser zerdrücken. 150 ml Olivenöl langsam dazugießen und solange rühren bis eine sämige Konsistenz entsteht.

Karotten-Sonnenblumenkern-Pesto

Für 4 Personen
4 Karotten
50 g Sonnenblumenkerne
2 Schalotten
2 Knoblauchzehen
4 EL geriebene Mandelkerne ►

Sonnenblumenkerne ohne Fett anrösten, abkühlen lassen. In einer Pfanne 2 EL Öl erhitzen, die Schalotten und die Knoblauchzehen fein hacken und darin glasig anschwitzen. Die fein gewürfelten Karotten dazugeben, kurz anrösten, mit Essig ablöschen, die Gemüsebrühe aufgießen und die Karot-

4 EL Vollkornbrösel
100 ml Gemüsebrühe
½ Bund Petersilie
4 EL Olivenöl
1 EL weißer Balsamicoessig
Salz, Pfeffer

ten bissfest garen. Dann abkühlen lassen und die geriebenen Mandeln, die Semmelbrösel und das restliche Olivenöl dazugeben. Am Schluss die Sonnenblumenkerne und die fein gehackte Petersilie hinzufügen und mit Salz und Pfeffer würzen.

Kräuterpesto

Für 450 g Pesto
100 g geröstete Kerne (Pinien-, Sesam- oder Sonnenblumenkerne)
2 Knoblauchzehen
50 g Soja-Parmesankäse
80 g Basilikumblätter
60 g Petersilienblättchen
20 g Rosmarinnadeln
30 g Thymianblättchen
50 ml Olivenöl
40 ml Rapsöl
20 ml Distelöl
Salz

Geröstete Kerne, Knoblauchzehen, Öle und Soja-Parmesankäse mit dem Mixer pürieren. Kräuter grob hacken und mit etwas Salz dazugeben, nochmals pürieren. Pesto in Schraubgläser füllen und darauf achten, dass das Pesto vollständig mit Öl bedeckt ist.

Süßes Pesto

Für 4 Personen
1 Bio-Zitrone
2 Handvoll Minzeblättchen
60 g geröstete Cashewkerne ►

Zitrone heiß waschen, trocknen und die Hälfte der Schale abreiben. Minzeblättchen mit Cashewkernen, Walnussöl, Ahornsirup, Zitronenschale und Sonnenblumenöl im Mixer pürieren bis eine feine Paste entsteht.

2 EL Walnussöl
3 EL Ahornsirup
5 EL Sonnenblumenöl

Süßes Pesto passt gut zu unterschiedlichen Desserts. (► Foto S. 226/227)

Minzpesto

Für 10 ml Pesto
10 g frische Pfefferminze
2 EL Minzelikör
1 EL Roh-Rohrzucker
1 EL geröstete Pinienkerne
Saft einer Zitrone

Minzeblättchen mit Likör, Zucker, Pinienkernen und Zitronensaft mischen und im Mixer pürieren. Passt gut zu Eisdesserts.

Desserts

Bratapfelcreme mit Beeren (► S. 241)

Adzukibohnenpudding

Für 4 Personen
300 g Adzukibohnen
6 EL Ahornsirup
Mark einer Vanilleschote
1 TL Zimt
1 EL Agar-Agar Pulver
1 TL Amaretto
150 g geschälte Mandeln
1 Prise Salz

Bohnen über Nacht in reichlich Wasser einweichen, Einweichwasser abgießen und die Bohnen in frischem Wasser zugedeckt 30 Minuten köcheln. Kochwasser abgießen, die Bohnen mit 500 ml Wasser aufgießen und bei schwacher Hitze ca. 2 Stunden weich kochen. Bohnen mit dem Kochwasser pürieren und durch ein Sieb streichen. 6 EL Ahornsirup, Mark einer Vanilleschote, 1 TL Zimt, 1 EL Agar-Agar-Pulver und 1 TL Amaretto einrühren, alles 20 Minuten köcheln lassen, dabei öfters umrühren.
Mandeln ohne Fett auf kleiner Flamme rösten und in Puddingformen füllen, Bohnenpüree darauf verteilen und im Kühlschrank ca. 3 Stunden kühlen.

Gratinierte Ananas mit Sesam

Für 4 Personen
4 Ananasringe
3 EL Seidentofu
2 EL Roh-Rohrzucker
1 EL Maismehl
1 EL Maisstärke
1 EL Öl
1 EL Sesam

Seidentofu und Zucker verrühren, Mehl und Stärke unterrühren. Eine feuerfeste Form fetten, Ananasringe in die Form legen, die Creme darüber verteilen, Sesam darüberstreuen und ca. 15 bis 20 Minuten bei 200°C backen.

Gesundheitsaspekt

Ananas hat einen hohen Anteil an Mangan, das der Körper zur Kollagenbildung benötigt. Sie enthält zudem Kalzium, Kalium, Magnesium, Phosphor, Eisen, (natürliches) Jod und Zink. Die Ananas ist außerdem reich an Vitamin C,

Biotin, Pro-Vitamin A bzw. Betacarotin, Vitamin E und anderen lebenswichtigen Vitaminen wie Niacin, Riboflavin und Thiamin. Darüber hinaus enthält sie Spurenelemente und Enzyme, vor allem Bromelain, das die Eiweißverdauung unterstützt und gemeinsam mit Papain eine starke entzündungs-, krebs- und infektionsvorbeugende Wirkung zeigt. Schließlich hat sie Anteile an Campesterol, Serotonin, Salicylaten und Tyrosinen.

Die Ananas wirkt entzündungshemmend, hilft unterstützend bei Darmproblemen, Gelenkbeschwerden, hohem Blutdruck und Arteriosklerose. Frischer Ananassaft sollte bei Fieber und Erkältungskrankheiten getrunken werden.

Bei Neigung zu Hauttrockenheit und bei kleinen Fältchen kann eine Gesichtsmaske aus Ananasfruchtfleisch unterstützend wirken, die 20 Minuten einwirken soll und mit kaltem Wasser abgespült wird.

Ananasgrütze mit Papaya

Für 4 Personen

400 g Ananasfruchtfleisch

400 g Papayafruchtfleisch

2 reife Maracujas

400 ml Orangensaft

2 Nelken

2 Lorbeerblätter ▸

Orangensaft mit Nelken, Lorbeerblättern und Zucker erwärmen, Johannisbrotkernmehl einrühren und unter Rühren ca. 1 Minute leicht köcheln lassen. Topf von der Herdplatte nehmen, die Gewürze wieder entfernen.

Maracujas halbieren, Kerne und Saft mit einem Löffel herausschälen und mit den Papaya- und Ananaswürfeln mischen, eingedickten Orangensaft

2 EL Roh-Rohrzucker
3 g Johannisbrotkernmehl

darüber gießen, alles vorsichtig mischen und in Schalen füllen.

Gesundheitsaspekt

Papayas sind reich an Vitamin A, C, B_1, B_2, B_3, B_6, E und H. Sie haben einen hohen Anteil an Mineralstoffen (Kalium, Kalzium, Eisen, Magnesium, Phosphor, Natrium), Eiweiß, Kohlenhydraten und einen geringen Fettanteil. Zudem enthält die Papaya das Enzym Papain, ein eiweißverdauendes Enzym, das vor allem in den Samen, Früchten und Blättern vorkommt.

Papayasamen werden beispielsweise bei Durchfall oder Befall durch Darmparasiten gekaut, zudem regen sie die Verdauungsorgane an, helfen gegen prämenstruelles Syndrom und Wechseljahrbeschwerden. Auch das Immunsystem sollen die Papayasamen stärken und sogar krebsvorbeugend wirken.

Josefs Apfeltraum

Für 4 Personen
800 g Apfelwürfel
200 ml naturtrüber Apfelsaft
4 EL Calvados
2 EL Zitronensaft
1 Vanilleschote
1 Päckchen Vanillezucker
80 g Vollrohrzucker ▸

Den Apfelsaft mit dem Mark der Vanilleschote, 40 g Vollrohrzucker, Zitronensaft und Zimtstange aufkochen und die Apfelwürfel darin ca. 1 Minute köcheln lassen. Das Johannisbrotkernmehl mit Calvados glatt rühren, unter die Äpfelwürfel mischen und aufkochen lassen, danach kühl stellen.

Walnüsse, Biskuitbrösel, Mandelblättchen, Rosinen und Vanillezucker in der Sojabutter rösten, dann kühl stellen.

40 g Rosinen
1 Zimtstange
125 g gehackte Walnüsse
40 g zerbröselte Löffelbiskuits
20 g Mandelblättchen
2 EL Johannisbrotkernmehl
500 g Seidentofu
20 g Sojabutter
Zimtpulver

Seidentofu mit 40 g Vollrohrzucker verrühren. Nussmischung, Apfelkompott und Seidentofu abwechselnd in Gläser schichten und im Kühlschrank kühlen, mit Zimtpulver bestreuen.

Gesundheitsaspekt

Äpfel und Apfelkern haben einen hohen Anteil an Vitamin B_{17}, das auch als Laetril oder Amygdalin bekannt ist. Vitamin B_{17} gehört zu den Nitrilosiden, ein Wirkstoff, der in den Kernen von Aprikosen oder Äpfeln vorkommt und wegen seiner antikanzerogenen Wirkung bekannt geworden ist.

Äpfel normalisieren den Cholesterinspiegel und helfen, das Wachstum von präkanzerösen und kanzerösen Zellen zu bremsen.

Der Verzehr von Äpfeln kann zur Verbesserung der Lungenfunktion beitragen, unterstützt die Gedächtnisfähigkeit, versorgt die Knochen mit dem Mineralstoff Bor und hemmt Entzündungen durch seinen hohen Quercetin-Anteil.

Aprikosenröster

Für 4 Personen
1 kg Aprikosen
⅛ l Wasser
200 g Roh-Rohrzucker

Wasser und Zucker aufkochen, halbierte und entkernte Aprikosen dazugeben und unter Rühren weich dünsten, bis die Aprikosen langsam zerfallen.

Gesundheitsaspekt

Aprikosen sind reich an Vitamin A, B_1, B_2, C, Niacin, Kalium, Kalzium, Magnesium, Silizium, Natrium, Eisen und Kupfer.

Sie verbessern die Sehkraft, wirken positiv auf die Regenerationsfähigkeit der Haut und auf die Blutbildung. Xanthophylle (gelbe Pflanzenfarbstoffe) unterstützen die physiologischen Funktionen im Zell- und Hormonsystem.

Backäpfel mit Ingwer

Für 4 Personen

4 Äpfel
Saft einer halben Zitrone
2 EL Ahornsirup
50 g Sojabutter
Geschälte Ingwerwurzel (ca. 5 cm)
20 g Mandelsplitter

Äpfel schälen, Kerngehäuse entfernen, Äpfel aushöhlen, das Fruchtfleisch fein würfeln. Äpfel in eine gefettete Auflaufform füllen. Sojabutter mit Zitronensaft und Ahornsirup verrühren. Die Apfelwürfel und den fein geschnittenen Ingwer dazugeben und die Äpfel mit dieser Mischung füllen. Die gefüllten Äpfel im vorgeheizten Backofen 30 bis 40 Minuten bei 175°C backen, bis sie weich sind.

Mandelsplitter darüberstreuen und im Backofen noch etwas bräunen lassen.

Mit Reiscreme gefüllte Bananen

Für 4 Personen

4 Bananen
1 TL Maisstärke
125 ml kaltes Wasser
250 ml Mangosaft
Frische Mangospalten ▸

Maisstärke in 125 ml kaltem Wasser verrühren, bis die Stärke aufgelöst ist. Mangosaft zum Kochen bringen, Maisstärke einrühren, auskühlen lassen. Risottoreis mit ca. 500 ml Wasser etwa 6 Minuten kochen lassen, dann abgießen. Sojamilch, Salz und Vanillezucker dazugeben und auf kleiner Flamme

Reiscreme
30 g Risottoreis
125 ml Sojamilch
1 Prise Salz
1 TL Vanillezucker
1–2 TL Johannisbrotkernmehl
20 g Roh-Rohrzucker
60 g gemischte, kandierte Früchte
150 ml Hafersahne

fertig kochen. Johannisbrotkernmehl einrühren, ebenso den Roh-Rohrzucker. Am Schluss die kandierten Früchte hinzufügen, kühl stellen und kurz vor dem Festwerden die geschlagene Hafersahne unterrühren.
Die Bananen schälen, der Länge nach halbieren, mit der Reiscreme füllen und wieder zusammensetzen. Den Mangosaft darübergießen, mit Mangospalten garnieren.

Gesundheitsaspekt Bananen haben einen hohen Anteil an Kohlenhydraten und Mineralstoffen (Kalium, Magnesium). Sie enthalten außerdem den Botenstoff Serotonin („Glückshormon"), der für gute Laune sorgt. Bananen enthalten kaum Fett, dafür aber viele sattmachende Ballaststoffe.

Bratapfelcreme mit Beeren

Für 4 Personen
4 Äpfel
30 g Sojabutter
4 TL Roh-Rohrzucker
¼ l Weißwein
3 Gewürznelken
1 Zimtstange
1 Stück Bio-Orangenschale
2 TL Agar-Agar
150 ml Hafersahne
200 g gemischte Beeren

Apfelschalen einstechen, Äpfel in eine Auflaufform legen, mit geschmolzener Sojabutter übergießen, mit dem Zucker bestreuen und im Backofen bei 200°C auf der untersten Schiene 10 Minuten braten.
Weißwein, Nelken, Zimt und Orangenschale zu den Äpfeln geben und noch weitere 15 Minuten braten lassen. Dann abkühlen, die Äpfel schälen und entkernen.
Äpfel mit 3 EL des Schmorsafts mit dem Mixer pürieren, Agar-Agar mit 1 EL Schmorsaft verrüh-

ren, zum Äpfelmix dazugeben und die Hafersahne unterheben. Die Creme 3 Stunden kühl stellen.
Aus der Creme mit einem Esslöffel Nockerl ausstechen, auf Dessertteller anrichten und mit den frischen Beeren garnieren. (▸ Foto S. 234/235)

Beerengratin

Für 4 Personen

900 g gemischte (möglichst frische) Beeren
800 ml Orangensaft
1 Bio-Orange
1 Päckchen Vanillezucker
250 ml Hafersahne

Orangensaft in einem Topf auf 200 ml einkochen, abkühlen lassen, abgeriebene Schale der Orange und Vanillezucker einrühren.
Beeren in einer großen Auflaufform oder in 4 kleinen ofenfesten Formen verteilen. Die Hafersahne schlagen, mit dem eingekochten Orangensaft verrühren und über die Beeren verteilen. Die Form oder die Formen auf die oberste Schiene des Backofens schieben und 5 bis 7 Minuten grillen, bis die Oberfläche eine leichte Bräunung bekommt.

Glühweinbirnen mit Gewürzfülle

Für 4 Personen

4 feste reife Birnen
Mark einer Vanilleschote
120 ml frisch gepresster Orangensaft
500 ml Rotwein
125 g Vollrohrzucker
Abgeriebene Schale von 2 Bio-Zitronen
6 Gewürznelken
1 Zimtstange ▸

Vanillemark und Vanilleschote mit Orangensaft, Rotwein, Zucker, Zitronenschale, Nelken und Zimtstange aufkochen und solange rühren bis sich der Zucker auflöst.
Von den Birnen an der Unterseite eine dünne Scheibe abschneiden und das Kerngehäuse vorsichtig entfernen. Die Birnen schälen, die Stängel belassen. Birnen im Sud ca. 30 Minuten weich köcheln, dabei öfters wenden. Danach die Birnen herausheben und abkühlen lassen.

Füllung
75 g Haselnüsse
1 EL Vollrohrzucker
2 EL Rosinen
1 TL Zimt
¼ TL Nelkenpulver
1 Prise Muskat
1 Prise Salz
1½ EL Orangenblütenwasser
3 EL Hafersahne

Für die Füllung die Haselnüsse in einer Pfanne ohne Fett rösten, danach abkühlen lassen und in der Küchenmaschine mahlen. 1 EL Vollrohrzucker, 2 EL Rosinen, 1 TL Zimt, ¼ TL Nelkenpulver, 1 Prise Muskat und 1 Prise Salz dazugeben, nochmals pürieren.
Die abgekühlten Birnen mit dem Nussgemisch füllen. Die Birnenböden mit einer dünnen Schicht Füllung bestreichen, sodass die Birnen aufrecht stehen, mit Sirup begießen und mit Hafersahne garnieren.

Gesundheitsaspekt

Birnen enthalten Vitamin C, B_2 und Mineralstoffe (Kalium, Kalzium und Magnesium, Phosphor). Sie wirken antibakteriell und entzündungshemmend, regen die Verdauung an und stärken das Immunsystem.

Bulgurdessert mit exotischen Früchten

Für 4 Personen
150 g Bulgur
100 g Vollrohrzucker
½ TL Kardamompulver
1 Prise Zimtpulver
3 Orangen
2 Kiwis
1 Granatapfel
5 Minzeblättchen

Bulgur mit kochendem Wasser überbrühen, einige Minuten kochen und zugedeckt 15 Minuten quellen lassen.
Den Saft einer Orange mit dem Zucker und den Gewürzen aufkochen und köcheln lassen, bis der Zucker sich aufgelöst hat.
Den Granatapfel vierteln, die Kerne aus den weißen Zwischenhäuten herauslösen und mit dem abgekühlten Bulgur mischen.
Die restlichen Orangen schälen und filetieren. Die Kiwis schälen und in längliche Scheiben schneiden.

Orangenfilets und Kiwischeiben auf einer Platte anrichten, die Bulgur-Granatapfel-Mischung darüber verteilen, mit den Minzeblättchen garnieren.

Gesundheitsaspekt

Orangen (Apfelsinen):

- Orangen sind vor allem wegen ihres hohen Gehalts an Vitamin C bekannt, das schnellem Altern, Krebsentstehung und zahlreichen anderen Erkrankungen entgegenwirkt. Vitamin C ist außerdem wichtig für ein schönes Hautbild.
- Orangen sind reich an Kalium und Magnesium und enthalten besonders viele sekundäre Pflanzenstoffe.
- Orangen enthalten Flavonoide, wirkungsvolle Antioxidanzien, die das Vitamin C vor Oxidation schützen, wodurch seine Bioverfügbarkeit erhöht wird. Zudem haben Flavonoide eine positive Wirkung auf das Herz-Kreislauf-System.
- Orangen enthalten außerdem Naringin, ein Bitterstoff, der bei der Fettverbrennung hilfreich ist.
- Sie sind außerdem reich an Terpenen, zu denen die Carotinoide gezählt werden, die im Körper als Provitamin A wirken, wichtige Radikalenfänger und wichtig für die Entgiftung des Körpers sind.

Kiwis:

- Kiwis sind nach den Acerola-Kirschen die stärksten Vitamin C-Träger. Außerdem enthalten sie Vitamin A, Niacin, Kalium, Kalzium, Phosphor, Magnesium und das Enzym Actinidin, das die Eiweißaufspaltung fördert bzw. die Beseitigung von Eiweißfäulnisprodukten im Dickdarm beschleunigt.

- Sie enthalten Quell- und Gleitstoffe mit einem milden unterstützenden Einfluss auf Gelenke, Sehnen und Bänder sowie organische Fruchtsäuren.
- Kiwis beugen Infektionen vor und kräftigen das Immunsystem. Sie tragen aktiv zum Knochenwachstum bei, festigen Gefäße und Bindegewebe und wirken verdauungsanregend.

Marinierte Erdbeeren mit Zitronenverbene

Für 4 Personen

½ kg Erdbeeren
1 Vanilleschote
3 Stängel Zitronenverbene
½ Zitrone
25 g Roh-Rohrzucker

Erdbeeren längs halbieren oder vierteln. Das Mark der Vanilleschote herausschaben. Zitronenverbeneblätter von den Stängeln zupfen und die Zitronenhälfte auspressen. Erdbeeren mit dem Vanillemark, den grob gehackten Zitronenverbeneblättchen, dem Zucker und dem Zitronensaft vermengen und 30 Minuten marinieren lassen.

Gesundheitsaspekt

Erdbeeren haben einen hohen Anteil an Vitamin A, B_1, B_2, C, an Pektinen, Niacin, Kalium und Kalzium.

Reife Erdbeeren von hoher Qualität reinigen die Schleimhäute im Darmbereich, zudem wirken Erdbeeren stimulierend auf den Stoffwechsel.

Grießflammerie

Für 4 Personen
500 ml Mandelmilch
50 g Weizenvollkorngrieß
40 g Roh-Rohrzucker
1 Vanilleschote
2 TL Agar-Agar
1 Prise Salz
Schale einer ½ Bio-Zitrone
300 g Beeren

Milch, Zucker, Vanillemark, Salz und Zitronenschale aufkochen, den Grieß einlaufen und unter ständigem Rühren auf kleiner Flamme köcheln lassen. Die Zitronenschale entfernen und den Grießbrei auskühlen lassen, dabei öfters umrühren.
Agar-Agar mit etwas Wasser verrühren und in die Grießmasse einrühren. Danach in 4 kalt ausgespülte Förmchen füllen und kalt stellen.
Vor dem Servieren auf Dessertteller stürzen und mit den Beeren garnieren.

Lukis Grießschmarren

Für 4 Personen
500 ml Reismilch
200 g Weizenvollkorngrieß
150 g Sojabutter
20 g Puderzucker
50 g Rosinen
1 TL geriebene Zitronenschale
1 Prise Salz

Reismilch mit 1 Prise Salz und 50 g Sojabutter zum Kochen bringen, den Grieß einlaufen lassen und solange rühren, bis eine dickliche Masse entsteht. Diese Masse in einer Pfanne im Backofen in heißer Butter dünsten lassen, dabei die Grießmasse mit einem Kochlöffel öfters zerkleinern.
Nach etwa 20 Minuten Zucker, Rosinen und etwas geriebene Zitronenschale dazugeben und den Schmarren knusprig braun noch etwa 20 Minuten weiterrösten.

Grüntee-Vanille-Pudding

Für 4 Personen

2 TL Matcha (Grüntee-pulver)
70 ml heißes Wasser
2 gestrichene TL Agar-Agar
1½ Vanilleschoten
450 ml Sojamilch
170 ml Sojasahne
2½ EL Roh-Rohrzucker
1½ TL frische, fein gehackte Ingwerwurzel

Matcha und Wasser vermischen. Agar-Agar mit 2 EL Wasser glatt rühren. Die Vanilleschoten halbieren und das Mark herausschaben. Die Sojamilch und Sojasahne mit dem Vanillemark, den Vanilleschoten, dem Zucker und dem Ingwer aufkochen, Agar-Agar untermischen und unter Rühren 1 Minute köcheln lassen. Die Vanilleschote entfernen und die Mischung in eine Schüssel gießen und abkühlen lassen. Dann den Matcha mit dem Schneebesen unterrühren.

Die Masse in Puddingförmchen füllen und zum Festwerden 3 Stunden kalt stellen.

Gesundheitsaspekt

Grüntee (Sencha Ming Mee Wu Lu) ist ein wesentlicher Bestandteil der asiatischen Küche und heißt übersetzt so viel wie „Langes-Leben-Tee", verantwortlich für diese Bezeichnung sind die zahlreichen Inhaltsstoffe des grünen Tees, nämlich Mineralien, Vitamine, sekundäre Pflanzenstoffe, Koffein und ätherische Öle. Eine japanische Langzeitstudie bestätigt diese positiven Effekte für ein „langes Leben": Je mehr Grünen Tee die Teilnehmer tranken, desto länger lebten sie. Diese Teeart erfreut sich auch bei uns zunehmender Beliebtheit.

Der Matcha-Grüntee ist der herausragende Anti-Aging-Tee und stammt aus Japan. Der Teestrauch wird einige Wochen vor der Ernte abgedeckt. Durch den Lichtmangel wird eine

Stresssituation für die Pflanze bewirkt, die diese veranlasst, auf Hochtouren Abwehrstoffe zu produzieren. Matcha hat deshalb einen besonders hohen Anteil an Antioxidanzien. Matcha-Tee hat einen süßlichen, an Spinat erinnernden Geschmack. Das Teepulver wird nicht nur für Teezubereitungen, sondern auch für Süßspeisen und Desserts verwendet.

Rote Grütze

Für 4 Personen

500 g rote Früchte (Johannisbeeren, Himbeeren, Kirschen)

2–3 gestrichene TL Pfeilwurzelstärke

2 EL Wasser

100 g Roh-Rohrzucker

1 Päckchen Vanillezucker

Früchte mit Zucker und Vanillezucker mischen, erhitzen, unter vorsichtigem Rühren (die Früchte sollen nicht zerfallen) aufkochen lassen und von der Herdplatte nehmen. Die Pfeilwurzelstärke mit 2 EL Wasser verrühren, in die Früchtemischung einrühren, nochmals langsam aufkochen und kurz köcheln lassen.

Die Grütze in eine Schüssel oder in Dessertschalen füllen und kühl stellen. Variationen:

- Gelbe Grütze: aus hellen Stachelbeeren, Aprikosen oder Pfirsichen.
- Grüne Grütze: aus Stachelbeeren oder Kiwis.
- Blaue Grütze: aus schwarzen Johannisbeeren, Heidelbeeren oder Brombeeren.

Gesundheitsaspekt

Johannisbeeren:

- Rote und schwarze Johannisbeeren haben einen hohen Anteil an Vitamin A, B_1, B_2, C und Niacin. Außerdem sind sie reich an Kalzium, Kalium, Magnesium, Eisen, Schwefel, Phosphor, Natrium, Rutin.

- Das Rutin unterstützt die Gefäßabdichtung. Johannisbeeren fördern die Resorption von Eisen und Folsäure. Die roten und blauroten Pflanzenfarbstoffe (Anthozyane) wirken heilend auf die Zell-, Gehirn-, Drüsen- und Stoffwechselfunktion. Johannisbeeren haben eine antibakterielle, entgiftende und immunstimulierende Wirkung.

Kirschen:

- Kirschen haben einen hohen Anteil an Vitamin C und Provitamin A. Zudem enthalten sie Folsäure, die wichtig für die Zellneubildung und für Gehirn und Nerven ist. Sie sind reich an Kalzium, Eisen, Magnesium, Zink, Kieselsäure und Kalium. Der rote Farbstoff (Anthocyane) neutralisiert freie Radikale.
- Kirschen haben eine bindegewebestützende Wirkung und fördern ein gesundes Hautbild. Sie helfen bei rheumatoiden Gelenkerkrankungen und Gicht und wirken vorbeugend gegen Herz-Kreislauf-Erkrankungen und Krebs. Außerdem regulieren sie die Verdauung.
- Aus den Stielen der Kirschen wird ein blutreinigender und harntreibender Tee zubereitet, der auch bei Husten hilfreich ist.

Flambierte Himbeeren

Für 4 Personen
300 g frische Himbeeren
80 g Roh-Rohrzucker
40 g Sojabutter
Je 3–4 EL Orangen- und Zitronensaft
1 EL Aprikosenmarmelade
1 Schuss Maraschino
1 Schuss Cognac
2–3 EL Hafersahne

Zucker und Sojabutter langsam karamellisieren, mit Orangen- und Zitronensaft ablöschen. Die Aprikosenmarmelade dazugeben, die Himbeeren einlegen, kurz erwärmen und mit je 1 Schuss Maraschino und 1 Schuss Cognac flambieren, mit Hafersahne garnieren.

Gesundheitsaspekt

Himbeeren haben einen hohen Anteil an Vitamin A, B_1, B_2, und C. Sie sind reich an Pektinen, Kalzium, Kalium, Phosphor, Eisen, Fruchtsäure und Tanninen. Sowohl die Früchte als auch die Blätter der Himbeere werden als Heilmittel verwendet. Die Blätter enthalten in erster Linie Gerbstoffe.
Die in den Früchten enthaltenen Tannine verhindern das Wachstum von krankmachenden Bakterien und sind in Kombination mit dem Kalium besonders wirkungsvoll bei Harnwegsinfekten.
Himbeeren enthalten außerdem Phenolsäuren, denen eine hemmende Wirkung auf das Tumorwachstum zugesprochen wird. Sie werden in der chinesischen Naturmedizin bei Sehschwäche verordnet.

Hollerkoch

Für 4 Personen
300 g Holunderbeeren
250 g Zwetschgen
200 g Birnen
2 Gewürznelken
1 Zimtstange
50 g Vollrohrzucker
⅛ l Rotwein

Rotwein mit Zucker, Nelken und Zimtstange aufkochen. Die in Spalten geschnittenen Birnen und Zwetschgen zum Sud geben und 5 Minuten köcheln lassen. Holunderbeeren dazugeben und nochmals 5 Minuten köcheln.

Gesundheitsaspekt

Holler (Holunder) hat einen hohen Anteil an Vitamin A, B_1, B_2, B_6, C, außerdem an Niacin, Biotin, Folsäure, Pantothensäure, Kalzium, Kalium, Phosphor, Gerbstoffen und Bioflavonoiden. Holunderbeeren wirken entschlackend, schweißtreibend, fiebersenkend, immunstimulierend. Er wirkt unterstützend bei bronchialen und grippalen Erkrankungen sowie bei Entzündungen im Kopfbereich. Der Genuss von Hollersaft wirkt regenerierend in Rekonvaleszenzzeiten.
Holunderbeeren sollten niemals roh verzehrt werden, sondern nur in gekochter Form. Holunderbeeren sind roh giftig und verursachen durch ihren Gehalt an harzähnlichen Stoffen Brechreiz.

Kokos-Joghurt-Creme mit Granatapfel und Feige

Für 4 Personen
250 ml Kokosmilch
250 ml Sojamilch
40 g Johannisbrotkern-mehl
3 EL Vollrohrzucker
Schale ½ Bio-Zitrone
1 TL gehackter Ingwer
Zerstoßene Samen von 5 Kardamomkapseln
¼ TL Zimt
150 g Sojajoghurt
1 Granatapfel
1 Orange
1 Feige

Kokosmilch, Sojamilch, Johannisbrotkernmehl, Zucker, Zitronenschale, Ingwer, Kardamom und Zimt verquirlen, unter Rühren aufkochen und ca. 1 Minute leicht köcheln lassen. Den Topf in ein kaltes Wasserbad stellen, die Creme abkühlen lassen, dabei öfters umrühren. Den Sojajoghurt in die kalte Creme einrühren.

Granatapfel rundherum einritzen, aufbrechen und die Kerne ablösen. Orange schälen, filetieren, die Feige in Spalten schneiden und die Creme mit Granatapfelkernen, Orangenfilets und Feigenspalten garnieren.

Gesundheitsaspekt

Granatapfel: Diese Frucht verfügt über einen besonders hohen Anteil an Antioxidanzien, vor allem an Polyphenolen, die außerordentlich gesundheitsfördernd wirken. Polyphenole hemmen die Ausbreitung von Tumorzellen. Auch gegen Prostatakrebs scheinen diese Polyphenole eine schützende Wirkung zu besitzen.

Feigen:

- Feigen sind reich an verdauungsfördernden Enzymen, bakterientötenden Substanzen und Ballaststoffen (vor allem Pektin). Sie besitzen eine ausgewogene Kombination von Mineralstoffen (Kalzium und Kalium), Vitaminen (der B-Gruppe) und Eiweißbausteinen.

- Sie helfen gegen Müdigkeit, Leistungsschwäche und Antriebsarmut. Feigen stärken die Konzentration, verbessern die Stimmungslage und regulieren die Verdauung.
- Naturbelassene, getrocknete Feigen werden nach dem Trocknen nicht weiter behandelt. Man erkennt sie an dem weißen Überzug, der durch auskristallisierten Zucker gebildet wurde.

Kokosmilchreis

Für 4 Personen
7 EL Risottoreis
500 ml Reismilch
500 ml Kokosmilch
30 g Roh-Rohrzucker
1 Vanilleschote

Den Reis 5 Minuten kochen, bis die Reiskörner aufplatzen, abgießen und zusammen mit Reismilch, Kokosmilch, Zucker und Vanilleschote in einen großen Topf gießen. Auf kleiner Flamme etwa 15 Minuten quellen lassen, dabei öfters umrühren.

Gesundheitsaspekt

Jeder Teil der Kokosnuss ist wertvoll. Kokosnussmilch ist reich an Proteinen, Traubenzucker, Pflanzenfett und Vitaminen (vor allem B_1, E und C).

In der TCM geht man davon aus, dass Kokosmilch Wärme erzeugt, und dem Körper hilft, positive Körpersäfte zu produzieren und überflüssiges Wasser abzuleiten.

Kokosmilch wird die Fähigkeit zugeschrieben, den Blutfettgehalt zu senken. Das Fruchtfleisch der Kokosnuss kommt bei brüchigen Nägeln und mangelndem Haarwuchs zum Einsatz.

Lukas' Milchreis mit Früchten

Für 4 Personen
110 g Rundkornreis
1 l Reismilch
1 TL Vanillezucker
60 g Puderzucker
1 TL abgeriebene Zitronenschale
1 TL abgeriebene Orangenschale
20 g Haselnüsse
1 EL Vollrohrzucker
5 Minzeblättchen
300 g Beeren

In einem Topf Milch und Zucker bei schwacher Hitze aufkochen und solange rühren, bis sich der Zucker aufgelöst hat. Danach den gewaschenen Reis und die abgeriebene Zitronenschale dazugeben und unter ständigem Rühren aufkochen lassen. Auf kleinster Flamme ca. 1 Stunde kochen, bis eine dicklich weiße Masse entsteht, dabei öfters umrühren. Die Vanille unterrühren.

Den Reis in 4 feuerfeste Förmchen füllen, Zucker und gemahlene, geröstete Haselnüsse darüberstreuen. Im Backofen solange grillen, bis der Zucker schmilzt und sich eine leichte Bräune zeigt.

Mit frischen Beeren und den Minzeblättchen garnieren.

Angies Mousse au Chocolat

Für 4 Personen
200 g Seidentofu
60 g vegane Zartbitterschokolade
4 TL Pfeilwurzelstärke
1 Päckchen Vanillezucker
2 EL Grand Marnier

Die Schokolade im Wasserbad zergehen lassen, abkühlen. 4 gestrichene TL Pfeilwurzelstärke in etwas kaltem Wasser auflösen, die gelöste Stärke in 50 ml Wasser einrühren, langsam aufkochen, kurz köcheln lassen und in die Schokomasse einrühren. Den Seidentofu mit Zucker und Vanillezucker, sowie 2 EL Grand Marnier verrühren und vorsichtig darunterziehen.

Im Kühlschrank 5 bis 6 Stunden kühl stellen.

Obstsalat mit exotischen Früchten

Für 4 Personen
1 Mango
1 Ananas
1 Honigmelone
2 Papayas
6 Babybananen
4 Passionsfrüchte
3 unbehandelte Limetten
4 EL Vollrohrzucker
3 EL Macadamianüsse

Das Obst – mit Ausnahme der Limetten – in größere Stücke oder Streifen schneiden. Die Limetten achteln und in eine Schüssel auspressen, den Saft mit dem Zucker verrühren und über das Obst träufeln, zugedeckt etwa 1 Stunde ziehen lassen und gelegentlich umrühren.

Die Nüsse zerkleinern und in einer Pfanne ohne Fett rösten, bis sie duften, dann abkühlen lassen.

Schließlich die Passionsfrüchte halbieren, das Fruchtmark über dem Obst verteilen und den Salat mit den Nüssen garnieren.

Gesundheitsaspekt

Mango:

- Mango hat von allen Obstsorten den höchsten Gehalt an Vitamin A, das eine wichtige Rolle beim gesamten Stoffwechsel spielt, vitalisierend und euphorisierend wirkt.
- Außerdem sind Mangos reich an B- und C-Vitaminen. Vitamin C ist wichtig für das Bindegewebe und das Zahnfleisch.
- Das Fruchtfleisch der Mango enthält Niazin, das für Nerven und Schlaf von Bedeutung ist.
- Mangos enthalten außerdem Pantothensäure, die eine wichtige Rolle bei der Stressabwehr spielt und Mineralstoffe wie Kalzium, Eisen, Kalium und Magnesium.
- Mangos beugen Infektions- und Erkältungskrankheiten vor.

Melonen:

- Melonen enthalten Vitamin A, B_1, B_2, B_6 und C, außerdem Kieselsäure, Magnesium, Kalzium, Kalium, Eisen, Zink, Fluor, Kupfer, Folsäure, Pantothensäure, Nicotiamid und Pektin.
- Sie helfen bei der Reinigung und Entschlackung des Organismus, festigen das Bindegewebe und halten die Haut frisch und elastisch.

Passionsfrucht (Maracuja):

- Maracujas sind die Früchte der Passionsblumen und stammen aus Mittel- und Südamerika. Es gibt über 400 verschiedene Arten der Passionsblume.
- Sie haben einen hohen Anteil an Vitamin C, B_{12}, Kalzium und Eisen. Die Früchte haben eine beruhigende Wirkung und werden bei Schlafstörungen und nervösen Störungen eingesetzt.

Limetten:

- Die Limette enthält ätherische Öle, Mineralstoffe (Kalzium, Kalium, Natrium, Magnesium, Phosphor), Spurenelemente (Zink, Eisen), Folsäure sowie Vitamin A, C und E.
- Limetten wirken desinfizierend und krebsvorbeugend, lindern rheumatische Beschwerden und haben eine stimmungsaufhellende Wirkung. Außerdem stärken sie das Immunsystem.

Florians Orangen-Knusper-Scheiben

Für 4 Personen
1 Bio-Orange
70 g Roh-Rohrzucker
50 ml Wasser

Ein Backblech mit Backpapier belegen. Zucker mit Wasser aufkochen, die in sehr dünne Scheiben geschnittenen Orangenscheiben eintauchen, abtropfen lassen, auf das Backblech legen und im Backofen ca. 4 Stunden bei 100°C trocknen lassen, dabei mehrmals wenden.

Orangensalat

Für 4 Personen
4 Orangen
1 Granatapfel
50 g Pistazienkerne
3 EL Himbeeressig
1 EL Vollrohrzucker

Das Fruchtfleisch der Orangen in dünne Scheiben schneiden, den Saft dabei auffangen. Den Granatapfel vierteln und die Kerne aus den weißen Zwischenhäuten herauslösen.
Essig, Zucker und Orangensaft mischen und rühren, bis sich der Zucker aufgelöst hat.
Die Orangenscheiben in eine Schüssel geben, die Kerne des Granatapfels und die grob gehackten Pistazienkerne darüberstreuen, mit der Marinade beträufeln.

Quittengelee

Für 4 Personen
700 g Quitten
4 Zimtstangen
4 Nelken
500 g Vollrohrzucker

Quitten schälen, vierteln, Kerngehäuse entfernen. Je 2 Zimtstangen und Nelken in einen Teefilter füllen. Die Quitten in dünne Scheiben schneiden, mit Zucker und den Gewürzen in einen Schnellkochtopf ca. 10 Minuten stehen lassen, damit die Früchte Saft ziehen können.

Den Schnellkochtopf verschließen, die Quitten unter Druck 2 Minuten kochen, dann die Gewürze entfernen. Die Quitten mit einem Mixer pürieren, in eine Form gießen und fest werden lassen. Vor dem Servieren in Würfel schneiden.
Gekühlt hält sich das Quittengelee einige Monate.

Gesundheitsaspekt
Aufgrund des hohen Gehalts an Fruchtsäuren und Gerbstoffen nutzte bereits Hippokrates die Quitte als blutstillendes Mittel. Wichtige Inhaltsstoffe der Quitte sind Vitamin C, Gerbstoffe, Gerbsäure, Amygdalin, Emulsin, Pektin und Zink.
Die Heilwirkung der Quitte ist adstringierend, blutstillend, entzündungshemmend, erweichend, harntreibend, kühlend und schleimlösend.

Rhabarbercreme

Für 4 Personen
500 g Rhabarber
100 g Roh-Rohrzucker
1 TL abgeriebene Schale einer Bio-Zitrone
1 EL Zitronensaft
180 ml Hafersahne
200 g Seidentofu
1 EL Orangenlikör

Den Rhabarber in 2 cm breite Stücke schneiden. Zucker in einer Pfanne hell karamellisieren, von der Herdplatte nehmen, Rhabarberstücke hinzufügen, Orangenschale und Zitronensaft dazugeben und 10 Minuten ziehen lassen.
Die Hafersahne schlagen, mit dem Seidentofu und dem Orangenlikör mischen. Die Rhabarberstücke lagenweise mit der Tofumasse auf Dessertgläser verteilen.

Gesundheitsaspekt

Rhabarber hat einen hohen Gehalt an Oxalsäure. Diese Säure kann bei Nierensteinen oder bei Erkrankungen des Magen-Darm-Traktes Beschwerden verursachen. Oxalsäure blockiert außerdem die Resorption von Kalzium und Eisen aus der Nahrung.

Rhabarber hat aber auch einen hohen Gehalt an Mineralstoffen (Kalium, Kalzium, Magnesium, Eisen und Phosphor) und enthält zudem Zitronen- und Apfelsäure sowie Gerbstoffe und die leicht abführend wirkenden Anthrachinone. Rhabarber enthält Vitamin C und hat einen eher geringen Anteil an Provitamin A, Vitamin B_1, B_2 und B_6.

Der Kaliumreichtum des Rhabarbers wirkt entwässernd und sorgt für einen optimalen Nährstofftransfer vom Blut in die Körperzellen. Rhabarber wirkt verdauungsfördernd und blutreinigend. In China werden aus den Wurzeln des Rhabarbers Abführmittel hergestellt.

Sagopudding

Für 4 Personen

100 ml Kokosmilch
50 g Roh-Rohrzucker
400 ml Wasser
80 g Sago (Stärkekügelchen)
1½ TL Agar-Agar
1 TL gerieben Limettenschale

Puddingformen mit kaltem Wasser ausspülen. Kokosmilch und Zucker in einem Topf mit 400 ml Wasser aufkochen und mit Sago und Limettenschale auf kleinster Flamme ca. 30 Minuten köcheln lassen, bis eine dickliche glasige Masse entsteht. Agar-Agar mit der Masse verrühren, auf die Puddingformen verteilen und für 8 Stunden kalt stellen.

Salat mit Trockenfrüchten

Für 4 Personen
250 ml Wasser
200 g Vollrohrzucker
100 g getrocknete Aprikosen
50 g Rosinen
50 g Datteln
100 g getrocknete Apfelscheiben
100 g getrocknete Ananasscheiben
100 g kandierte Kürbisscheiben
3 Zimtrinden
4 Sternanis
2 Limetten

250 ml Wasser aufkochen, den Zucker, ebenso die Zimtrinden und den Sternanis hinzufügen und köcheln lassen bis sich der Zucker aufgelöst hat, danach abkühlen.
Die Limetten auspressen, den Saft mit dem Sirup vermengen, alle Trockenfrüchte dazugeben, mischen und über Nacht zugedeckt im Kühlschrank ziehen lassen.
Zimtstangen und Sternanis entfernen, mit zerkleinerten Walnusskernen garnieren.

Gesundheitsaspekt

Trockenfrüchte: Getrocknete Früchte haben gewissermaßen eine konzentrierte Pflanzenkraft, sie weisen einen hohen Anteil an Vitamin B, Kalium, Kalzium, Phosphor und Eisen auf. Sie sind ballaststoffreich und haben daher eine positive Wirkung auf die Darmtätigkeit. Außerdem gehören sie zu den basenbildenden Lebensmitteln.

Rosinen:

- Rosinen werden ursprünglich als Weinbeeren geerntet und anschließend getrocknet. Sie sind reich an Ballaststoffen, Vitaminen und Mineralien. Rosinen haben einen niedrigeren Feuchtigkeitsgehalt als Weintrauben und sind süßer. Sie enthalten allerdings viermal so viele Kalorien wie frische Weintrauben.
- Am vorteilhaftesten für die Gesundheit sind Korinthen, die aus blauen Trauben hergestellt

werden und sehr reich an krebsvorbeugenden Anthocyanen sind.

Datteln:

- Datteln haben einen hohen Gehalt an leicht verdaulichen Zuckerarten, an Eiweiß und Mineralsalzen (Kalzium, Kalium, Kupfer, Eisen und Phosphor). Sie enthalten alle Vitamine außer Vitamin E und Biotin. Besonders hoch ist die Konzentration von Vitamin B_5, das die Konzentration und die Vitalität fördert.
- Sie stimulieren die Blutbildung und den Zellstoffwechsel und fördern das Einschlafen und den erholsamen Schlaf.
- Datteln sind relativ kalorienreich.

Florians Schokopudding

Für 4 Personen

40 g Maisstärke
500 ml Mandelmilch
4 El Roh-Rohrzucker
3 EL veganes Kakaopulver

Maisstärke und Kakao mit ⅓ der kalten Milch glatt rühren. Die restliche Milch mit dem Zucker aufkochen, die glatt gerührte Masse dazugeben und unter ständigem Rühren nochmals aufkochen, etwa 1 Minute köcheln lassen.

Die Puddingmasse in die mit kaltem Wasser ausgespülten Formen füllen und auskühlen lassen.

Tiramisu

Für 8 Personen

250 g Tofu „natur“
1 Packung Zwieback
1 Packung Sojacreme
150 g Alsan-Butter (Kokosfett mit kaltgepresstem Zitronenöl, cholesterinfrei, reich an Vitaminen und frei von Milchbestandteilen)
2 EL Rum
Saft von zwei Orangen
Gesüßter schwarzer Kaffee
Kakaopulver
6 EL Roh-Rohrzucker

Tofu mit Alsan-Butter, Zucker, Sojacreme, Rum und Orangensaft im Mixer zu einer glatten Creme verrühren.
Zwiebackscheiben einzeln in Kaffee tauchen und in einer Auflaufform auflegen, bis der Boden bedeckt ist. Ein Drittel der Creme darüber verteilen und bis an die Ränder verstreichen. Diese beiden Schritte wiederholen, bis insgesamt drei Schichten Zwieback mit Creme in die Form gefüllt sind (oberste Schicht Creme).
Das Tiramisu mit Kakaopulver bestreuen und vor dem Servieren einige Stunden im Kühlschrank kaltstellen.

Vanillecreme mit Himbeeren

Für 4 Personen

500 g Seidentofu
1 ml Vanilleextrakt
30 g Roh-Rohrzucker
30 ml Sojadrink
1 Handvoll Himbeeren

Seidentofu, Vanilleextrakt, Roh-Rohrzucker und Sojadrink mit dem Mixer zu einer cremigen Masse pürieren und mit den Himbeeren garnieren.

Zwetschgenröster

Für 4 Personen
1 kg Zwetschgen
200 g Vollrohrzucker
⅛ l Wasser
2 Nelken
1 Zimtrinde
Saft und Schale einer Bio-Zitrone

Wasser und Zucker mit den Gewürzen aufkochen. Die halbierten und entkernten Zwetschgen dazugeben und solange kochen, bis die Früchte zu zerfallen beginnen und die Schalen sich einrollen, dabei öfters umrühren.

Gesundheitsaspekt

Zwetschgen sind eine Pflaumenart. Sie haben einen hohen Anteil an Vitamin A, B_1, B_2, C, Eisen, Kalzium, Kalium, Magnesium, Silizium, Phosphor, Fruchtsäuren und Pektin.
Sie wirken unterstützend bei Nieren- und Lebererkrankungen, bei der Neigung zu Arterienverkalkung und bei der Reinigung des Verdauungssystems von angefallenen Stoffwechselschlacken. Ungeschwefelte Dörrzwetschgen wirken gegen Verstopfung und Hämorrhoidenleiden. Sie sollten über Nacht in Wasser eingeweicht und am Morgen nüchtern gegessen werden.

Kompotte und Marmeladen

Rhabarberkompott (▸ S. 267)

Kompotte

Vaters Apfelkompott

Für 4 Personen
8 Äpfel
½ Glas Wasser
1 EL Roh-Rohrzucker
Saft einer Limette
2 Prisen Zimt
1 Vanilleschote

Die Äpfel schälen und kleinblättrig schneiden und zusammen mit ½ Glas Wasser, Zucker, Limettensaft, Zimt und der längs halbierten Vanilleschote in einen Topf geben. Die Zutaten 30 Minuten auf kleiner Flamme köcheln lassen, die Vanilleschote herausnehmen und abkühlen lassen.

Allis Kiwikompott

Für 4 Personen
400 g Kiwis
100 ml Weißwein
40 g Roh-Rohrzucker
3 Sternanis

Weißwein mit Zucker und Anis aufkochen. Kiwis schälen und grob würfeln, zum Sud dazugeben und auf kleiner Flamme zugedeckt köcheln, bis die Kiwiwürfel weich erscheinen.

Mamas Preiselbeerkompott

Für 1 Kilo Kompott
1 kg Preiselbeeren
500 g Roh-Rohrzucker
500 ml Rotwein

Zucker und Rotwein 15 Minuten einkochen, Preiselbeeren dazugeben und auf kleiner Flamme etwa 10 Minuten langsam, unter gelegentlichem Umrühren, köcheln lassen.

Gesundheitsaspekt

Preiselbeeren werden auch „das rote Gold des Nordens" genannt. Sie haben einen hohen Anteil an Vitamin C, A, B und E und enthalten außerdem wichtige Mineralstoffe (Kalium, Kalzium, Phosphor, Magnesium, Eisen).

Sie enthalten zusätzlich kondensierte Tannine (Proanthocyanidine), die die Anbindung des Bakteriums *Escherichia coli* an die Zellen des Harntraktes verhindern. Dadurch setzen sich die Bakterien nicht in Blase und Niere fest und werden mit dem Urin ausgeschwemmt. Eine drohende Infektion wird also bereits im Vorfeld verhindert.

Preiselbeeren haben einen hohen Anteil an Chinasäure. Diese Säure bewirkt im Magen-Darm-Trakt eine vermehrte Bildung von Tryptophan, hat somit einen günstigen Einfluss auf den Serotonin-Stoffwechsel und kann daher bei Depressionen helfen.

Rhabarberkompott

Für 4 Personen

500 g Rhabarber
500 ml Orangensaft
Saft einer Zitrone
8 EL Orangenlikör
120 g Roh-Rohrzucker
1 Päckchen Vanillezucker

Zucker, Orangensaft, Vanillezucker und Orangenlikör aufkochen und 15 Minuten unter Rühren köcheln lassen.

Rhabarber putzen, waschen und in ca. 1,5 cm große Stücke schneiden. Die Stücke zum Saft geben und 5 Minuten unter Rühren köcheln lassen, den Saft einer Zitrone hinzufügen. (► Foto S. 264/265)

Gerhards Zwetschgenkompott

Für 4 Personen
150 g getrocknete Zwetschgen
250 ml Früchtetee
150 ml Rotwein
1 EL Agavendicksaft

Früchtetee mit Rotwein mischen und Zwetschgen darin über Nacht einweichen. Zwetschgen herausnehmen, die Flüssigkeit auf ein Drittel einkochen, 1 EL Agavendicksaft einrühren und über die Zwetschgen gießen.

Marmeladen

Bananenmarmelade mit Kiwi

Für 5 Gläser à 200 ml
650 g Kiwifruchtfleisch
650 g geschälte Bananen
Saft einer Zitrone
1 kg Bio-Gelierzucker

Kleingeschnittenes Kiwifruchtfleisch mit in Scheiben geschnittenen Bananen und dem Zitronensaft vermengen, Gelierzucker untermischen und zugedeckt 3 Stunden ziehen lassen. Die Fruchtmasse mit dem Mixer pürieren, in einen großen Topf umfüllen und unter Rühren aufkochen. 3 bis 4 Minuten sprudelnd kochen lassen und noch heiß in saubere Schraubgläser füllen, verschließen und 20 Minuten auf den Kopf stellen.

Holunderblütengelee mit Limettenscheiben

Für 5 Gläser à 200 ml
500 ml Weißwein
500 ml Wasser ►

Weißwein, Wasser und Holunderblüten in einem großen Topf kurz aufkochen. Anschließend von der Herdplatte nehmen und 6 Stunden ziehen las-

2 Handvoll abgezupfte Holunderblüten
1 kg Bio-Gelierzucker
1 Msp. Zitronensäure
2 Bio-Limetten in Scheiben geschnitten

sen. Die Flüssigkeit abgießen und mit dem Gelierzucker und der Zitronensäure vermischen. Dann erneut aufkochen und ca. 7 Minuten köcheln lassen. Limettenscheiben dazugeben, noch einmal kurz aufkochen, noch heiß in saubere Schraubgläser füllen, verschließen und 20 Minuten auf den Kopf stellen.

Ingwermarmelade

Für 5 Gläser à 200 ml
250 g frische geschälte Ingwerknolle
750 ml Weißwein
2 EL Zitronensaft
½ kg Bio-Gelierzucker
1 Msp. Zitronensäure

In Scheiben geschnittene Ingwerknolle, Weißwein und Zitronensaft 30 Minuten köcheln und zugedeckt über Nacht ziehen lassen. Am nächsten Tag in einen großen Topf abgießen, die Ingwerscheiben im Mixer pürieren und gemeinsam mit der aufgefangenen Flüssigkeit, dem Gelierzucker und der Zitronensäure aufkochen und 3 bis 5 Minuten sprudelnd kochen. Noch heiß in saubere Schraubgläser füllen, verschließen und 20 Minuten auf den Kopf stellen.

Silvias Kiwimarmelade

Für 5 Gläser à 200 ml
1 kg geschälte Kiwis
1000 g Gelierzucker

Kiwi in kleine Würfel schneiden, mit dem Mixer pürieren und mit dem Gelierzucker verrühren. Danach aufkochen lassen und 3 bis 5 Minuten sprudelnd kochen. Noch heiß in saubere Schraubgläser füllen, verschließen und 20 Minuten auf den Kopf stellen.

Kürbismarmelade

Für 4 Gläser à 500 ml
1½ kg Kürbis
500 g Bio-Gelierzucker
1 walnussgroßes Stück geschälte Ingwerwurzel
1 Zitrone
1 Orange
100 l Apfelsaft
1 Päckchen Zitronensäure

Kürbis schälen und das Fruchtfleisch in schmale Spalten schneiden. Den Ingwer in kleine Würfel schneiden.
Die Orange und die Zitrone auspressen, den Saft gemeinsam mit dem Apfelsaft und den Ingwerwürfeln zum Kürbis geben und alles zum Kochen bringen. Dabei öfters umrühren und solange kochen, bis das Kürbisfruchtfleisch weich ist. Danach den Gelierzucker und die Zitronensäure einrühren und das Ganze 4 Minuten sprudelnd kochen lassen. Dabei gelegentlich umrühren, damit die Marmelade nicht anbrennt.
Noch heiß in saubere Schraubgläser füllen, verschließen und 20 Minuten auf den Kopf stellen.

Mango-Kiwi-Ingwer-Marmelade

Für 3 Gläser à 150 ml
300 g Mangofruchtfleisch
200 g geschälte Kiwis
1 walnussgroßes Stück geschälter Ingwer
500 g Bio-Gelierzucker

Früchte würfeln, Ingwer fein hacken, alles mit dem Mixer pürieren und mit dem Gelierzucker unter Rühren zum Kochen bringen, 3 bis 5 Minuten sprudelnd kochen lassen, noch heiß in saubere Schraubgläser füllen, verschließen und 20 Minuten auf den Kopf stellen.

Powidl

Für 10 Gläser à 250 ml
2,5 kg vollreife Zwetschgen
Abgeriebene Schale zweier Bio-Zitronen
Ca. 6 cm geschälte Ingwerknolle
1 TL Pimentpulver

Die Zwetschgen entsteinen, in einen großen Topf füllen und bei mittlerer Hitze ca. 1 Stunde solange kochen, bis sie ganz weich sind, dabei sollte ständig gerührt werden. Danach die Masse durch ein Sieb drücken, sodass nur mehr die Schalen im Sieb zurückbleiben. Das Mus wieder in den Topf füllen.
Die abgeriebenen Zitronenschalen dazugeben, ebenso die ganz fein geriebene Ingwerknolle und das Pimentpulver, gut verrühren und das Mus bei schwacher Hitze einkochen, bis eine dicke, schwarze Masse entsteht. Dies dauert ca. 1½ Stunden, dabei häufig umrühren, damit das Mus nicht anbrennt. Die Masse noch heiß in saubere Schraubgläser füllen, verschließen und 20 Minuten auf den Kopf stellen, kühl und dunkel aufbewahren.

Quittengelee

Für 5 Gläser à 200 ml
1 kg Quitten
½ Vanillestange
¼ l Weißwein
250 g Roh-Rohrzucker
30 g Apfelpektin

Das Quittenfruchtfleisch klein würfeln, Wasser aufgießen, sodass die Früchte bedeckt sind, zum Kochen bringen und ca. 45 Minuten köcheln lassen. Dabei öfters umrühren. Danach durch ein Sieb drücken, den gewonnenen Saft mit den übrigen Zutaten 2 bis 3 Minuten kochen, noch heiß in saubere Schraubgläser füllen, verschließen und 20 Minuten auf den Kopf stellen.

Rosenmarmelade

Für 3 Gläser à 250 ml

500 ml Wasser

300 g Blätter von duftenden, ungespritzten Freilandrosen

500 g Bio-Gelierzucker

1 Limette

1 Prise Zimtpulver

500 ml Wasser zum Kochen bringen, die Rosenblätter dazugeben und 5 Minuten köcheln lassen, danach die Rosenblätter wieder entfernen. Den Gelierzucker einrühren und die Flüssigkeit 5 Minuten köcheln lassen. Schließlich den Limettensaft und das Zimtpulver unterrühren, nochmals kurz aufkochen. Noch heiß in saubere Schraubgläser füllen, verschließen und 20 Minuten auf den Kopf stellen.

Gesundheitsaspekt

Rosenblätter enthalten Tannin und ein natürliches Antibiotikum, weshalb sie ein Heilmittel für alle Rekonvaleszenten sind. Je dunkler die Farbe der Rosenblätter, desto wirkungsvoller ist ihre Heilkraft.

Gebäck und Kuchen

Haferkekse mit Preiselbeeren (▸ S 278)

Apfelkuchen mit Weihnachtsgewürz

Für den Teig

160 g Sojabutter
320 g fein gemahlener Weizen
80 g Ahornsirup
1 Prise Salz
3 EL Zitronensaft
3–5 EL kaltes Wasser
1 kg Trockenerbsen zum Vorbacken

Belag

50 g fein gehackte Haselnüsse
50 g getrocknete Aprikosen
1 kg Äpfel
2 TL Lebkuchengewürz
1 TL Zitronenschale
3 EL Zitronensaft
2 EL Ahornsirup

Den Backofen auf 180°C vorheizen.

Die Butter mit dem Mehl zu Krümeln verarbeiten, Ahornsirup, Salz, Zitronensaft und Wasser dazugeben und zu einem Teig verkneten. Zwei Drittel des Teigs mit wenig Mehl zu einem Kreis mit einem Durchmesser von etwa 32 cm ausrollen. Die gebutterte Springform (28 cm Durchmesser) damit auslegen und einen ca. 3 cm dicken Rand bilden. Eine Stunde kühl stellen.

Restliches Teigdrittel ausrollen und kleine Sterne ausstechen.

Für den Belag Äpfel in 3 bis 4 mm dicke Spalten schneiden, Aprikosen fein würfeln, mit den Haselnüssen, dem Lebkuchengewürz, der Zitronenschale, dem Zitronensaft und dem Ahornsirup vermischen.

Den Teig in der Backform mit Backpapier belegen, die Trockenerbsen darauf verteilen und den Teig 12 bis 15 Minuten vorbacken, danach Backpapier und Erbsen wieder entfernen.

Den Belag auf dem Teig verteilen, Oberfläche mit den Sternen belegen und im vorgeheizten Backofen 30 bis 40 Minuten backen, bis die Äpfel weich sind und die Oberfläche leicht gebräunt ist.

Aprikosen-Mandel-Konfekt

Für ca. 20 Kugeln

300 ml Wasser
50 g getrocknete Aprikosen ►

300 ml Wasser mit einer Prise Salz aufkochen, Polenta einrühren und unter ständigem Rühren aufkochen. Die Polenta zugedeckt auf kleiner Flamme

50 g geröstete, geriebene Mandeln
100 g Polenta (Maisgrieß)
Saft einer Orange
2 EL Zitronensaft
½ TL abgeriebene Zitronenschale
½ TL Zimt
1–2 EL Ahornsirup
3 EL Kokosflocken
1 Prise Salz

etwa 5 Minuten köcheln, bis ein fester Brei entstanden ist. Orangensaft zugeben und quellen lassen.
Die Aprikosen fein würfeln, mit Polenta, Mandeln, Zitronensaft und -schale, Zimt und Ahornsirup vermischen.
Mit nassen Händen kleine Kugeln formen, in Kokosflocken wälzen und antrocknen lassen.

Birnenkuchen

Zutaten
650 g Birnen
430 g Weizenmehl
180 ml Kokosöl
100 ml Ahornsirup
3 TL Backpulver
Abgeriebene Schale einer Bio-Zitrone
Salz

100 ml Ahornsirup, Salz und abgeriebene Zitronenschale gut verrühren.
380 g Weizenmehl, mit 3 TL Backpulver und dem Ahornsirupgemisch vorsichtig verrühren.
650 g Birnen in dünne Scheiben schneiden. Ein Drittel des Teigs in eine gefettete Tortenform (28 cm Durchmesser) einfüllen, darauf die Hälfte der Birnenscheiben verteilen.
Danach das zweite Drittel des Teigs ausgerollt darüberlegen. Den Rest der Birnen darauf verteilen und mit einer Teigschicht abschließen.
Das Kokosöl auf den Teig streichen, im vorgeheizten Backofen bei 200°C ca. 45 Minuten backen.

Haferkekse mit Preiselbeeren

Für ca. 30 Stück
25 g Haferflocken
50 ml Hafermilch
250 g Sojabutter
150 g Vollrohrzucker
1 Päckchen Vanillezucker
150 g Walnusskerne
200 g getrocknete Preiselbeeren
200 g Mehl
2 EL Sojamehl
1 TL Backpulver

Die Haferflocken in der Milch einweichen.
Butter, Zucker und Vanillezucker schaumig rühren, dann das Sojamehl unterrühren. Mehl und Backpulver mischen. Die Haferflocken, Preiselbeeren, gehackten Walnusskerne und die Mehlmischung unter die Buttermasse rühren.
Aus der Masse Kugeln formen, auf ein mit Backpapier belegtes Backblech geben und leicht flach drücken. Im vorgeheizten Backofen 12 bis 15 Minuten bei 180°C goldbraun backen. (► Foto S. 274/275)

Himbeer-Tofu-Muffins

Für ca. 12 Stück
200 g fester Tofu
200 g Himbeeren
250 ml ungesüßten Sojadrink
1 EL Sojabutter
½ TL Zimt
70 g Weizenvollkorngrieß
3 EL Seidentofu
40 g Vollrohrzucker
Schale einer Bio-Zitrone
Schale ½ Bio-Orange

Himbeerglasur
200 g Himbeeren ►

Muffinförmchen einfetten und mit Semmelbröseln ausstreuen.
Den festen Tofu, 125 ml Sojadrink, Vanillezucker, 1 EL Sojabutter und Zimt mit dem Mixer pürieren.
125 ml Sojadrink aufkochen, Grieß einrühren und unter ständigem Rühren so lange köcheln lassen, bis eine dickliche Masse entsteht. Den Grießbrei mit der Tofucreme verrühren.
3 EL Seidentofu, Vollrohrzucker, abgeriebene Orangen- und Zitronenschale schaumig rühren und unter die Grieß-Tofumasse ziehen, die Himbeeren ebenfalls untermischen.
Die Muffinmasse in die Förmchen füllen und im vorgeheizten Backofen auf der mittleren Schiene

Saft ½ Bio-Orange
2 EL Roh-Rohrzucker
1 Päckchen Naturvanillezucker
½ TL Agar-Agar-Pulver
80 ml Sojasahne

bei 180°C 30 Minuten backen. Auskühlen lassen, mit der Himbeerglasur bestreichen und mit einigen Himbeeren garnieren.

Johannisbeeraugen

Für ca. 50 Stück
500 g Sojabutter
600 g glattes Mehl
150 g Puderzucker
30 g Vanillezucker
130 g geriebene Haselnüsse
Johannisbeermarmelade

Mehl, Sojabutter, geriebene Haselnüsse, Puderzucker und Vanillezucker zu einem Teig verkneten und ½ Stunde ruhen lassen.
Den Teig ausrollen und daraus Kreise und Ringe in derselben Größe ausstechen.
Backblech mit Backpapier auslegen und die Kekse darauflegen. Im vorgeheizten Backofen bei 180°C 10 Minuten backen, auskühlen lassen.
Die Scheiben mit Johannisbeermarmelade bestreichen und die mit Puderzucker bestäubten Ringe daraufsetzen.

Kardamomkekse

Für ca. 50 Stück
90 g Weizenvollkornmehl
60 g Vollrohrzucker
60 g geschälte, gemahlene Mandeln
1 Prise Salz
1½ TL Kardamompulver
1 Vanilleschote ▸

Mehl, Zucker, Mandeln, Kardamom, ausgeschabtes Mark einer Hälfte der Vanilleschote, Butter und Hafersahne zu einem Teig verkneten. Den Teig halbieren, zu Rollen formen und diese zugedeckt 1 Stunde kalt stellen. Danach die Rollen in 1 cm dicke Scheiben schneiden und auf ein mit Backpapier belegtes Backblech legen, mit der Gabel eine Kerbe in die Mitte der Kekse drücken.

60 g Sojabutter
1 EL Hafersahne
Etwas Mehl zum Formen
50 g Puderzucker
1 EL Wasser

Kekse auf der mittleren Schiene des vorgeheizten Backofens bei 180°C etwa 12 Minuten backen. Puderzucker mit 1 EL Wasser und dem ausgeschabten Mark der zweiten Hälfte der Vanilleschote glatt rühren, Kekse damit bestreichen.

Saftiger Karottenkuchen mit Zitronenglasur

Für 8 Personen
80 g Karotten
200 g Sojajoghurt „natur“
200 g Mehl
180 g Vollrohrzucker
2 Päckchen Vanillezucker
1 TL Natron
1 TL Backpulver
1 TL Zimt
½ TL Salz
100 ml Öl
100 g Puderzucker
3 EL Zitronensaft
1 EL heißes Wasser

Mehl, Zucker, Vanillezucker, Natron, Backpulver, Zimt und Salz in einer Schüssel gut vermengen. In einer anderen Schüssel die geraspelten Karotten, den Sojajoghurt und das Öl gründlich vermischen. Das Mehlgemisch vorsichtig zum Karottengemisch dazugeben und mit dem Rührlöffel von Hand so lange vorsichtig rühren, bis die Zutaten vollständig vermischt sind.

Das Gemisch in eine gefettete Kuchenform (24 cm Durchmesser) geben, glatt streichen und im vorgeheizten Backofen bei 180° C 30 bis 35 Minuten backen. Den Kuchen auskühlen lassen, mit Puderzucker bestreuen oder mit einer Zitronenglasur (100 g Puderzucker, 3 EL Zitronensaft, 1 EL heißes Wasser) bestreichen.

Kletzenbrot

Für 9 kleine Brote
750 g Kletzen (getrocknete Birnen) ▸

Kletzen von den Stielen befreien und mit Wasser bedeckt ca. 30 Minuten kochen. Die Kletzen abgießen und das Kochwasser aufheben. Die Rosinen

150 g getrocknete Feigen
150 g Walnüsse
150 g Rosinen
Schale einer Bio-Zitrone
1 Pkg. Lebkuchengewürz
½ TL Zimt
½ TL Kardamom
1 TL Brotgewürz
1 TL Salz
100 ml Rum
100 ml Mandelmilch
42 g Hefe
110 g Roh-Rohrzucker
500 g glattes Mehl
Ca. 45 geschälte Mandelkerne

waschen und abtropfen lassen. Kletzen und Feigen klein schneiden, mit grob gehackten Nüssen, Rosinen, Gewürzen, Rum und 175 ml Kletzenwasser vermischen und ca. 2 Stunden ziehen lassen.
Die Mandelmilch erwärmen, mit der Hefe und einer Prise Zucker glatt rühren, mit wenig Mehl zu einem dickflüssigen Brei verrühren. Den Teig mit Mehl bestreuen und an einem warmen Ort ca. 15 Minuten aufgehen lassen, danach mit Mehl und der Fruchtmischung vermengen und kräftig verkneten.
Den Teig in 9 Portionen teilen und daraus Zöpfe oder Laibe formen.
Auf zwei mit Backpapier belegte Backbleche legen. Oberfläche der Teiglaibe mit nassen Händen glatt streichen, mit geschälten Mandelkernen belegen. An einem warmen Ort mindestens 1 Stunde gehen lassen.
Kletzenbrote im vorgeheizten Backofen bei 160°C auf der mittleren Schiene 40 Minuten backen.

Linzer Torte

Zutaten
200 g Weizenvollkornmehl
½ TL Weinsteinbackpulver
200 g geröstete, geriebene Haselnüsse
120 g Vollrohrzucker
½ TL Salz ►

200 g Weizenvollkornmehl mit ½ TL Weinsteinbackpulver mischen und 200 g geröstete, geriebene Haselnüsse dazugeben. 120 g Vollrohrzucker, ½ TL Salz, 1 TL Zimt und ½ TL Nelkenpulver unter das Mehl rühren. Das gekühlte Kokosfett reiben, über die Mehl-Gewürzmischung streuen und die Zutaten vermengen. Nach und nach Kirschwasser und Rosenwasser einrühren und zu einem nicht kleb-

1 TL Zimt
½ TL Nelkenpulver
150 g Kokosfett
2 EL Kirschwasser
60 ml Rosenwasser
½ TL abgerieben Schale einer Bio-Zitrone
1 TL Vanillezucker
250 g Johannisbeermarmelade
Etwas Haferdrink

rigen, sondern geschmeidigen Teig verarbeiten, dabei nicht kneten.
Eine Hälfte des Teigs zwischen zwei Lagen Backpapier ausrollen, oberes Backpapier abziehen. Teigplatte mit der unbedeckten Seite nach unten in die eingefettete Springform (28 cm Durchmesser) legen. Den Teig am Innenrand der Springform etwas hochdrücken und einen Rand formen. Tortenform gemeinsam mit der anderen Teighälfte für ½ Stunde in den Kühlschrank stellen.
Backpapier vom Teig in der Springform abziehen, Teig mit einer Gabel mehrmals einstechen. Johannisbeermarmelade kurz erwärmen, glatt rühren und auf den Teigboden streichen.
Aus dem restlichen Teig kleine Stränge rollen und ein Gitter auf die Marmelade legen, das Teiggitter mit Haferdrink bepinseln.
Im vorgeheizten Backofen bei 160°C etwa 40 bis 50 Minuten backen.

Mühlis Apfelbrot

Zutaten
750 g Äpfel
250 g Feigen
250 g Rosinen
150 g Nüsse
250 g Roh-Rohrzucker
100 ml Rum
500 g Mehl
½ Päckchen Backpulver
Je ¼ TL Zimt-, Nelken- und Pimentpulver ▸

Äpfel mit der Schale raspeln, die Feigen klein schneiden, mit den Rosinen, dem Zucker und dem Rum vermischen und über Nacht stehen lassen. Am nächsten Tag Mehl und Backpulver mischen und zu der Apfelmischung geben, verrühren, die Gewürze hinzufügen, alles gut verkneten und in die beiden eingefetteten Kastenformen (Größe 30 × 12 cm) füllen. Im vorgeheizten Backofen bei 170°C 1½ Stunden backen.

1 EL veganes Kakaopulver
1 Prise Salz

Orangenkekse

Für 2 Backbleche
100 g Sojabutter
60 g Roh-Rohrzucker
Abgeriebene Schale einer ½ Bio-Zitrone
1 Msp. Vanillepulver
60 ml Sojadrink
150 g Bio-Weizenmehl

Sojabutter, Zucker, Orangenschale und Vanillepulver 5 Minuten schaumig schlagen, den Sojadrink langsam dazugießen, danach das Mehl einarbeiten. Den Teig in eine Garnierspritze füllen und die Kekse münzgroß auf zwei mit Backpapier ausgelegte Backbleche spritzen.

Die Kekse 8 bis 9 Minuten im vorgeheizten Backofen bei 200°C backen, bis sie am äußeren Rand braun werden.

Panforte

Zutaten
200 g Walnüsse
300 g ganze Mandelkerne
400 g kandierte Früchte (Orangeat, Zitronat etc.)
2 gehäufte TL Zimtpulver
Je ½ TL Nelkenpulver, Muskatpulver, Pfeffer
2 gehäufte TL veganes Kakaopulver
150 g Agavendicksaft
150 g Roh-Rohrzucker
150 g Mehl
Puderzucker, Vanillezucker

Die Hälfte der Walnüsse und Mandeln grob hacken, kandierte Früchte sehr klein schneiden, mit den Gewürzen und dem Kakaopulver mischen.

Den Agavendicksaft und den Zucker vermischen und erhitzen. Die Früchte, Mandeln und Walnüsse und das Mehl einrühren und die Masse verkneten.

Die eingefettete Springform (28 cm Durchmesser) mit Backpapier auslegen, den Teig einfüllen und mit befeuchteten Händen in die Form drücken. Im vorgeheizten Backofen auf der mittleren Schiene bei 170°C etwa 30 Minuten backen, noch warm mit einer Mischung aus Puderzucker und Vanillezucker bestäuben.

Preiselbeerkuchen

Für den Teig
200 g Dinkelmehl
25 g Puderzucker
175 g Sojabutter
3 EL Pfeilwurzelstärke mit 1 EL Wasser verrührt
Trockenerbsen zum Vorbacken

Belag
400 g Preiselbeeren
2 EL Preiselbeergelee
200 g Gelierzucker
2 EL Brandy

Mehl mit Puderzucker mischen, Sojabutter hinzufügen und mit dem Mehl vermischen. 3 EL Pfeilwurzelstärke mit 1 EL Wasser verrührt dazugeben und zu einem Teig verarbeiten. Den Teig zwischen zwei Klarsichtfolien auf Größe der Kuchenform ausrollen und in die mit Backpapier ausgelegte Springform (26 cm Durchmesser) legen, 30 Minuten kühl stellen.
Den Teig mit Backpapier belegen, Trockenerbsen darauf verteilen und zum Vorbacken auf der mittleren Schiene des vorgeheizten Backofens 30 Minuten bei 190°C backen. Bohnen und Backpapier entfernen, den Teigboden aus der Form nehmen und auf eine Kuchenplatte legen.
Für den Belag Preiselbeeren, Preiselbeergelee und den Gelierzucker 2 bis 3 Minuten bei starker Hitze sprudelnd kochen, den Brandy einrühren, abkühlen lassen und die Masse auf den Teig gießen.

Quinoa-Vanillekipferl

Für ca. 50 Stück
190 g Sojabutter
70 g Roh-Rohrzucker
1 Päckchen Vanillezucker
100 g Quinoaflocken
250 g Maismehl
1 Prise Salz
3 Päckchen Vanillezucker

Den Backofen auf 170°C vorheizen.
Butter mit Vanillezucker, Quinoaflocken, Mehl und Salz verkneten. Den Teig in Klarsichtfolie wickeln und mindestens 1 Stunde kühl stellen.
Backblech mit Backpapier auslegen. Vom Teig walnussgroße Stücke abbrechen und zu Kipferln formen, auf das Blech setzen und im vorgeheizten Backofen auf der mittleren Schiene 12 Minuten bei 170°C backen, noch warm in Vanillezucker wenden.

Christian Geisers Salzburger Nockerl

Für 3–6 Personen
300 ml Wasser
12 g vegetabiles Protein (aufschlagbar)
180 g Vollrohrzucker
25g Xanthan (optional)
35 g Puderzucker
1 Bio-Zitrone
½ Vanilleschote
90 ml Wasser
90 g Zucker
215 ml Wasser
8 g Agar-Agar
40 g Maisstärke
40 ml Wasser
1 Msp. Kurkuma (Gelbwurz)
1 Msp. dunkle Karamelle
Himbeermark oder Johannisbeermarmelade

(1) 300 ml Wasser, vegetabiles Protein und Vollrohrzucker in einer Schüssel anrühren und 10 Minuten quellen lassen.
(2) Xanthan (optional), Puderzucker und Zesten (hauchdünne Streifen der Fruchtschale) der Zitrone in einer anderen Schüssel gut vermischen.
(3) 90 ml Wasser und 90 g Zucker in einen Topf geben und köcheln lassen, bis die Flüssigkeit eindickt.
(4) 215 ml Wasser aufkochen, Agar-Agar einrühren und köcheln lassen.
(5) Maisstärke, 40 ml Wasser, Kurkuma (Gelbwurz) und Karamelle in einer Tasse glattrühren.
(1) und (2) mit dem Mixer aufschlagen, (3) nach und nach eingießen, (4) dazugeben, (5) mit etwas Schnee angleichen und langsam unterheben.
Auf ein Backblech 3 Häufchen mit Himbeermark oder Johannisbeermarmelade setzen. Mit einer Teigkarte 3 Nockerl großzügig aufhäufen. Im vorgeheizten Backofen bei mindestens 220°C 4 Minuten goldgelb backen. Mit Puderzucker bestreuen und heiß servieren.
Dazu passt Vanille-Schokoladensoße.

Sesam-Walnuss-Krokant („Zhima hetao tang")

Für 1 Backblech

250 g schwarzer Sesam (eventuell gemahlen)
250 g Walnusskerne
500 g Vollrohrzucker

In einer großen Pfanne zerkleinerte Walnusskerne und Sesam rösten, bis sie duften.

In einer anderen großen Pfanne Zucker langsam erhitzen und so lange rühren, bis der ganze Zucker geschmolzen ist, die Walnuss-Sesam-Mischung rasch unterrühren. Die zähflüssige Karamellmasse auf ein mit Backpapier belegtes Backblech gießen und zügig ca. ½ cm dick verstreichen. 30 Minuten abkühlen lassen, danach in kleine Stücke schneiden.

Gesundheitsaspekt

Schwarzer Sesam ist die Urform des Sesams und gilt als Lebensmittel zur Förderung des Knochen- und Knorpelaufbaus. Im Westen ist eigentlich nur der weiße Sesam bekannt, die inhaltliche Zusammensetzung des schwarzen Sesams ist jedoch weitaus wertvoller. Vor allem die Kombination aus den schwefelhaltigen Aminosäuren Cystein, Methionin und Taurin sowie den Mineralstoffen Kalzium und Magnesium macht den schwarzen Sesam so wertvoll.

Schwarzer Sesam wird zur Straffung und Stärkung des Gewebes verwendet, er unterstützt bei Wechseljahrsbeschwerden, verbessert das Hautbild. Sesam verbessert geistiges und körperliches Wohlbefinden und verbessert die Konzentrationsfähigkeit. Er wird auch zur Vorbeugung von Alzheimer eingesetzt.

„Zhima hetao tang" ist ein altes Geheimrezept aus China, das unter anderem gegen frühzeitiges Ergrauen des Haars hilft.

Walnusstarte

Zutaten
200 g Walnusskerne
200 ml Ahornsirup
400 g Seidentofu
1 Päckchen Vanillezucker
4 TL Pfeilwurzelstärke
1 Pkg. veganer Blätterteig

Walnüsse grob hacken und mit dem Ahornsirup in einem Topf 2 Minuten kochen, abkühlen lassen.
Seidentofu mit Vanillezucker und der Pfeilwurzelstärke glatt rühren. Die Blätterteigplatten übereinanderlegen und ausrollen. Den Teig in eine mit Backpapier ausgelegten Springform (28 cm Durchmesser) legen und den Boden mit einer Gabel mehrfach einstechen. Zuerst die Tofumasse, danach die Walnussmasse einfüllen. Den Teig rundum 2 cm über der Füllung abschneiden.
Die Tarte im vorgeheizten Backofen bei 200°C auf der untersten Schiene 25 Minuten backen (Ober- und Unterhitze). Mit Alufolie abdecken und weitere 10 Minuten backen.

Eis und Sorbets

Kaffeeparfait (► S. 291)

Eis, Sorbet, Parfait und Granité sind unterschiedliche Arten von gefrorenen Desserts. Ein Sorbet ist ein Eisgetränk von fruchtiger Beschaffenheit. Ein Parfait ist ein gehaltvolles Sahneeis und ein Granité zeichnet sich dadurch aus, dass es halbgefroren ist.

Basilikum-Zitronen-Sorbet

Für 4 Personen
1 l Wasser
1 kg Roh-Rohrzucker
Saft von 10 Zitronen
Abrieb von 4 Bio-Zitronen
250 g Basilikum
500 g Erdbeeren
2 EL Cassis (schwarzer Johannisbeerlikör)

Wasser und Zucker aufkochen, bis sich der Zucker vollständig gelöst hat, dadurch entsteht der „Läuterzucker“ (gereinigter Zucker). Den Zucker auskühlen lassen.
Basilikumblätter mit einem Teil des abgekühlten Läuterzucker im Mixer pürieren, den Rest des Läuterzuckers mit Zitronensaft und Zitronenabrieb vermischen und tiefkühlen lassen, das Basilikumpüree dazugeben und verrühren, mit einem Esslöffel portionieren und in Eisschalen anrichten.
400 g Erdbeeren in Scheiben schneiden. 100 g Erdbeeren mit dem Johannisbeerlikör pürieren und die übrigen Erdbeeren damit marinieren. Die Erdbeeren über das Sorbet geben.

Holundergranité mit Erdbeeren

Für 4 bis 6 Personen
300 ml Holundersirup
750 ml Prosecco
Saft von 3 Zitronen
150 ml Mineralwasser
250 g Erdbeeren

Holundersirup, 750 ml Prosecco, Saft von 3 Zitronen und 150 ml Mineralwasser verrühren, in eine Form gießen und für mindestens 5 Stunden tiefkühlen. Kurz vor dem Servieren das Sorbet mit einem Suppenlöffel portionieren und in Eisschalen füllen. Erdbeeren in Stücke schneiden und die Stücke auf dem Sorbet verteilen.

Ingwer-Zitronen-Minze-Granita

Für 4 Personen
250 g Zucker
500 ml Wasser
4 cm geschälte, in Scheiben geschnittene Ingwerwurzel
1 Handvoll Minze
1 EL Ahornsirup
Abgeriebene Schale und Saft einer Bio-Zitrone

Wasser und Zucker in einem Topf bei mittlerer Hitze auflösen, zum Kochen bringen, Ingwer, die Stängel der Minze und Ahornsirup dazugeben, 5 Minuten köcheln und in einer Schüssel abkühlen lassen. Die Minzestängel und Ingwerscheiben aus dem Sirup entfernen, die Minzeblättchen, den Zitronensaft und den Zitronenabrieb hineinrühren.
Schüssel in die Tiefkühltruhe stellen, die Mischung alle 20 Minuten mit der Gabel aufbrechen, bis die Masse vollständig gefroren ist. Die Granita auf Eisschalen verteilen.

Kaffeeparfait

Für 4 Personen
100 ml Wasser
17 g gemahlener Kaffee
300 ml Hafersahne
130 g Roh-Rohrzucker

Wasser mit Kaffee aufkochen und 10 Minuten ziehen lassen. 100 ml von der Sahne zugießen und aufkochen lassen, Zucker zugeben und auf kleiner Flamme weiterrühren, bis das Ganze eine cremige Konsistenz hat. Auskühlen lassen. Die übrige Sahne schlagen und unterheben.
Die Parfaitmasse in 4 Kaffeetassen füllen, mit Frischhaltefolie zudecken und 8 Stunden tiefkühlen. (▶ Foto S. 288/289)

Kiwisorbet

Für 4 Personen
300 g Kiwis
4 EL frisch gepresster Orangensaft
1 EL Ahornsirup

Kiwis schälen, pürieren und durch ein Sieb streichen, die Masse mit dem Ahornsirup und dem Orangensaft verrühren. Im Gefrierfach 2 bis 3 Stunden gefrieren lassen, dabei das Sorbet ab und zu umrühren.
Das Sorbet mit einem Löffel portionieren und in Sorbetschalen anrichten.

Passionsfruchtsorbet

Für 4 Personen
300 g Passionsfruchtmark
100 g Roh-Zucker
100 ml Wasser
1 gestrichener TL Pfeilwurzelstärke

Zucker mit 100 ml Wasser erhitzen und so lange rühren, bis sich der Zucker vollständig aufgelöst hat, auskühlen lassen. 1 gestrichener TL Pfeilwurzelstärke in etwas kaltem Wasser auflösen, die gelöste Stärke mit dem noch lauwarmen Zuckersirup verrühren, langsam aufkochen und kurz köcheln lassen.
Das Passionsfruchtmark mit dem Zuckersirup vermischen, leicht anfrieren lassen.
Das Sorbet mit einem Löffel portionieren und in Sorbetschalen anrichten.

Waldmeistersorbet

Für 4 Personen
120 g Waldmeister
600 ml Wasser
110 g Roh-Rohrzucker
16 ml Zitronensaft

Wasser aufkochen, den Waldmeister darin 20 Minuten ziehen lassen, durch ein Sieb gießen und 600 ml davon abmessen, Zucker und Zitronensaft dazugeben, gefrieren lassen, dabei die Masse immer wieder mit einem Schneebesen durchschlagen. Das Sorbet mit einem Löffel portionieren und in Sorbetschalen anrichten.

Getränke

Oben: Erdbeer-Daiquiri (► S. 309)
Unter: Eistee mit Holunder und Ingwer (► S. 297)

Alkoholfreie Getränke

Apfel-Pirinha

Für 4 Personen
2 Apfel-Teebeutel
4 Bio-Limetten
6 cm frische Ingwerwurzel
1 kleiner Apfel
8 TL Vollrohrzucker

Apfelteebeutel mit 400 ml sprudelnd kochendem Wasser übergießen, 8 Minuten ziehen lassen. Die Teebeutel entfernen und den Tee vollständig auskühlen lassen.

2 Limetten in Stückchen schneiden, die anderen beiden Limetten auspressen. Den geschälten Ingwer in sehr dünne Scheiben schneiden, den Apfel entkernen und ebenfalls in dünne Scheiben schneiden. Limettenstückchen und Apfelscheiben auf 4 Gläser verteilen, Zucker, Ingwer und Limettensaft darüber gießen und mit kaltem Tee auffüllen.

Apfelpunsch

Für 1 Liter Punsch
1 l naturtrüber Apfelsaft
1 Bio-Orange
2 cm frische Ingwerwurzel
1 Zimtstange
1 Sternanis
2 Nelken

Orange heiß abspülen, trocknen, dünn schälen und auspressen. Den Ingwer schälen und in Scheiben schneiden. Den Orangensaft und Apfelsaft mit Orangenschale, Ingwer, Zimtstange, Sternanis und 2 Nelken aufkochen, mindestens 30 Minuten ziehen lassen.

Blüten-Orangen-Wasser

Für 1½ Liter Getränk

1 Handvoll essbare Blüten (z.B. Rosen, Stiefmütterchen, Veilchen, Ringelblumen, Gänseblümchen)

½ Bio-Orange

3 Zweige Minze

3 Zweige Melisse

Große Blüten vorsichtig in einzelne Blättchen zupfen. Die Orange mit der Schale in schmale Spalten schneiden. Blüten, Orangenspalten, Minze- und Melissenzweige in einen großen Glaskrug füllen und mit kaltem Wasser aufgießen.

Eistee mit Holunder und Ingwer

Für 4 Personen

1 l Wasser

2 TL grüner Tee

1½ Bio-Zitrone

1 Bio-Limette

70 ml Holundersirup

2 TL frisch gehackte geschälte Ingwerwurzel

4 Zweige Zitronenmelisse

Wasser aufkochen, auf 80°C abkühlen lassen und den Tee damit aufgießen. 2 bis 3 Minuten ziehen lassen und durch ein Sieb gießen.

Schale einer halben Zitrone in Zesten (hauchdünne Streifen der Fruchtschale) abheben und fein hacken, die Zitrone auspressen.

Den Tee mit Zitronensaft, Holundersirup, Zitronenschale und Ingwer vermischen und ca. 1 Stunde kühl stellen.

Zitrone und Limette in Scheiben schneiden, Tee abseihen, Zitronen- und Limettenscheiben und Melissenblättchen in die Teegläser füllen, Tee dazugießen. (► Foto S. 294/295)

Eis-Grüntee mit Zitrusfrüchten

Für 4 Personen

1 l Wasser
2 TL grüner Tee
2 EL Ahornsirup
1 Bio-Limette
1 Bio-Zitrone
20 g frische Ingwerwurzel

Wasser aufkochen und auf 80°C abkühlen lassen, den Grüntee damit überbrühen und 2 bis 3 Minuten ziehen lassen. Tee abseihen, mit Ahornsirup vermischen und abkühlen lassen.
Die Limette, Zitrone und Orange in Stücke schneiden. Den Ingwer schälen und in dünne Scheiben schneiden, mit dem Tee vermischen und für 30 Minuten kühl stellen.

Wendy Krumböcks Entspannungssirup

Für 1 Liter Sirup

1 l Wasser
6 Melissenzweige
4 Pfefferminzzweige
2 Zitronenmelissenzweige
1 Bio-Zitrone
25 g Zitronensäure
1 kg Roh-Rohrzucker

Das Wasser mit der Zitronensäure und den Melissen-, Pfefferminz- und Zitronenmelissenzweigen 24 Stunden in einem verschlossenen Glas ziehen lassen.
Die Flüssigkeit abseihen und mit dem Zucker so lange verrühren, bis sich dieser aufgelöst hat.
Im Verhältnis 1:5 mit Wasser verdünnt genießen.

Früchtebowle

Für 4 Personen

2 Teebeutel Früchtetee
¾ l Wasser
100 g Erdbeeren
1 Aprikose
1 Pfirsich ►

Die Teebeutel mit einem ¾ l sprudelnd kochendem Wasser übergießen, 8 Minuten ziehen lassen, danach die Teebeutel entfernen und den Tee abkühlen lassen.
Das Grün der Erdbeeren entfernen, die Erdbeeren vierteln. Aprikosen und Pfirsiche entkernen und

½ Bio-Limette
1 EL Vollrohrzucker
Einige Melissenblättchen

das Fruchtfleisch in dünne Spalten schneiden. Die Limette in dünne Scheiben schneiden. Früchte mit Zucker mischen und 1 Stunde ziehen lassen. Früchte, Melissenblättchen und Tee in einer Bowleschale mischen.

Tropischer Früchtedrink

Für 6 Gläser Getränk
30 ml Maracujanektar
30 ml Pfirsichnektar
30 ml Mangonektar
30 ml Papayanektar
30 ml Zitronensaft
3 EL Vollrohrzucker
Kohlensäurehaltiges Mineralwasser

Maracujanektar, Pfirsichnektar, Mangonektar und Papayanektar mit 30 ml Zitronensaft mischen, Zucker einrühren, alles gut schütteln und mit Mineralwasser aufgießen.

Indische Hafersuppe

Für 4 Personen
40g Haselnüsse
je 300 g rote und weiße Trauben
Schale von je 2 Bio-Zitronen und Bio-Orangen
1 l Sojadrink
100 g Haferflocken
4 EL Ahornsirup
2 TL frisch gehackte Ingwerwurzel
½ TL Zimt ►

Nüsse fein hacken, Trauben halbieren. Von der Hälfte der Orange und Zitrone die Schale in Zesten (hauchdünne Streifen der Fruchtschale) abheben, restliche Schale abreiben.
Sojadrink, Haferflocken, Ahornsirup, Ingwer, Zimt, Kardamom und abgeriebene Zitrusschalen aufkochen und 5 Minuten köcheln lassen.
Die Suppe mit Nüssen, Trauben und Zesten garnieren.

Zerstoßene Samen aus 6 Kardamomkapseln

Holunderblütensaft

Für 2½ Liter Saft
1,5 l klarer Apfelsaft
200 ml Holunderblütensirup
100 ml Zitronensaft
1 Flasche kohlensäurehaltiges Mineralwasser
Melissenblättchen

Apfelsaft mit Holunderblütensirup und Zitronensaft verrühren und kalt stellen. Kurz vor dem Servieren mit Mineralwasser auffüllen und mit Melissenblättchen garnieren.

Holunderblütensirup

Für 2 Liter Sirup
1,5 kg Roh-Rohrzucker
2 l Wasser
30 Holunderblüten
1 Bio-Zitrone
2 TL Ascorbinsäure (Vitamin C aus der Apotheke)

Wasser mit Zucker aufkochen, 30 Holunderblüten, Zitronenscheiben und Ascorbinsäure zugeben und bei milder Hitze ziehen lassen. Danach durch ein mit einem feinen Tuch ausgelegtes Sieb gießen. In saubere, heiß ausgespülte Flaschen füllen und sofort fest verschließen. Kühl gelagert und verschlossen, hält sich der Sirup ca. 8 Monate.

Ingwerdrink

Für 4 Personen
100 g frische Ingwerwurzel
¾ l Wasser ►

Den Ingwer schälen, in kleine Stücke schneiden, mit ¼ l Wasser auffüllen und mit dem Mixer pürieren. Dann ¾ Liter Wasser, Zucker, Limettensaft dazugeben und 1 Stunde stehen lassen, bis sich der Ingwer

2 EL Roh-Rohrzucker
1½ EL Limettensaft

gesetzt hat. Die Flüssigkeit durch ein feines Sieb gießen.

Heiße Karamellmilch

Für 4 Personen
500 ml Sojamilch
125 ml Sojasahne
80 g Vollrohrzucker
1 Msp. Zimt

Den Zucker unter Rühren karamellisieren, mit Milch und Sahne aufgießen, Zimt dazugeben, mit dem Schneebesen weiterschlagen und solange erhitzen, bis sich der Karamell löst. In feuerfeste Gläser füllen und mit etwas Zimt bestäuben.

Lassi

Für 4 Gläser Lassi
150 g gewürfeltes Fruchtfleisch unterschiedlicher Obstsorten (z.B. Mango, Pfirsich, Aprikosen, Ananas)
250 g Sojajoghurt
4 TL Roh-Rohrzucker
1 TL Zitronensaft
100 ml Mineralwasser
1 Spritzer Rosenwasser

Alle Zutaten im Mixer pürieren. Lassi in Gläser füllen.

Aprikosen-Lassi

Für 4 Gläser Lassi
1 Vanilleschote
500 g Sojajoghurt
500 ml Aprikosensaft ►

Vanilleschote längs halbieren, Vanillemark herausschaben, mit Joghurt, Aprikosensaft, fein zerstoßenem Kardamom und Zimt im Mixer pürieren.

¼ TL Kardamom
¼ TL Zimt

Mango-Lassi

Für 4 Gläser Lassi
3 reife Mangos
1 TL Ahornsirup
250 g Sojajoghurt
1 TL Zimtpulver
½ TL Kardamompulver
250 ml Sojamilch

Die Mangos schälen, das Fruchtfleisch vom Kern schneiden und grob würfeln. Fruchtfleisch und alle übrigen Zutaten fein im Mixer pürieren, auf die Gläser verteilen, mit etwas Zimt bestäuben und sofort servieren.

Limoncino

Für 1 Liter Limoncino
8 unbehandelte Bio-Zitronen
1 Bund Minze
8 EL Vollrohrzucker
800 ml Wasser

Von den Zitronen die Enden abschneiden und längs in 6 Spalten schneiden. Die Kerne und weißen Trennhäute entfernen, in ein hohes Gefäß füllen, Minzeblättchen und Zucker dazugeben und die Zitronen mit einem Mörserstößel zerdrücken, bis der Saft ausgedrückt und der Zucker vollständig aufgelöst ist. Mit 800 ml Wasser aufgießen.

Long Distance

Für 1 Liter Getränk
400 ml Traubensaft
400 ml Mandelsirup
200 ml Bitter Lemon
4 Bio-Zitronen

Zutaten zusammengießen, schütteln oder verrühren und mit einer spiralenförmigen Zitronenschale dekoriert servieren.

Matcha-Latte

Für 4 Gläser Latte
2½ TL Matcha (Grünteepulver, *► S. 247**)*
130 ml heißes Wasser
660 ml Sojamilch

Matcha und Wasser im Mixer pürieren. Die Sojamilch erhitzen und mit dem Schneebesen aufschäumen. 6 EL Milchschaum abschöpfen und beiseitestellen. Matcha unter die Sojamilch rühren, in Gläser füllen und mit einem Milchschaumhäubchen servieren.

Passionsfrucht-Zitrus-Limonade

Für 1½ Liter Limonade
10 bis 12 Passionsfrüchte
1 Bio-Orange
2 Bio-Limetten
500 ml frisch gepresster Orangensaft
1 EL Passionsfruchtsirup
1 l Sprite

Passionsfrüchte halbieren, das Innere herauslösen und mit dem Mixer pürieren. 200 ml Maracujamark abmessen.
Von der Orange und von einer Limette die Schale spiralenförmig abschälen. 5 EL Limettensaft auspressen.
Passionsfruchtmark mit Orangen- und Limettensaft und dem Passionsfruchtsirup verrühren und kalt stellen. Kurz vor dem servieren mit Sprite auffüllen. Mit der Orangen- und Limettenschale garniert servieren.

Peters Orangenmilch

Für 1 Liter Milch
800 ml Mandelmilch
4 TL Ahornsirup
Einige Tropfen Orangenaroma
Geriebene Orangenschale

Die Mandelmilch erwärmen, bis sie beinahe kocht. Den Ahornsirup und das Orangenaroma unterrühren, mit der Orangenschale dekorieren.

Preiselbeerpunsch

Für 4 Gläser Punsch
45 ml Preiselbeersirup
15 g getrocknete Preiselbeeren
660 ml Apfelsaft
1¼ Vanilleschote
4 schwarze Pfefferkörner
1½ Nelken
¾ Bio-Limette

In einem großen Topf alle Zutaten mit Ausnahme der Limette bei mittlerer Hitze erhitzen. Topf vom Herd nehmen, Limette in Scheiben schneiden, dazugeben und 10 Minuten ziehen lassen.

Rhabarberlimonade mit Limetten

Für 4 Gläser Limonade
1 kg Rhabarber
200 ml Apfelsaft
4 Limetten
80 g Vollrohrzucker
40 ml Granatapfelnektar
200 ml kohlensäurehaltiges Mineralwasser

Von den geschälten Rhabarberstangen vier ca. 15 cm lange, dünne Stücke beiseitelegen. Die übrigen Stangen mit dem Apfelsaft im Mixer pürieren und in einem Topf aufkochen. Die Masse durch ein Tuch streichen und über einer Schüssel abtropfen lassen.

Die Limetten achteln, zusammen mit dem Zucker in einer Schüssel zerdrücken und mit der Rhabarbersaft-Mischung verrühren, Granatapfelnektar dazugeben.

Die vorbereiteten Gläser zu zwei Dritteln auffüllen, mit Mineralwasser aufgießen und zusammen mit den beiseitegelegten Rhabarberstielen – zum Umrühren – servieren.

Safranmilch

Für 4 Gläser Milch

20 Safranfäden
1 l Mandelmilch
4 Zimtrinden
8 Gewürznelken
4 EL Ahornsirup

Safranfäden in einem Mörser zerstoßen, zusammen mit Milch, Zimtrinden und Gewürznelken erhitzen und 10 Minuten ziehen lassen. Die Gewürze entfernen, den Ahornsirup einrühren und die Milch im Mixer pürieren, schaumig aufschlagen und heiß trinken.

Heiße Vitaminbombe mit Sanddorn

Für 4 Gläser Getränk

6 TL Tropictee
4 EL Zitronensaft
4 EL Sanddornsaft
4 EL Ahornsirup

Tee mit 600 ml kochendem Wasser überbrühen, ca. 4 Minuten ziehen lassen. Zitronensaft und Sanddornsaft in ein Glas gießen, den heißen Tee hinzufügen, umrühren und mit Ahornsirup süßen.

Gesundheitsaspekt

Sanddornfrüchte haben eine stark heilende und gesundheitsfördernde Wirkung. Sie enthalten besonders viel Vitamin C.
Sanddornsaft gilt als ein allgemeines Stärkungsmittel für den ganzen Körper und hilft außerdem unterstützend bei Magenerkrankungen.
Besonders in den Herbst- und Wintermonaten empfiehlt es sich, den Saft zu trinken, um Erkältungskrankheiten vorzubeugen.

Leslie DeLoreans kühlender Sommer-Smoothie

Für 1 Liter Smoothie

½ Bund Petersilie
1 Salatgurke
½ Bund Dill
½ Avocado
½ Zitrone (geschält und Kerne entfernt)
2 Tassen Wasser

Alle Zutaten in einen Mixer geben und nicht länger als 30 Sekunden pürieren (1000 W).

Gesundheitsaspekt

Grüne Smoothies sind Getränke aus grünem Blattgemüse, die schnell zubereitet sind, großen Nährwert haben und wunderbar schmecken. Aus dem pürierten Blattgemüse kann der Organismus mehr Vitalstoffe aufnehmen als aus unzerkleinertem Gemüse. Drei Handvoll Blattgemüse täglich sind ausreichend.

Eine halbe Stunde vor und nach dem Genuss eines Smoothies sollte man keine anderen Speisen zu sich nehmen, damit die Wirkstoffe des Blattgemüses voll zur Entfaltung kommen können. Auch sollte man davon absehen, zu viele unterschiedliche Zutaten im Smoothie zu verarbeiten, damit die Nährstoffe besser aufgenommen werden können.

Bloody-Mary-Smoothie

Für 1 Liter Smoothie

½ Bund Petersilie
3 Stangen Staudensellerie
3 Fleischtomaten
1 entkernte und geschälte Limette ►

Alle Zutaten in einen Mixer geben und etwa eine Minute pürieren (1000 W).

½ Tasse Wasser
2 EL Rotalgen(Dulse-) Flocken
1 Prise Pfeffer

Gurken-Spinat-Smoothie

Für 1 Liter Smoothie
1 Tasse frischen Spinat
1 Salatgurke
2 EL frisch gepresster Zitronensaft
1 TL Ahornsirup
6 Pfefferminzblätter
1 Tasse Wasser

Alle Zutaten in einen Mixer geben und nicht länger als 30 Sekunden pürieren (1000 W).

Soja-Früchte-Drink

Für 4 Gläser Getränk
200 g Himbeeren
400 ml frisch gepressten Orangensaft
400 Sojajoghurt natur
2 TL Ahornsirup
2 TL Weizenkeimöl

Alle Zutaten im Mixer zu einem Drink pürieren.

Grüner Verbene-Eistee mit Zitronen-Ingwer-Eiswürfeln

Für 4 Gläser Eistee

1 Bio-Zitrone
2 Zitronen
10 g Ingwer
1 l Wasser
2 TL grüne Teeblätter
8 Zweige Zitronenverbene
2 EL Ahornsirup

Schale der Bio-Zitrone in feinen Zesten (hauchdünne Streifen der Fruchtschale) abheben und feinhacken.

Alle Zitronen auspressen und mit der Schale vermischen, in einen Eiswürfelbehälter mit kleinen Vertiefungen füllen und gefrieren lassen.

Den Ingwer schälen, hacken und in 1 l Wasser aufkochen. Damit den grünen Tee aufgießen und 2 Minuten ziehen lassen, abgießen. 4 Zweige Verbene in den Tee geben und 6 Minuten ziehen lassen. Verbene entfernen, Ahornsirup einrühren und den Tee abkühlen lassen.

In jedes Glas einen Verbenezweig und Zitroneneiswürfel füllen und mit dem kalten Tee aufgießen.

Zimtschokolade

Für 4 Personen

500 ml Sojamilch
125 ml Sojasahne
4 EL veganes Schokoladenpulver
1 Prise Salz
¼ TL Mandel- und Vanillearoma
1 Stange Zimt

Milch und Sahne in einem Topf erwärmen, Schokoladenpulver dazugeben und umrühren. Das Salz, die Aromen und die Zimtstange hinzufügen, alles einmal aufkochen lassen, Zimtstange entfernen und die Schokolade in die Tassen gießen.

Alkoholische Getränke

Asiapunsch

Für 4 Personen
½ l Birnensaft
2 Stängel Zitronengras
3 cm frische Ingwerwurzel
½ unbehandelte Limette
3 Sternanis
400 ml Pflaumenwein

Den Birnensaft in einen Topf gießen.
Die äußerste Schicht Blätter des Zitronengrases entfernen, in 2 cm lange Stücke schneiden und diese leicht andrücken.
Den geschälten und in dünne Scheiben geschnittenen Ingwer, die ebenfalls in dünne Scheiben geschnittene Limette und das Zitronengras zum Birnensaft geben, auf kleiner Flamme erwärmen, danach 15 Minuten ziehen lassen.
Den Pflaumenwein in die Saftmischung gießen und weitere 5 Minuten ziehen lassen.

Erdbeer-Daiquiri

Für 4 Personen
330 g Erdbeeren
160 ml weißer Rum
100 ml Limettensaft
100 ml Erdbeersirup

Erdbeeren mit Rum, Limettensaft und Erdbeersirup im Mixer pürieren. (► Foto S. 294/295)

Friesenpunsch

Für 4 Personen
6 TL ostfriesischer Tee
(spezielle Teemischung

Tee mit 800 ml leicht kochendem Wasser aufgießen und zugedeckt 5 Minuten ziehen lassen. Kandiszucker, Rotwein, Johannisbeersaft und Zimtstange er-

aus Ostfriesland, die aus bis zu zehn Schwarztee-sorten, vor allem aus Assamtee besteht)

800 ml Wasser

75 g brauner Kandis-zucker

100 ml Rotwein

100 ml roter Johannis-beersaft

1 Zimtstange

Hawaii-Cocktail

Für 4 Cocktailgläser

2½ TL Früchtetee „Hawaii Cocktail"

200 ml kochendes Wasser

200 ml Ananassaft

Saft ½ Zitrone

1 Flaschen trockener Sekt

Puderzucker nach Belieben

8 Ananasstücke zur Dekoration

Den Früchtetee in einer Kanne mit kochendem Wasser überbrühen und 5 Minuten ziehen lassen. Danach in einen großen Topf abgießen, etwas Puderzucker hinzufügen und im Kühlschrank kalt werden lassen.

Den Ananassaft und den Zitronensaft unter den Tee mischen. Die Cocktailgläser bis zur Hälfte mit der Teemischung füllen, jeweils mit Sekt auffüllen und mit Ananasstücken garnieren.

Holunderblütensekt

Für 6 Flaschen (à 1 Liter)
10 Holunderblüten
1 kg Roh-Rohrzucker
4 Bio-Zitronen
250 ml weißer Balsamicoessig
6 l Wasser

Die Blütendolden sehr vorsichtig unter fließendem Wasser abspülen. Die Dolden mit den Blüten nach unten auf ein Küchenpapier ausbreiten und trocknen lassen.
In ein mindestens 8 l fassendes Steingutgefäß lagenweise die Dolden und den Zucker schichten. Die in dünne Scheiben geschnittenen Zitronenscheiben auf die Mischung legen und zugedeckt 2 Stunden ziehen lassen.
Das mit dem Essig vermischte Wasser auf die Blütenmischung gießen. Das Steingutgefäß mit einem Leinentuch abdecken, zubinden und an einen warmen, sonnigen Platz stellen. Nach etwa 2 Tagen setzt die Gärung ein. Nach weiteren 24 Stunden den Sekt durch ein mit einem Mulltuch ausgelegtes Kunststoffsieb abgießen, in saubere Sektflaschen füllen, die Flaschen gut verkorken, mit Draht sichern. Nach 8 Tagen kann man die erste Kostprobe durchführen.

Lisas Mojito aus Kuba

Für 4 Personen
160 ml weißer Havana Club Rum
Saft von 4 Limetten
4 Löffel Roh-Rohrzucker
½ l Soda
Frische Minzezweige
Eiswürfel

Limettensaft, Rum und Zucker in Longdrinkgläser füllen und umrühren. Die Minzeblättchen, Eiswürfel und Soda dazugeben und nochmals gut umrühren.

Irischer Punsch

Für 1 Glas Punsch
30 ml Whisky-Cremelikör
10 ml Orangenlikör
30 ml Ananassaft
1 Spritzer Zuckersirup
20 ml Sojasahne
4 Eiswürfel

Alle Zutaten in einen Shaker füllen, den Shaker verschließen und etwa 20 Sekunden kräftig schütteln.

Quittenspritzer

Für 1 Person
⅓ Weißwein
⅓ Soda
⅓ Carpe Diem Kombucha Quitte
Minzeblättchen
Limettenscheiben
Eiswürfel

Weißwein, Soda und Kombucha mischen. Die Minzeblättchen dazugeben, ebenso Eiswürfel und Soda, nochmals gut umrühren und mit Limettenscheiben dekorieren.

Rooibos-Bananen-Drink

Für 4 Gläser Getränk
10 TL Rooibostee
3 Bananen
3 EL Bananensirup
60 g Rosinen
4 EL Rum
500 ml kochendes Wasser

Die Rosinen in eine kleine Schüssel geben, mit Rum beträufeln und darin ziehen lassen.
Den Rooibostee in einer Kanne mit kochendem Wasser übergießen und 5 Minuten ziehen lassen, abgießen und kühl stellen.
Die Bananen schälen, in Stücke schneiden und zusammen mit dem Bananensirup im Mixer pürieren. Den abgekühlten Tee unter Rühren hinzufü-

gen, portionieren und mit den Rumrosinen bestreuen.

Singapore Sling

Für 1 Cocktailglas

60 ml Gin
40 ml frisch gepresster Zitronensaft
20 ml Zuckersirup
Kohlensäurehaltiges Mineralwasser zum Aufgießen
20 l Kirschlikör
2 Cocktailkirschen
Gestoßenes Eis
4 Eiswürfel

Gin, frisch gepressten Zitronensaft, Zuckersirup und 12 Eiswürfel in einen Shaker füllen. Den Shaker verschließen und etwa 2 Minuten kräftig schütteln.
Die Cocktailgläser etwa zu einem Drittel mit gestoßenem Eis füllen, den Inhalt des Shakers durch das Barsieb in die Cocktailgläser gießen, mit Mineralwasser bis 2 cm unter den Rand vorsichtig aufgießen. Den Kirschlikör darüber laufen lassen und die Cocktailkirschen in den Drink geben.

Waldmeisterbowle

Für 4 Personen

1 Bund Waldmeister
25 g Roh-Rohrzucker
1 Flaschen Weißwein
½ Flasche Sekt

Waldmeister entstielen, mit dem Zucker und ½ Flasche Weißwein zugedeckt 30 Minuten ziehen lassen, danach in ein Bowlengefäß abseihen, mit dem restlichen Wein und dem Sekt aufgießen.

Gesundheitsaspekt

Der Pflanzenteil des Waldmeisters, der verwendet wird, ist das vor der Blüte gesammelte und getrocknete Kraut. Es enthält den Wirkstoff Cumarin, das den charakteristischen Waldmeistergeruch verursacht, und weitere Inhaltsstoffe wie Iridoidglykoside, Asperulosid und Monotropein.

Waldmeister wirkt krampflösend, gefäßerweiternd und entzündungshemmend.

Tees

Der Tee blickt auf eine 5000-jährige Geschichte zurück, die in China ihren Anfang nahm. Es dauerte eine geraume Zeit, bis der Anbau und die Herstellung von Tee sich von China aus weltweit verbreiten konnten, denn das Geheimnis um den Tee wurde jahrhundertelang gehütet.
Der Teestrauch gehört zu den ersten Pflanzen, die kultiviert wurden.

Chai Tee

Zutaten
Schwarztee
Gewürze (z.B. Zimt, Ingwer, Pfeffer, Nelken, Kardamom, Anis, Fenchel, Kakao, Muskat, Zitronengras, Chili, Lakritze)
Sojamilch
Ahornsirup

Die Gewürze in einem Topf mit Wasser 15 bis 20 Minuten aufkochen, danach 10 Minuten ziehen lassen, Sojamilch und Ahornsirup dazumischen und servieren.

Gesundheitsaspekt

„Chai“ bezeichnet im Orient jegliche Art von Tee. Der bei uns beliebte Chai Tee ist der Masala Chai, ein traditioneller indischer Gewürztee.
Grundbestandteile des Masala Chai Tee sind Schwarztee, Gewürze, Sojamilch und Süßungsmittel. Als Gewürze werden bevorzugt Zimt, Ingwer, Pfeffer, Nelken und Kardamom verwendet, aber auch Anis, Fenchel, Kakao oder Muskat können beigefügt werden. Die neueren Mischungen beinhalten auch Zitronengras, Chili oder Lakritze.

Masala Chai wirkt aufgrund eines geringen Koffeinanteils leicht anregend und aufmunternd, aber nicht aufputschend. Kardamom unterstützt die Verdauung und hilft bei Erkältungskrankheiten. Ingwer wirkt krampflösend, regt den Appetit an und stärkt das Immunsystem. Zimt wirkt desinfizierend, durchblutungsfördernd und stimmungsaufhellend.

Grüntee

Der Geschmack von Grüntee kann je nach Herkunft mild, zart grasig oder leicht herb sein. Grüntee enthält mehr Koffein als schwarzer Tee, ist jedoch schonender. Er ist ein wesentlicher Bestandteil in der asiatischen Küche und heißt übersetzt so viel wie „Langes-Leben-Tee" (► Grüntee-Vanille-Pudding, S. 247). Diese Teeart erfreut sich aber auch im Westen zunehmender Beliebtheit.

Für 1 Tasse Tee
Grünteeblätter (Menge ja nach Geschmack)
1 Tasse Wasser

Das Wasser zum Aufguss eines Grüntees lässt man nach dem Kochen auf 70 bis 80°C abkühlen. Die Ziehdauer beträgt je nach Qualität der Teeblätter 1 bis 3 Minuten, wobei die Blätter mehrmals aufgegossen werden können. Über den Tag verteilt 3 bis 4 Tassen trinken.

Gesundheitsaspekt

Grüner Tee hat einen hohen Gehalt an Mineralstoffen (Zink, Fluor, Kalium), Vitamin C, Vitamin B1 und Mangan, das wichtig für die Fettverbrennung ist.

Die im Tee enthaltenen Bioflavonoide fangen die freien Radikalen im Körper, die Gerbstoffe haben eine beruhigende Wirkung auf Magen und Darm. Grüntee hat zudem eine stark antikanzerogene Wirkung. Er macht den Geist wach und rege, hat eine schützende Wirkung auf die Herz-Kreislauf-Funktion, fördert die Durchblutung und die Regeneration der Haut. Grünteekompressen wirken gegen Augenringe und erfrischen die Gesichtshaut.

Rooibostee

Für 1 Tasse Tee
1 TL Rooibosteeblätter
1 Tasse Wasser

Teeblätter mit einer großen Tasse heißem Wasser aufgießen und 3 bis 5 Minuten ziehen lassen.

Gesundheitsaspekt

Rooibostee (Rotbuschtee) ist eine Pflanzenart aus Südafrika, die zu den Hülsenfrüchtlern gehört. Er hat einen hohen Gehalt an Vitamin C und enthält außerdem Eisen, Fluor, Kalium, Kalzium, Kupfer, Magnesium, Mangan, Natrium, Zink und ätherische Öle.

Schwarzer Tee

Angebaut wird schwarzer Tee in Indien, Sri Lanka und China. Es gibt unterschiedliche Sorten, die bekanntesten sind Assam-, Darjeeling- und Ceylontee:

- **Assamtee ist kräftig und würzig**
- **Darjeelingtee eher lieblich,**
- **Ceylontee ist herb fruchtig.**

Ostfriesentee und English Breakfast sind Mischungen aus diesen Grundsorten.

Für 1 Tasse Tee
1 TL Teeblätter
1 Tasse Wasser

Teeblätter mit heißem Wasser überbrühen und 3 bis 5 Minuten ziehen lassen.

Gesundheitsaspekt

Schwarzer Tee enthält Koffein, das bei kurzer Ziehdauer eine anregende Wirkung hat. In Schwarztee ist aber auch Theobromin und Theophyllin enthalten, Substanzen, die Husten lösend und Gefäße und Bronchien erweiternd wirken. Zudem hat man in den Teeblättern Mineralien und Spurenelemente gefunden (z.B. Kalium, Kalzium Magnesium, Fluor), außerdem Vitamin B_1 und B_2 sowie Aminosäuren. Die Gerbstoffe wirken leicht antibakteriell und schmerzlindernd. Schwarztee hilft bei Durchfallerkrankungen oder bei Entzündungen im Mund- und Rachenraum. Er wirkt stressabbauend und konzentrationsfördernd.

Weißer Tee

Weißer Tee wird aus den Knospen und jungen Trieben der Pflanze gewonnen, aus deren Blättern im reiferen Stadium die bekannteren Sorten Schwarztee (► S. 316) und Grüntee (► S. 315) hergestellt werden. Der weiße Tee ist am wenigsten künstlich verändert.

Für 1 Tasse Tee
1 TL Teeblätter
1 Tasse Wasser

Teeblätter mit heißem Wasser überbrühen und 3 bis 5 Minuten ziehen lassen.

Gesundheitsaspekt

Weißer Tee enthält Polyphenol und Methylxanthin, schlank machende Wirkstoffe, die nicht nur die Bildung neuer Fettzellen hemmen, son dern auch den Fettabbau in den vorhandenen reifen Fettzellen unterstützen.

Tee bei Erkältungsbeschwerden

Für 1 Liter Tee

1 l Wasser
60 g Citronellgras
20 g Verbenenblätter
20 g Hibiskusblüten
10 g blaue Malvenblüten

Die Kräuter in eine Kanne geben, mit kochendem Wasser übergießen und 10 Minuten ziehen lassen. Den Tee heiß oder kalt genießen.

Gesundheitsaspekt

Als Tees bei Erkältungen haben sich vor allem die Teekräuter aus Citronelle, Verbene, Hibiskus und Malven bewährt.

- Citronellgras beruhigt den Magen und lindert Muskelschmerzen.
- Verbenenblätter helfen gegen Erschöpfungszustände und befreien die Atemwege.
- Hibikusblüten stabilisieren den Kreislauf.
- Blaue Malvenblüten enthalten Schleimstoffe und einen hohen Anteil an Anthocyaninen. Die Schleimstoffe lindern Hustenreiz. Anthocyanine besitzen antioxidative Eigenschaften und sind für die leicht adstringierenden und entzündungshemmenden Wirkungen der Blüten verantwortlich.

Ingwertee, der „innere Kälte austreibt"

Für 1 Liter Tee
1 l Wasser
5 Scheiben einer geschälten Ingwerwurzel
Saft einer Zitrone
Ahornsirup

5 Scheiben Ingwer in 1 l Wasser 15 Minuten köcheln lassen, kurz ziehen lassen, den Saft einer Zitrone und je nach Geschmack Ahornsirup hinzufügen.

Kamillentee

Für 1 Liter Tee
1 EL Kamillenblüten
1 l Wasser

Kamillenblüten mit siedendem Wasser übergießen und 5 bis 10 Minuten bedeckt ziehen lassen.

Gesundheitsaspekt

Kamille wirkt schweißtreibend, wärmend, krampfstillend (vor allem bei entzündlichen Erkrankungen des Magen-Darm-Trakts) und entzündungshemmend (u.a. bei Entzündungen der Haut und Schleimhaut). Geschwollene Augenlider kann man durch Kamillen-Augenkompressen lindern.
Bei Magenbeschwerden, Magenentzündung und Magenkrämpfen den Kamillentee ungesüßt trinken.

Kokosmilchtee mit Ingwer

Für 4 Personen
8 TL Ceylontee
50 g frische, geschälte Ingwerwurzel
250 ml Kokosmilch
100 g Vollrohrzucker
Kokosflocken zum Dekorieren

Tee mit 1 l leicht kochendem Wasser aufgießen und zugedeckt 3 Minuten ziehen lassen. Ingwer in sehr dünne Scheiben schneiden. Kokosmilch, Ingwer und Zucker erhitzen. Tee durch ein Sieb gießen, Kokosmilch unter den Tee rühren, mit Kokosflocken bestreuen.

Gesundheitsaspekt

Ingwer hat einen hohen Anteil an ätherischen Ölen und Scharfstoffen, denen man eine heilende Wirkung zuschreibt. Zu den wichtigsten Inhaltsstoffen mit starker Heilwirkung zählen Zingiberen, Zineol und Terpinol. Ingwer enthält außerdem Gingerol, das für den scharfen Geschmack verantwortlich ist.

Ingwer beugt vielen Erkrankungen vor, unterstützt die Heilung und lindert Schmerzen. Er unterstützt bei Erkältungen und bei Verdauungsstörungen, indem er die Speichel- und Magensaftproduktion anregt. Ingwer lindert Schwellungen und Entzündungen sowie Herz-Kreislauf-Beschwerden, indem er für eine Erweiterung und Entspannung der Gefäße sorgt.

Außerdem hat er eine antimutagene und antikanzerogene Wirkung und schützt so vor Zellveränderungen, die unter Umständen zu Krebs führen.

Kräutertee-Mischung

Für 1 Liter Tee

Je 15 g Lindenblüten, Melisseblätter, Orangenblätter, grüne Anissamen, Pfefferminzblätter, Verbeneblätter

1 l Wasser

Insgesamt 15 g der Kräutermischung in 1 l Wasser aufkochen lassen, 5 bis 10 Minuten ziehen lassen und abgießen. Nach dem Essen trinken.

Gesundheitsaspekt

- Lindenblüten haben eine schweißtreibende und krampflösende Wirkung. Aufgrund ihres
- Schleimstoffgehalts sind sie auch bei Husten und Halsschmerzen zu empfehlen.
- Melisseblätter verwendet man bei Erkältungen, Kopfschmerzen und Schwindel. Auch als Schlaftee sind sie geeignet.
- Orangenblätter enthalten ca. 0,3 Prozent ätherisches Öl, außerdem Hesperidin und Bitterstoffe.
- Pfefferminzblätter helfen bei Herzklopfen, Schlaflosigkeit, Durchfall und Erbrechen.
- Verbeneblätter helfen gegen Erschöpfungszustände und befreien die Atemwege.

Limetten-Minze-Tee

Für 1 Liter Tee

900 ml Wasser

1 Bund Pfefferminze

4 TL Pfefferminztee

3 Limetten

4 EL Vollrohrzucker

Minzeblättchen bis auf 4 Zweige abzupfen. 900 ml Wasser aufkochen und Minzeblättchen und Pfefferminztee damit übergießen, 3 bis 5 Minuten ziehen lassen.

Aus 2½ Limetten den Saft auspressen, ½ Limette in Scheiben schneiden. 8 EL Limettensaft mit Zucker

verrühren, Tee durch ein Sieb auf die Mischung gießen.
Die Limettenscheiben mit den übrigen Minzezweigen in Teegläser verteilen und die Gläser mit Tee aufgießen.

Matetee

Für 1 Tasse Tee
1 TL Matetee
1 Tasse Wasser

Matetee mit heißem Wasser übergießen und 5 bis 10 Minuten ziehen lassen. 1 Tasse Tee morgens auf nüchternen Magen und 2 bis 3 weitere Tassen über den Tag verteilt trinken.

Gesundheitsaspekt

Matetee wird aus den Blättern der Stechpalme gewonnen und ist reich an Vitamin C und B sowie an Mineralstoffen und Spurenelementen. Außerdem enthält diese Teeart Gerbstoffe sowie Theobromin und andere Aminosäuren.
Matetee aktiviert den Fett- und Kohlenhydratstoffwechsel und ist daher besonders figurfreundlich. Er regt die Verdauung an und steigert die Ausscheidung von Flüssigkeit. Außerdem verringert er das Hungergefühl.
Wegen des Koffeingehalts sollte man Matetee nicht spätabends trinken.

Pfefferminztee mit Süßholz

Für 1 Person

Einige Pfefferminzblätter
1 Prise zerstoßene Süßholzwurzel
1 Prise grüne Anissamen
1 Prise Fenchel
1 Zitronenscheibe

Variante 1: Kaltes Wasser auf Kräuter und Süßholzwurzel gießen, einige Stunden ziehen lassen, abgießen und mit einer Zitronenscheibe servieren.
Variante 2: Kräuter und Süßholzwurzel mit kochendem Wasser übergießen, 3 Minuten ziehen lassen.

Gesundheitsaspekt

Das Süßholz ist die Wurzel der subtropischen Süßholzpflanze. Der Saft der Süßholzwurzel ist der Ausgangsstoff für Lakritze. Lakritze hilft gegen Husten, Magengeschwüre und Kopfschmerzen und bei niedrigem Blutdruck. Außerdem hat sie einen blutreinigenden Effekt und eine schleimlösende, entzündungshemmende, harntreibende und schmerzlindernde Wirkung. Dieser Tee ist wegen des Lakritzezusatzes nicht geeignet für Menschen mit hohem Blutdruck.

Marokkanischer Pfefferminztee

Für eine kleine Teekanne

2 TL grüner Tee
½ Handvoll Pfefferminzblätter
4 TL Vollrohrzucker

2 TL grünen Tee in eine Metallkanne füllen, die man auf die Herdplatte stellen kann. Etwas kochendes Wasser auf den Grüntee gießen, damit die Blätter quellen können, mit kochendem Wasser auffüllen und 1 bis 2 Minuten auf der Herdplatte auf kleiner Flamme köcheln, beiseitestellen und die Minzeblättchen hineingeben.
Die Teekanne wieder auf die Herdplatte stellen, den Zucker hinzufügen und nochmals 1 Minute kochen.

Pu-Erh-Tee

Dieser Tee wird aus den Teeblättern des Dayeh-Teebaums hergestellt und kommt aus der südchinesischen Provinz Yunnan.

Für 1 Liter Tee
3 TL Pu-Erh-Teeblätter
1 l Wasser

Pu-Erh-Tee mit 1 Liter heißem, nichtkochendem Wasser aufbrühen und 5 Minuten ziehen lassen. Den Tee kurz vor dem Frühstück in kleinen Schlucken trinken. Die Teeblätter können bis zu drei Mal aufgebrüht werden.

Gesundheitsaspekt

Pu-Ehr-Tee hat einen hohen Gehalt an Mangan, Gerbsäure, Bitterstoffen, Fluor sowie Saponinen. Saponine senken den Blutzuckerspiegel und regen dadurch den Verdauungstrakt dazu an, die Fette, die mit der Nahrung aufgenommen werden, zu unlöslichen Verbindungen umzuwandeln, die danach nicht mehr verdaut werden können. Dadurch sinkt der Blutfettspiegel, wobei der Mangangehalt diesen Vorgang unterstützt.

Pu-Erh-Tee entgiftet den Organismus, regt die Verdauung an und bekämpft wie kein anderer Tee überflüssiges Körperfett.

Wegen des Koffeingehalts sollten man Pu-Erh-Tee nicht spätabends trinken.

Mamas Schlaftee

Zutaten

50 g Schlüsselblumen-blüten
25 g Lavendelblüten
10 g Johanniskrautblüten
15 g Hopfenfrucht
5 g Baldrianwurzeln
1 Tasse Wasser

Für eine Tasse Tee 1 TL Teemischung mit 1 Tasse kochendem Wasser aufgießen, 5 bis 10 Minuten ziehen lassen, abseihen und mit Ahornsirup süßen.

Gesundheitsaspekt

- Blüten und Wurzel der Schlüsselblumen gehören zu den schleimlösenden Mitteln. Die enthaltenen Saponine lockern bei Husten den Schleim und erleichtern das Abhusten. In der Volksmedizin dienen Schlüsselblumenblüten als Zusatz bei Schlafstörungen.
- Lavendelblüten haben eine wohltuende beruhigende und schlaffördernde Wirkung.
- Johanniskrautblüten finden Verwendung bei leichten depressiven Störungen, Angst und nervöser Unruhe.
- Die Hopfenfrucht hat eine schlaffördernde Wirkung.
- Baldrianwurzeln hat eine schlaffördernde und beruhigende Wirkung, für die vor allem die darin enthaltenen Sesquiterpene verantwortlich sind. Baldrian wird allein oder in Kombination mit anderen pflanzlichen Extrakten wie Hopfen oder Melisse als mildes Beruhigungs- und Schlafmittel eingesetzt. Im deutschsprachigen Raum sind zahlreiche baldrianhaltige Fertigpräparate im Handel.

Tashi Delek

Tashi Delek ist ein tibetanischer Glücks- und Nerventee.

Für 1 Liter Glückstee
4 TL getrocknete Brennnesselblätter
1 TL Ingwerpulver
4 Kardamomkapseln
1 TL Süßholzpulver
1 TL getrocknete Zitronenmelissenblättchen
4 getrocknete Aprikosen
2 EL Ahornsirup oder Palmzucker
1 l Wasser

Die fein geschnittenen Aprikosen und die im Mörser zerstoßenen Kardamomkapseln werden mit den anderen Zutaten – mit Ausnahme des Ahornsirups – mit kochendem Wasser überbrüht. 10 Minuten ziehen lassen und nach Wunsch süßen.

Gesundheitsaspekt

- Zitronenmelisse wirkt verdauungsfördernd, beruhigend, schlaffördernd und krampflösend, außerdem schmerzlindernd und bakterienhemmend.
- Gesundheitsaspekt Brennnesseln ▸ S. 29

Tea Nog

Tea Nog ist ein ayurvedisches Tee-Getränk.

Für 4 Tassen Tee
1 Zimtstange
2 Nelken
1 Bio Orange
1 Bio Zitrone
4 Beutel Chai Tee
2 EL Ahornsirup
800 ml Wasser

Wasser zum Kochen bringen, Zimtstange und Nelken in das Wasser legen und 5 Minuten ziehen lassen.
Die Orange und Zitrone in Scheiben schneiden. Eine Teekanne mit heißem Wasser ausspülen und auf diese Weise vorwärmen.
Die Orangen- und Zitronenscheiben sowie die Teebeutel in die Teekanne geben. Das Gewürzwasser erneut zum Kochen bringen und in die Kanne gießen, die Teebeutel nach 5 Minuten entfernen.

Ahornsirup hinzufügen, verrühren und heiß servieren.

Teepunsch

Für 4 Personen
6 TL Darjeelingtee
1 Orange
3 Zitronen (davon 1 Bio-Zitrone)
100 g brauner Kandiszucker
1 l Wasser

Tee mit dem leicht kochenden Wasser aufgießen und zugedeckt 3 Minuten ziehen lassen. Orange und 2 Zitronen auspressen, Bio-Zitrone in Scheiben schneiden.
Den Tee durch ein Sieb gießen, Kandiszucker unterrühren, bis der Zucker aufgelöst ist. Zitronen- und Orangensaft in den Tee gießen und Zitronenscheiben hinzufügen.

Teemischung bei Übergewicht

Für 1 Liter Tee
3 g Salbeibätter
3 g Engelwurz
3 g Wacholderbeeren
1 g Wegwartewurzel
1 g Wermutkraut
1 l Wasser

Zutaten mit kochendem Wasser überbrühen und 10 Minuten ziehen lassen.

Gesundheitsaspekt

- Salbeiblätter haben einen hohen Gehalt an ätherischen Ölen, dazu gehören Thujon, Campher und Lineol. Außerdem enthält Salbei Gerbstoffe, Triterpene und den spezifischen Bitterstoff Salvin, dem er seine Heilkräfte verdankt. Er hat außerdem eine antibakterielle Wirkung und wird als Hausmittel gegen Hautentzündungen, bei Zahnfleischproblemen oder bei Halsschmerzen angewendet. Zudem hilft Salbei gegen Hitzewallungen und Schweißfüße.

- Engelwurz wird gegen Beschwerden wie Appetitlosigkeit, leichte Magen- und Darmkrämpfe, Völlegefühl und Blähungen eingesetzt. Er wirkt karminativ, antimikrobiell und regt die Magensaft- und Bauchspeicheldrüsensekretion an. Hinweis: Sehr empfindliche Menschen können bei Hautkontakt mit dem frischen Pflanzensaft gegen Sonnenlicht sensibilisiert werden.
- Wacholderbeeren wirken schleimlösend und sind ein bekanntes blutreinigendes, wassertreibendes und verdauungsstärkendes Mittel. Wacholderbeeren werden auch gegen entzündliche Erkrankungen der ableitenden Harnwege und bei Ödemen angewendet.
- Wegwartewurzel enthält Inulin, Bitterstoffe, Intybin, Zucker, Harz, Kalisalze, Cichoriin, Gerbsäure und ätherisches Öl. Es hat eine adstringierende, anregende, blutreinigende und entzündungshemmende Wirkung und stärkt zudem die Verdauungsorgane.
- Wermutkraut enthält eine hohe Konzentration an Bitterstoffen aus der Gruppe der Sesquiterpenlactone mit Absinthin als Hauptkomponente. Darüber hinaus enthält Wermutkraut ätherische Öle und verschiedene Flavonoide. Dieses Kraut hilft bei Beschwerden des Verdauungstrakts wie Gastritis oder Blähungen. Die verdauungsfördernde Wirkung wird auf die im Wermutkraut enthaltenen Bitterstoffe zurückgeführt.

Yogi-Tee

Für 1 Liter Tee

2 EL zerkleinerte Zimtstangen

2 EL grüne Kardamomkapseln, im Mörser zerstoßen

2 EL zerkleinerte getrocknete Ingwerwurzel

2 EL Nelken, im Mörser zerstoßen

2 EL schwarze Pfefferkörner, im Mörser zerstoßen

Vollrohrzucker nach Belieben

1 l Wasser

Einen gehäuften EL der Gewürzmischung mit dem Wasser aufgießen, zugedeckt 15 Minuten köcheln, danach 10 Minuten ziehen lassen. Den Tee durch ein Sieb abgießen und ¼ Sojamilch dazugeben. Nach Belieben Vollrohrzucker dazugeben.

III Küchenpraxis

Claudia Nichterl, Adelheid Stöger

Vegan einkaufen

Gut sortierte Supermärkte sind vor allem in größeren Städten eine gute Anlaufstelle für den täglichen Einkauf. Allerdings sind in vielen Produkten, die dort angeboten werden, versteckte tierische Inhaltsstoffe (z.B. Milchpulver in Margarine) enthalten, die nur mühsam durch das Lesen der vielen Etiketten identifiziert werden können. Beim Einkauf auf dem Wochenmarkt, im Bioladen oder an den Frischetheken im Supermarkt ist es einfacher. Frische Zutaten, die unverarbeitet sind, haben keine Zutatenlisten. Die Basis einer veganen Ernährung sollten deshalb vor allem frisches Obst, Gemüse, Getreide, Hülsenfrüchte, Nüsse, Kräuter, Gewürze und Trockenfrüchte sein. Wer solche Zutaten bevorzugt, kann nicht viel falsch machen.

Tipps für den Einkauf

- Viele Produkte sind bereits mit dem Zusatz „vegan“ deklariert.
- „Kann Spuren von Milch enthalten“ steht häufig auf veganen Schokoladen und ist als Hinweis für Allergiker gedacht. Er bedeutet, dass vegane Schokolade im gleichen Raum oder auf der gleichen Maschine produziert wurde, auf der vorher Milch verarbeitet wurde. Hersteller sichern sich durch diesen Satz gesetzlich ab, Milch ist in den Produkten, wenn überhaupt, dann nur in kleinsten Spuren enthalten und das unbeabsichtigt und aus technischen Gründen. Veganer kennen ähnliche Situationen zu Hause, wenn sie zusammen mit Nicht-Veganern ihre Mahlzeiten zubereiten, und Geschirr und Töpfe gezwungenermaßen auch mit tierischen Zutaten in Berührung kommen. Insofern können prinzipiell auch Veganer diese Produkte nutzen, die mit diesem Zusatz ausgezeichnet sind.

Gewürze und Kräuter

Laufend werden Studienergebnisse zu Gewürzen und Kräutern veröffentlicht. In der traditionellen europäischen Medizin, in der Traditionellen Chinesischen Medizin und im indischen Ayurveda spielen Gewürze seit jeher eine bedeutende Rolle bei der Gesunderhaltung und Verhinderung von Krankheiten. Die in Wurzeln, Blättern, Blüten oder Samen enthaltenen Aroma-, Bitter- und Scharfstoffe aktivieren die Verdauungstätigkeit. Einige Kräuter bzw. Gewürze wie Meerrettich, Knoblauch, Thymian oder Salbei steigern sogar die Leistungsfähigkeit bestimmter Organe und helfen bei vielen Erkrankungen. Sie machen Bakterien unschädlich, wirken hustenstillend, krampflösend und beruhigend. Kräutern wird eine ganze Reihe von Heilwirkungen zugeschrieben (s.u.). Nutzen Sie die Vielfalt an Kräutern und Gewürzen, genießen Sie den Duft und die vielfältigen Verwendungsmöglichkeiten.

Gesundheitsaspekte ausgewählter Kräuter und Gewürze

Kräuter

Basilikum Reich an ätherischen Ölen, wirkt krampflösend, magenberuhigend und soll auch bei Migräne, Verdauungsbeschwerden und Schlaflosigkeit unterstützend wirken.

Bohnenkraut Löst Krämpfe und hemmt Blähungen.

Borretsch Löst Schleim, wirkt entwässernd, blutreinigend und schweißtreibend.

Dill Wirkt harntreibend, verdauungsfördernd, blähungs- und krampflösend und leicht anregend.

Estragon Wirkt antiseptisch, hilft bei Blähungen, Würmern, Krämpfen und Menstruationsbeschwerden und regt außerdem den Appetit an.

Kerbel Stärkt den Magen, reinigt das Blut und entwässert.

Knoblauch Ist reich an Vitaminen und Mineralstoffen. Er ist am wirksamsten, wenn er frisch verwendet wird. Er wirkt antioxidativ und schützt so vor Krankheiten und vorzeitigem Altern. Knoblauch ist in der Lage, das LDL-Cholesterin sowie den Blutdruck zu senken. Er wirkt als natürlicher Blutverdünner und verringert auf diese Weise das Risiko von Blutgerinnseln, die zu Schlaganfall bzw. Thrombosen führen können. Außerdem ist er hilfreich bei Erkältungen, Grippe und Parasiten. Knoblauch ist wie ein natürliches Antibiotikum. Er bekämpft aber nicht nur Bakterien, sondern auch Viren und Protozoen.

Koriander Hat eine magen- und nervenstärkende, krampflindernde sowie entzündungshemmende Wirkung. Koriander wird auch als Chinesische Petersilie bezeichnet.

Kümmel Wirkt magenstärkend und blähungshemmend.

Liebstöckel Dieses Kraut ist vor allem für seine harntreibende Wirkung bekannt.

Lorbeer Blätter und Beeren des Lorbeerbaums bzw. -strauchs wirken antiseptisch, abführend, schleimlösend und antirheumatisch.

Majoran, Oregano Beide Kräuter beruhigen Magen und Schleimhäute, lindern Koliken, regen den Appetit an und fördern die Verdauung.

Petersilie Enthält Vitamin C und ätherische Öle.

Rosmarin Beruhigt den Magen und regt den Kreislauf an. Rosmarinöl ist ein gutes Mittel, um die Hautregeneration zu unterstützen.

Salbei Wirkt appetitanregend, krampflösend, entwässernd und reinigend, hilft bei Halsschmerzen, Mund- und Lippengeschwüren, Menstruationsbeschwerden und Blähungen.

Schnittlauch Ist sehr reich an Vitaminen und Mineralstoffen. Er wirkt blutreinigend, harntreibend und schleimlösend.

Thymian Wirkt entwässernd, krampflösend, darmreinigend und schleimlösend. Er regt den Kreislauf an und beseitigt Müdigkeit und Lethargie.

Zitronenmelisse Enthält ätherische Öle, Bitterstoffe und Gerbstoffe. Die Gerbstoffe wirken gegen Viren. Zitronenmelisse wirkt außerdem verdauungsfördernd, beruhigend, schlaffördernd und schmerzlindernd. Sie ist vielseitig einsetzbar und beliebt in Salaten, Süßspeisen oder Tees.

Zwiebeln Haben eine starke antibakterielle Wirkung und beugen dadurch Infektionen vor. Sie helfen bei Grippe, Husten und Schnupfen (z.B. Zwiebelsäckchen). Zwiebeln wirken appetitanregend, verdauungsfördernd, wassertreibend und wundheilend.

Gewürze

Anis Fördert die Fettverdauung, unterstützt den Kreislauf und regt die Nervenzellen an. Ein mit Anis zubereitetes Gericht ist in der Regel leicht und gut verdaulich.

Currykraut Beinhaltet vor allem ätherische Öle und die Bitterstoffe Borneol und Nerylacetat. Es wirkt entzündungshemmend, schmerzstillend und unterstützt die Wundheilung. Currykraut wird vor allem in Form von Ölen bei Hämatomen, Ekzemen und anderen Hautirritationen angewendet. Es wirkt außerdem gegen Gelenkschmerzen, Krampfadern, Lymphstau und bei Sportverletzungen. In der Küche eignen sich die intensiv duftenden Zweige für Reis- und Gemüsegerichte.

Fenchel Hat eine schleimlösende und krampfstillende Wirkung. Als Tee hilft er bei Husten, Magenschwäche und wirkt beruhigend auf kleine Kinder.

Kardamom Der Anteil an den Ölen Limonen und Linalool ist dafür verantwortlich, dass Kardamom die Verdauung anregt und Blähungen entgegenwirkt.

Kurkuma (Gelbwurz) Unterstützt die Gallenblase und wirkt außerdem harntreibend. Als Bestandteil von Currymischungen ist Kurkuma für die gelbe Farbe und den leicht bitteren Geschmack von Curry verantwortlich.

Muskat Die Nuss und ihre Schale (Macis) haben einen leicht scharfen Geschmack. Sie unterstützen die Verdauung von Hülsenfrüchten und bekämpfen Müdigkeit nach dem Essen.

Gewürznelken Wirken magenstärkend, appetitanregend und blähungstreibend. Das ätherische Öl Eugenol wirkt darüber hinaus schmerzstillend und hat sich vor allem bei Zahnschmerzen bewährt.

Pfeffer Unterstützt die Verdauung und hat eine krampf- und schleimlösende Wirkung.

Piment (Neugewürz) Erleichtert die Verdauung.

Sternanis Fördert die Verdauung, unterstützt das Herz und erhöht die Leistung der Gehirnzellen.

Wacholderbeeren Haben einen hohen Anteil an Bitterstoffen, die die Verdauung fördern. Die Beeren wirken antibakteriell, blutreinigend, harntreibend, schleimlösend, schmerzlindernd und tonisierend.

Zimt Wirkt antibakteriell, adstringierend, krampflösend, schleimlösend, fördert die Durchblutung und senkt den Blutzuckerwert. Es gibt kaum ein Leiden, das man nicht mit Zimt lindern könnte.

Die richtige Verwendung von Kräutern und Gewürzen

Frische Kräuter erst kurz vor Ende der Garzeit zu den Speisen geben. Getrocknete Gewürze können während des gesamten Kochvorgangs mitgekocht werden, dadurch lösen sich die ätherischen Öle und entfalten ihre Wirkung. Speisen mit schwer verdaulichen Hülsenfrüchten oder Kohlgemüse werden durch die Zugabe verdauungsfördernder Gewürze wie Kümmel, Majoran, Fenchel, Koriander, Thymian, Anis, Ingwer oder Kurkuma bekömmlicher.

Gewürze zum Selbstherstellen

Gewürzmischungen erleichtern das Würzen und sind für die schnelle Küche besonders praktisch. Zwei beliebte Würzmischungen sind das Chinagewürz (z.B. für Asiagerichte) und das Lebkuchengewürz (z.B. für Süßspeisen).

Chinagewürz

Zutaten

3 Sternanis
1 EL Fenchelsamen
1½ TL Cassia-Zimtpulver
½ TL Szechuanpfeffer
¼ TL Nelken

Zubereitung: Alle Zutaten in einer Pfanne anrösten, bis sie duften, danach im Mörser zerstoßen oder in der Gewürz- bzw. Kaffeemühle mahlen.

Lebkuchengewürz von Adelheid Stöger

Zutaten

1 TL gemahlener Kardamom

1 TL gemahlener Piment

¼ TL gemahlener schwarzer Pfeffer

2 TL Zimtpulver

1 ½ TL Ingwerpulver

¼ TL Nelkenpulver

1 Prise Muskatnuss

Zubereitung: Alle Zutaten gut vermischen. In einem dunklen Glas aufbewahren.

Ersatzstoffe für „gängige" Nahrungsmittel

Ersatz für Eier

Eiersatz aus dem Reformhaus ist relativ teuer und normalerweise nicht notwendig. Für Eischnee gibt es Eiersatzpulver im Bioladen, das mit Wasser angerührt und dann mit dem Mixer aufgeschlagen wird. Soja-Schlagsahne kann ebenfalls Eischnee ersetzen.

In vielen Rezepten können Sie die Eier einfach weglassen, Konsistenz und Geschmack bleiben meist trotzdem erhalten (► Sojamehl, S. 346).

Ersatz für Tiermilch

Kuhmilch wird in der veganen Ernährung durch pflanzliche Milchsorten ersetzt. Es gibt inzwischen sogar in Supermärkten eine große Auswahl, z.B. Sojamilch (aus gesetzlichen Gründen unter dem Namen „Sojadrink" im Handel), Reis-, Hafer-, Hanf-, Dinkel-, Mandel-, Kokos- oder Hirsemilch bzw. -drink. Der Qualitätsstandard ist unterschiedlich hoch, manche sind gesüßt oder mit Geschmack versetzt (Erdbeere, Vanille, Schokolade), einige enthalten Emulgatoren. Probieren Sie verschiedene Sorten aus, Sie werden bestimmt schnell Ihre Lieblings-„Milch" finden. Zum Aufschäumen eignet sich am besten Sojamilch.

Herstellung von pflanzlichen Milchsorten

Die Herstellungsverfahren sind relativ ähnlich: Der Rohstoff wird mit heißem Wasser vermengt und in Mühlen zu Brei gerieben. Der grobe Anteil wird durch Sieben herausgetrennt. Der feine Anteil wird erhitzt und abgefüllt.

Bei der Sojamilchherstellung wird allein durch diesen Vorgang ein geschmacklich akzeptables Produkt hergestellt.

Bei Getreidemilch ist das nicht ausreichend, sie hätte aufgrund des hohen Stärkeanteils einen faden Geschmack. Deshalb werden Enzyme (Amylase) zugesetzt, die die Stärke zu Zucker abbauen. Danach wird die Lösung filtriert, häufig wird auch Öl dazugegeben. Dadurch entsteht eine milchige Wasser-Öl-Emulsion, die der Kuhmilch in Geschmack und Aussehen nahe kommt. Um eine Entmischung und die Aufrahmung festerer Teilchen zu vermeiden, werden die Getreidedrinks entweder homogenisiert oder es wird ein Emulgator (nicht nötig beim Reisdrink) hinzugefügt. Der Nährwert der Getreidemilch hängt von der verwendeten Getreideart ab, der Vitamin- und Mineralstoffgehalt ist der Kuhmilch sehr ähnlich, nicht jedoch der Gehalt an Eiweiß und Kalzium. Deshalb wird häufig Kalzium zugesetzt. Hafermilch enthält Beta-Glucan, ein Stoff, der inzwischen als Cholesterinsenker anerkannt ist.

Getreidemilch ist keine Alternative für Säuglingsnahrung.

Kokosmilch

Kokosmilch (Kokosdrink) ist eine gute Milchalternative beim Kochen, in Süßspeisen oder auch für Eis. Sie ist reich an natürlichem Vitamin C und hat einen günstigen Einfluss auf Energiegewinnung und Schadstoffabbau im Körper. Die enthaltene Laurinsäure (ist auch in Muttermilch enthalten) wirkt gegen Viren, Bakterien und Protozoen, die enthaltene Caprinsäure hat eine antimikrobielle Wirkung und schützt gegen Pilze.

Mandelmilch

Mandelmilch bzw. -drink ist eine Mischung aus geriebenen Mandeln und Wasser. Sie können Mandelmilch selber herstellen, indem Sie Mandelmus mit Wasser verrühren oder frisch gemahlene Mandeln rösten und dann mit Wasser verrühren. Mandeln sind reich an Kalzium, Magnesium, Kupfer und enthalten große Mengen der Vitamine B und E.

Sojamilch

Sojamilch bzw. -drink wird durch das Einweichen trockener Sojabohnen hergestellt, die anschließend vermahlen, mit Wasser vermischt, aufgekocht und filtriert werden. Da es Sojamilch an Vitamin B_{12}, B_2 und Kalzium mangelt, reichern viele Hersteller ihre Produkte damit an. Sojamilch enthält Isoflavone, die in hohen Dosen als Phytoöstrogene (pflanzliche Hormone) wirken. Vor allem Männer sollten aufgrund der Hormonwirksamkeit keine großen Mengen an Sojaprodukten verzehren.

Soja ist für Allergiker nicht geeignet

So gesund die Sojabohne normalerweise ist, Sojaeiweiß ist ein häufiger Allergieauslöser in unseren Breiten. Besonders bei Pollenallergikern oder Menschen mit Heuschnupfen kann es zu Kreuzallergien kommen, da die Eiweißstrukturen den Birkenpollen sehr ähnlich sind. Heimische Alternativen für Allergiker sind Lupinen oder Hanf-Eiweiß:

- **Lupinen gehören zu den Leguminosen (Hülsenfrüchten), Produkte aus Lupinen sind in Reformhäusern oder Bioläden erhältlich. Bekannt wurden die Lupinen vor allem als glutenfreie Alternative für Zöliakiekranke. Inzwischen gibt es sogar Eis aus Lupinen, das unter dem Namen „Lupinesse“ verkauft wird. Mit 40 Prozent Eiweißanteil stehen Lupinen dem Eiweißgehalt von Sojabohnen nicht nach. Lupinen enthalten alle essenziellen Aminosäuren, Vitamin A und B_1 sowie Kalium, Kalzium, Magnesium und Eisen. Verwertbares Vitamin B_{12} ist, entgegen der verbreiteten Meinungen in einigen Veröffentlichungen, in Lupinensamen nicht** enthalten. Dafür enthalten Lupinen Phytoöstrogene, jedoch nur in geringer Konzentration. Der Fettanteil ist mit 4 bis 7 Prozent deutlich niedriger als der von Soja. Außerdem ist darauf zu achten, dass Lupinen nicht für Erdnuss-Allergiker geeignet sind. Aus diesem Grund müssen seit 2007 EU-weit Lupinenbestandteile vollständig gekennzeichnet werden.

- Ein weiteres, viel zu lang vergessenes, heimisches Lebensmittel ist der Hanf. Hanfnüsse enthalten hochwertiges Eiweiß mit allen lebensnotwendigen Aminosäuren. Hanfnuss-Eiweißpulver ist im Fachhandel erhältlich und kann ergänzend zum Kochen, Backen oder für Fruchtsaftzubereitungen verwendet werden. Der Eiweißanteil des bekömmlichen, leicht verdaulichen Pulvers beträgt knapp 50 Prozent. Der nussige Geschmack kommt besonders gut in Milchshakes und in Smoothies (Ganzfruchtgetränke) zur Geltung, Hanfnuss-Pulver wird aber auch häufig einfach mit Wasser angerührt. Schonende Verfahren garantieren, dass bei der Herstellung keine Erhitzung stattfindet und somit alle Enzyme erhalten bleiben. Das Hanfnuss-Protein besteht zu ca. 65 Prozent aus dem Globulin „Edestin" sowie aus einigen Albuminen, die denen im menschlichen Blutplasma verwandt und für ihre leichte Verdaulichkeit bekannt sind.

Ersatz für Käse und Wurst

Der Lebensmittelhandel bringt fast täglich neue Produkte für die vegane Küche auf den Markt. Die Auswahl an pflanzlichen Brotaufstrichen, veganer Wurst, Würstchen oder an Fleischersatz auf Soja- oder Seitan-Basis oder an „Veggie-Käse" steigt kontinuierlich an. Veganer Käse wird auf Sojabasis hergestellt. Er darf nicht mit Analogkäse verwechselt werden, der Milcheiweiß enthält, folglich nicht vegan ist und erst kürzlich in den Medien kontrovers diskutiert wurde. Veganer Käse ist nur vereinzelt in Supermärkten erhältlich, häufig ist er nur über Onlineshops beziehbar. Die Qualität ist sehr unterschiedlich.

Es stellt sich die Frage, wie sinnvoll solche Ersatzprodukte ernährungsmedizinisch sind, die meist etliche Verarbeitungsschritte durchlaufen haben, und ob sie eine Alternative zu frischen, natürlichen Zutaten sein können. Eine vegane Ernährung ist ohne Fleisch, Wurst oder Käse und auch ohne solche Ersatzprodukte sehr gut möglich. Auf den veganen Versionen von Pizzen und Omeletts sowie in veganen Fertiggerichten wie Suppen, Eintöpfen und Aufläufen wird häufig Nährhefe (durch Hitze inaktivierte Hefe) als Käseersatz eingesetzt, um das Gericht cremiger zu machen und ihm eine „käsige" Geschmacksnote zu geben.

Ersatz für Honig

Eine sehr gute Alternative für Honig sind Agavendicksaft, Rohrzucker oder auch Apfel- oder Birnendicksaft bzw. Zuckerrübensirup. Weitere Süßungsmittel sind Zuckerrübensirup, Ahornsirup, Löwenzahnhonig, Gerstenmalz und Reismalz.

Ersatz für Kakao

Carob ist die getrocknete und gemahlene Schale des Johannisbrotbaums, dient als Kakaoersatz (Carobpulver) und ist eine geeignete Alternative für Kakao-Allergiker.

Ersatz für Gelatine

Eine bewährte Alternative für Gelatine ist Agar-Agar, das aus Algen hergestellt wird. Es ist zu beachten, dass Agar-Agar aufgekocht werden muss, damit die Bindungsfähigkeit aktiviert wird. Für Marmeladen ist auch die Verwendung von Apfelpektin möglich. Bei der Einnahme von Nahrungsergänzungsmitteln gilt es zu bedenken, dass viele Produkte in Gelatinekapseln abgefüllt werden.

Agar-Agar ist vielfältig verwendbar, z.B. zum Andicken von Saucen und Marmeladen, für die Zubereitung von Pasteten, Cremes und Tortenguss oder für asiatische Speisen.

> Faustregel: Agar-Agar-Pulver mit kaltem Wasser gut verrühren und dann mit den Früchten oder der gewünschten Flüssigkeit aufkochen.

- 500 ml Flüssigkeit (z.B. Suppen, Saucen) oder 500 g Früchte: ein Teelöffel Agar-Agar.
- 500 g sturzfähige Pastete oder Pudding: zwei Teelöffel Agar-Agar mit kaltem Wasser gut verrühren und dann mit den Früchten oder der gewünschten Flüssigkeit aufkochen.

Agar-Agar geliert erst beim Abkühlen, Sahne sollte erst beim Gelieren hinzugefügt werden.

Ersatz für Butter

Butter kann leicht durch Margarine ersetzt werden. Achten Sie aber bitte darauf, dass die Margarine rein pflanzlich ist und keine gehärteten Fette enthält (Transfette), die gesundheitsschädlich sind. Avocado ist eine gute Alternative zu Butter als Brotaufstrich.

Ersatz für Sahne

Im Handel gibt es bereits fertige Alternativprodukte wie Soja-, Reis- oder Hafersahne. Die Ergebnisse beim Aufschlagen sind unterschiedlich, der Soja- oder Hafergeschmack ist unter Umständen gewöhnungsbedürftig. Es empfiehlt sich, die unterschiedlichen Sorten auszuprobieren, bis Sie Ihre Lieblingssahne gefunden haben. Mit etwas Vanille, Kardamom oder Kakaopulver kann man die vegane Sahne nachträglich aromatisieren.

Zum Aufschlagen eignen sich besonders Kokos- und Sojasahne, die aber vor der Verarbeitung gut gekühlt werden sollte. Beim Kochen haben sich Kokosmilch oder Mandelmus bewährt. Einfach weißes Mandelmus mit Wasser anrühren und unter die Speisen rühren. Dadurch erhalten sie eine aromatische, leicht süßliche Note. Außerdem gibt es eine ganze Reihe von Produkten, die auf Basis von Hafer, Reis oder Soja hergestellt werden und in der Küche als Sahneersatz zum Einsatz kommen.

Ersatz für Fleisch

Wer nach der Umstellung auf eine vegane Ernährung hin und wieder auf deftigen Fleischgeschmack nicht verzichten möchte, für den gibt es eine Vielzahl an Fleischersatzprodukten im gut sortierten Supermarkt oder Bioladen. Die Palette reicht von veganen Chickennuggets, Schnitzeln, Bratwürsten bis zu Wurstersatzprodukten. Für eine Grillparty im Sommer sollten die Fleischersatzprodukte gut mit Öl eingepinselt werden, damit das Grillgut nicht zu trocken wird.

Bolognese-Sauce für Nudeln oder Lasagne kann aus Linsen oder Tofu zubereitet werden. Für ein fleischähnliches Mundgefühl ist fester Tofu zu bevorzugen, der zerkleinert (am besten mit einer Gabel) und für 7 bis 10 Minuten in einer Pfanne knusprig angebraten wird.

Als Brotaufstrich kommt sehr weicher, gewürzter (Räucher-)Tofu infrage.

Tempeh ist ein hochwertiges Sojaprodukt, das ursprünglich aus Indonesien kommt, inzwischen aber auch in Europa hergestellt wird. Die enthülsten Sojabohnen werden mit einer Pilzkultur (Rhizopus) vermengt, gekocht und dann 1 bis 2 Tage lang erwärmt. Die Pilzkultur verfestigt die Sojabohnen und erzeugt einen aromatisch-würzigen Geschmack. Tempeh kann in Scheiben geschnitten und gebraten, gegrillt oder auch zerkleinert als Suppeneinlage bzw. für Soßen verwendet werden.

Ersatz für Mayonnaise

Mayonnaise wird traditionell aus Eiern zubereitet und ist deshalb nicht vegan. Im Bioladen oder Reformhaus gibt es aber inzwischen eifreie Mayonnaise, die aus Pflanzenöl mit Verdickungsmitteln hergestellt wird. Mayonnaise lässt sich aber auch selbst zubereiten: Sojamilch, Öl, Essig und Guarkernmehl gut verrühren, und schon haben Sie eine cremige Sauce.

Vegane Bindemittel

Guarkernmehl (Guarmehl) Dieses pflanzliche Bindemittel wird aus der Guarbohne (Zentralafrika, Indien) hergestellt. Es wird als Dickungsmittel für Soßen, Suppen, Salatdressings, Eiscreme, Sahnesteifmittel oder als Frischhaltemittel (ein Teelöffel Guarkernmehl pro Kilogramm Mehl) bei der Backwarenherstellung verwendet. Guarmehl eignet sich für die Verarbeitung sowohl mit kalten als auch mit heißen Flüssigkeiten. Da es sofort bindet, sollte es mithilfe eines Salzstreuers dosiert werden. Eine Prise Guarkernmehl unter geschlagene Schlagsahne gemischt, erhöht deren Standfähigkeit.

Kartoffelstärke Die Stärke wird aus Kartoffeln extrahiert und als Speisestärke beim Kochen und Backen verwendet.

Kuzu Wird aus dem Wurzelstock (Rhizom) der Kuzupflanze (Bergland von Japan) gewonnen und ist geschmacksneutral. Kuzu eignet sich sehr gut zum Andicken von Soßen, Suppen, Desserts, Puddings, Milchspeisen, Fruchtsäften, Glasuren für Kuchen und zum Panieren von Tofu. Kuzu gilt in Asien seit jeher als Heilmittel und wird bei den unterschiedlichsten Beschwerden angewendet.

> Faustregel: 1 bis 2 Teelöffel Kuzu in etwas kaltem Wasser auflösen und in die kochende Speise einrühren, dabei ständig umrühren, nach wenigen Sekunden tritt bereits die Verdickung ein. Die vorher milchige Flüssigkeit wird dabei durchsichtig glänzend.

Maisstärke Diese aus Mais extrahierte Stärke ist glutenfrei und für Allergiker sehr gut verträglich. Maisstärke wird beim Backen (Kuchen, Torten, Biskuit, Gebäck), als Bindemittel für Suppen, Gemüse und Soßen und zum Eindicken von Puddings, Cremes, roter Grütze und Fruchtspeisen eingesetzt.

Pfeilwurzelstärke Aus dem Wurzelstock (Rhizom) der Arrowroot-Pflanze (Brasilien) wird die Pfeilwurzelstärke gewonnen. Sie ist geschmacksneutral, glutenfrei, feinpulvrig und ideal zum Binden von feinen Soßen und Suppen, Cremes, Puddings oder als Eiersatz.

> Faustregel: Für einen ½ Liter Flüssigkeit 2 bis 3 Teelöffel Pfeilwurzelstärke in etwas kaltem Wasser auflösen, langsam mit der gewünschten Flüssigkeit aufkochen und kurz aufwallen lassen. Als Eiersatz (ein Ei): 3 Esslöffel Pfeilwurzelstärke mit 1 Esslöffel Wasser verrühren.

Johannisbrotkernmehl Dieses geschmacksneutrale, glutenfreie Bindemittel wird aus den Samen der Früchte des Johannisbrotbaums (Vorderasien,

Mittelmeerraum) gewonnen. Es wird zum Andicken von Suppen, für die Zubereiten von Soßen, Desserts oder als Tortenguss bzw. -füllung verwendet.

> Faustregel: 1 bis 2 Teelöffel Johannisbrotkernmehl in einen halben Liter kalte oder warme Flüssigkeit klumpenfrei einrühren; kalte Speisen quellen lassen, warme Speisen unter ständigem Rühren nochmals aufkochen.

Sojamehl Zum Binden von Speisen oder Kuchenteig werden relativ häufig Eier verwendet. Die Wirkung beruht auf dem enthaltenen Lecithin. Eine Alternative für die Zubereitungen ohne Ei ist Sojamehl, das ebenfalls Lecithin enthält.

> Faustregel: 1 Esslöffel Sojamehl plus 2 Esslöffel Wasser ersetzen ein Ei. Für Kuchenteige oder Muffins gut geeignet ist pro Ei auch eine Mischung aus 2 Esslöffel Mehl zusammen mit 1 Esslöffel Backpulver, 2 Esslöffel Sonnenblumenöl und 3 Esslöffel Wasser, alles kräftig aufgeschlagen. Eine andere Möglichkeit sind zerstampfte Bananen oder Apfelmus.

IV Anhang

Ernährung und Krankheit

Claudia Nichterl

Die groß angelegten Humanstudien unter der Leitung von Colin Campbell, einem der Autoren der „China Study", machten deutlich, dass bei der Frage nach der Beziehung zwischen Ernährung und Krankheit ein Ergebnis besonders ins Auge stach: Diejenigen Studienteilnehmer, die besonders viele Nahrungsmittel tierischen Ursprungs aßen, litten am meisten unter chronischen Krankheiten. Diejenigen, die sich überwiegend mit pflanzlichen Lebensmitteln ernährten, waren am gesündesten und am wengisten anfällig für chronische Krankheiten (Textauszug im Wortlaut ► S. 373). Andererseits kann eine gesunde (vegane) Ernährungsweise chronische Leiden wie Herzerkrankungen, Diabetes und Übergewicht aufhalten oder sogar rückgängig machen. Im Folgenden werden einige markante Beispiele für die Beziehung zwischen Ernährung und chronischen Krankheiten vorgestellt.

Herz-Kreislauf-Erkrankungen

Die mit Abstand häufigste Todesursache in westlichen Ländern sind Herz-Kreislauf-Erkrankungen. Die Angst vor einer Krebserkrankung ist zwar weitverbreitet, die Zahlen belegen aber, dass im Bevölkerungsdurchschnitt z.B. Frauen mit einer acht Mal höheren Wahrscheinlichkeit an einer Herzerkrankung sterben als an Brustkrebs. Herzerkrankungen entwickeln sich über einen langen Zeitraum. Immer häufiger werden bereits bei jungen Menschen Bluthochdruck, erhöhte Cholesterinwerte und arteriosklerotische Ablagerungen festgestellt, die zu Gefäß-Verengungen führen. Vergleicht man die Todesraten durch Herzerkrankungen in verschiedenen Ländern, stellt man fest, dass diese umso höher sind, je größer der Anteil an tierischen Produkten in der Ernährung ist. Verantwortlich dafür sind die ungünstigeren Blutfettwerte. Da Veganer keine tierischen Fette verzehren, nehmen sie noch weniger gesättigte Fettsäuren (► S. 370) auf als Ovo-lacto-Vegetarier. Die Cholesterinaufnahme von Veganern geht gegen null, dafür nehmen sie mehr ungesättigte Fettsäuren und Ballaststoffe zu sich. Der hohe Anteil an pflanzlicher Kost versorgt den Körper optimal mit antioxidativen Substanzen wie Vitamin C, Betacarotin und Polyphenolen, die die mehrfach ungesättigten Fettsäuren in den LDL-Partikeln vor Oxidation schützen können.

Diskutiert werden ein oft beobachteter, erhöhter Homocysteinspiegel sowie die geringe Aufnahme an herzschützenden, langkettigen Omega-3-Fettsäuren. Unklar ist bisher, ob durch eine Vitamin-B_{12}-Supplementierung (▸ S. 363), die das Homocystein senken könnte, das bereits verringerte Herz-Kreislauf-Risiko noch weiter gesenkt werden kann. Menschen, die sich vegan ernähren, sollten deshalb auch den Vitamin-B_2-(Riboflavin-)Spiegel im Auge behalten. Eine unzureichende Versorgung mit diesem Vitamin in Verbindung mit einem erhöhten Homocysteinspiegel gilt als Risikofaktor für Arteriosklerose. Vitamin B_2 ist vorwiegend in Milchprodukten und Fleisch enthalten. Zu den alternativen Quellen gehören Getreidekeimlinge, Nüsse, Pilze, Hülsenfrüchte und Ölsaaten. Ebenfalls unbekannt ist bislang, ob der niedrige Omega-3-Plasmaspiegel dem ansonsten günstigen Risikoprofil von Veganern entgegenwirkt.

Rheumatische Erkrankungen

Allein in Deutschland wird die Zahl der Rheumatiker auf etwa fünf Millionen geschätzt. Fleisch, Wurst und Fisch haben einen hohen Gehalt an Arachidonsäure, die Vorstufen von Prostaglandinen und Leukotrienen. Das sind zwei Stoffe, die für den Rheumaschmerz verantwortlich sind. In der Gelenkflüssigkeit von Rheumapatienten findet sich vor allem Prostaglandin E_2, das an der Knorpelzerstörung mitbeteiligt ist. Die Entzündungen treten umso häufiger auf, je mehr Arachidonsäure über die Nahrung aufgenommen wird. Studien haben den schmerzlindernden Effekt einer vegetarischen Ernährung nachgewiesen. Bei veganer Kost sind die Effekte noch stärker ausgeprägt, weil überhaupt keine Arachidonsäure über die Ernährung zugeführt wird.

Nahrungsmittel tierischen Ursprungs haben außerdem keinen antioxidativen Schutzschild und neigen dazu, die Produktion freier Radikale und die durch sie bewirkte Zellzerstörung zu aktivieren. Pflanzliche Nahrungsmittel hingegen sind reich an Antioxidanzien und unterbinden diese Zerstörung, zudem enthalten sie mehr Ballaststoffe und Mineralien als Produkte tierischer Herkunft.

Übergewicht und Diabetes

Übergewicht, Fettsucht und Diabetes vom Typ 2 nehmen weltweit dramatisch zu, besonders auffällig ist dabei das immer jüngere Alter der Übergewichtigen. Bereits Schulkinder sind betroffen. Übergewicht bei Kindern und Jugendlichen ist der entscheidende Risikofaktor für Adipositas im Erwachsenenalter und legt den Grundstein für chronische Störungen wie Bluthochdrurck, Herz-Kreislauf-Erkrankungen, Diabetes und degenerative Skeletterkrankungen. Die vegetarische und vegane Ernährung haben einen hohen Obst- und Gemüseanteil und können deshalb einen wertvollen Beitrag für ein gesundes Gewichtsmanagement leisten. Der Verzicht auf Fleisch oder sogar auf alle tierischen Produkte allein ist jedoch nicht gleichzusetzen mit einer vollwertigen Ernährung. In den Ernährungsberatungsstellen finden sich immer häufiger sogenannte Pudding- oder Junkfood-Vegetarier, die an Übergewicht leiden oder krank werden. Die Devise lautet deshalb: weg von der Industriekost und den Weißmehl- und Zuckerprodukten, hin zu hochwertiger Frischkost mit Obst, Gemüse, Getreide, Nüssen, Sojaprodukten und Hülsenfrüchten.

Vollwertige Kohlenhydrate aus Getreide und Hülsenfrüchten, Obst und Gemüse tragen auf natürliche Weise dazu bei, das Mengenproblem beim Essen zu entspannen. Übergewichtige sind häufig Vielesser mit einer Vorliebe für große Portionen auf dem Teller. Bei veganer Ernährung sind volumenmäßig große Portionen erlaubt, weil die Nahrung wegen des hohen Gemüseanteils insgesamt niedrigkalorisch ist und eine hohe Nährstoffdichte hat.

Erhöhte Cholesterinwerte

Hohe Cholesterinwerte mit Cholesterinsenkern (Statine) zu behandeln, ist ein zweischneidiges Schwert. Unter strenger ärztlicher Kontrolle gehören Statine vor allem bei der Behandlung von Hochrisikopatienten zur Standardverschreibung, um einen Herzinfarkt oder einen Schlaganfall zu verhindern.

Statine sind jedoch hoch potente Wirkstoffe, deren Nebenwirkungen bei ansonsten gesunden Menschen mehr Schaden als Nutzen anrichten.

Ein ganzheitlicher Behandlungsansatz sollte immer im Auge behalten, dass der Cholesterinspiegel letztlich ein Biomarker ist, der darauf hinweist, dass der Körper nicht optimal versorgt ist. Deshalb sollten zunächst Lebensstil und Ernährung hinterfragt werden. Cholesterin ist ein wichtiger Stoff, den der Körper selbst produzieren kann. Wir brauchen Cholesterin z.B. für unsere Nerven, für die Bildung von Hormonen oder für die Fettverdauung. Im Übermaß wirkt Cholesterin jedoch schädlich. Tierische Produkte sind unter den Lebensmitteln die einzige Quelle für Cholesterin, alle pflanzlichen Nahrungsmittel sind cholesterinfrei. Eine vegane Ernährungsweise trägt demnach effizient und nachhaltig dazu bei, den Cholesterinspiegel zu senken – und das ohne Nebenwirkungen.

Vorsicht ist auch bei der modernen „fettarmen" Ernährungsweise geboten. Oft liegt das Augenmerk zwar auf der Reduktion von Fett, z.B. fettarmer Kuhmilchjoghurt, magere Fleischsorten. Dadurch wird die Fettaufnahme reduziert, das „Ernährungsmuster" bleibt aber bestehen.

Osteoporose

Unter Osteoporose versteht man eine Erkrankung des Skeletts mit Verminderung der Knochenmasse und erhöhter Bruchgefahr der Knochen. Eine vegane Ernährung mit viel Obst und Gemüse liefert eine Vielzahl an Basen bildenden Mineralstoffen und Spurenelementen (► S. 364). Zu den basischen Lebensmitteln gehören z.B. Äpfel, Bananen, Mangos, Oliven, Brokkoli, Karotten, Paprika, Gurken oder Zwiebeln. Der Genuss von tierischem Protein, auch aus den viel gelobten Milchprodukten, erzeugt – bei mangelhafter Versorgung mit Obst und Gemüse – einen Säureüberschuss in Blut und Gewebe. Die Regulationsmechanismen des Körpers sind grundsätzlich in der Lage, diesen Säureüberschuss zu regulieren und wieder ein Gleichgewicht herzustellen. Möglich machen das die Mineralienreserven in unseren Knochen, die als „Puffer" die Säuren abfangen. So wird z.B. Kalzium aus den Knochen mobilisiert, um Säuren zu neutralisieren. Auf lange Sicht werden die Knochen dadurch entmineralisiert mit der Folge, dass die Gefahr von Knochenbrüchen und Knochenschwund steigt.

Fakt ist, dass in Ländern mit hohem Milchkonsum die Osteoporose auf dem Vormarsch ist, wohingegen in Ländern, in denen traditionell keine Milchprodukte verzehrt werden (z.B. Asien) diese Krankheit nur selten vorkommt. Pflanzliche Lebensmittel wie grüne Gemüse, Sesam, Mohn, Mandeln, Fenchel, Linsen, Bohnen oder Sojaprodukte sind ergiebige Quellen für Kalzium und schützen so unsere Knochen.

Krebserkrankungen

Nach derzeitigem Wissensstand tragen viele unterschiedliche Faktoren zur Entstehung von Krebs bei. Die Frage, welcher Faktor letztlich der Auslöser für die bösartige Neubildung von Zellen ist, wird kontrovers diskutiert. Der Zusammenhang mit der Ernährung scheint z.B. bei Darmkrebs eindeutig zu sein, bei anderen Krebsarten stehen andere Faktoren im Vordergrund (z.B. Tabakrauch bei Lungenkrebs).

Trotz aller Diskussionen und Unklarheiten gilt es als gesichert, dass die eigentliche Entstehung von Krebszellen mitunter nur wenige Minuten dauert, dass sich die anschließende Wachstumsphase aber über viele Jahre hinziehen kann und unter Umständen reversibel ist. In diesem „Zeitfenster" kann die richtige Ernährung eine wichtige Rolle spielen und darüber mitentscheiden, ob das Tumorwachstum im Frühstadium günstige Bedingungen vorfindet oder nicht. Der Organismus verfügt über ein Wachstumshormon mit der Bezeichnung IGF-1 (insulin-like growth factor), das eine insulinähnliche Wirkung hat. Es regt das Wachstum gesunder Zellen an und regelt die Entsorgung alter Zellen. Der regelmäßige bzw. übermäßige Konsum von tierischem Eiweiß führt dazu, dass das Wachstumshormon die Teilungsgeschwindigkeit der Zellen erhöht und die Entsorgung alter, überflüssiger Zellen behindert. Beide Umstände begünstigen erwiesenermaßen die Entstehung von Krebserkrankungen. Studien haben gezeigt, dass die pathologische Entwicklung bei der Zellteilung und -entsorgung zurückgeht, sobald die Zufuhr von tierischem Eiweiß (v.a. Milch) reduziert oder ganz darauf verzichtet wird. Der Wachstumsfaktor IGF-1 wird deshalb zunehmend als Marker für Krebserkrankungen herangezogen.

Wichtige Erkennntnisse über den Zusammenhang von tiereiweißreicher Ernährung und der Entstehung von Krebs lieferte Colin Campbell mit der „China Study". Eine Kernaussage der Studien, die der Autor durchgeführt hat, lautet: Eine Verringerung der Proteinaufnahme schwächt die Aktivität von IGF-1 ab, d.h., je weniger tierisches Protein wir essen, desto weniger Tumorzellen können durch die Aktivität von IGF-1 entstehen, die Zellteilung geschieht langsamer (Auszug aus dem Originaltext ▸ S. 384 ff.). Die Schlussfolgerung lautet: Die richtige Ernährung kann chemische Substanzen, die krebserregend wirken, in ihrer Wirkung übertreffen und die Entstehung von Krebs verhindern. Ein anderer Vergleich von 200 Studien über den Zusammenhang von Ernährung und Krebsentstehung erbrachte ebenfalls ein eindeutiges Ergebnis: Menschen, die wenig Früchte und Gemüse essen, haben ein doppelt so hohes Risiko, an Krebs zu erkranken als Menschen mit regelmäßigem Obst- und Gemüsekonsum.

Ist Milch gesund?

Milch gilt in unserem Kulturkreis seit jeher als gesund, erst seit einigen Jahren werden Qualität und Nutzen der Milch vermehrt diskutiert. Im Gegensatz zu asiatischen Kulturen hat die Milchwirtschaft bei uns Tradition. Milch von „Turbo"-Kühen ist aber angereichert mit Hormonen. Fruchtjoghurts sind weniger Milchprodukte als eine Mixtur aus Farbstoffen, Geschmacksverstärkern und viel Zucker. Trotz des anhaltend hohen Milchkonsums gibt es in unseren Breiten immer mehr Menschen, die an Osteoporose leiden. In Studien wird der hohe Milchkonsum mit Krebserkrankungen, Diabetes oder Autoimmunerkrankungen in Verbindung gebracht.

Therapeuten, die Naturheilverfahren praktizieren und/oder in Traditioneller Chinesischer Medizin ausgebildet sind, sprechen sich gegen einen hohen Milchkonsum im Erwachsenenalter aus. Die Beobachtung, dass Kinder, die viel(e) Milch(-Produkte) konsumieren, häufig verschleimt und/oder erkältet sind, hat viele Therapeuten veranlasst, vor allem in den kalten Wintermonaten von einem Milchkonsum abzuraten.

Ausgewogene Ernährung

Claudia Nichterl

Betrachten wir unsere Lebensmittel nun einmal genauer, stellt sich die Frage, was eigentlich in all den Zutaten steckt, die wir täglich in fester oder flüssiger Form zu uns nehmen. Wie viele Nährstoffe braucht der Körper und worauf kann er verzichten?

Eiweiß (Protein)

Das Wort Protein (Eiweiß) leitet sich aus dem Griechischen ab, „protos" bedeutet „das Erste" oder „das Wichtigste". In der Tat ist Protein oder Eiweiß der wichtigste Baustein aller lebenden Zellen, denn ohne Eiweiß gibt es kein Leben. Die Hauptaufgabe der Nahrungsproteine im Körper ist der Aufbau und die Erneuerung von Körpereiweiß. Auch für die Immunabwehr oder für die Bildung von Hormonen und Enzymen braucht unser Körper Eiweiß. Im Gegensatz zu Kohlenhydraten und Fett kann Protein im Körper nicht gespeichert werden. Wir sind daher auf eine regelmäßige Proteinzufuhr angewiesen. Eine ausreichende Versorgung mit Protein ist die beste Voraussetzung für mentales und körperliches Wohlbefinden.

Unser täglicher Eiweißbedarf ist nicht sehr hoch. Die Deutsche Gesellschaft für Ernährung (DGE) gibt für Erwachsene einen Richtwert von 0,8 Gramm Eiweiß pro Kilogramm Körpergewicht an. Diese Menge sollten wir täglich zu uns nehmen, um gesund zu bleiben. Das entspricht für eine Frau mit einem Körpergewicht von 60 Kilogramm einer Menge von knapp 50 Gramm Eiweiß pro Tag. Bei drei Mahlzeiten pro Tag sind das pro Mahlzeit etwa 16 Gramm Protein. Die folgende Tabelle gibt einen Überblick darüber, wie viel Gramm eines Nahrungsmittels 16 Gramm Eiweiß enthalten.

Mengenangaben von Nahrungsmitteln als Lieferant von 16 g Eiweiß (www.sfk-online.net)

Amaranth, roh	110 g
Reis, roh	270 g
Sojabohnen, getrocknet	45 g
Sojasprossen	250 g
Tofu	200 g
Sonnenblumenkerne	80 g
Cashewnüsse	85 g
Erdnüsse	65 g
Erdnusspaste, Erdnussmus	55 g
Walnüsse	100 g
Haselnüsse	110 g
Sojamilch	500 ml
Dinkelmehl	110 g
Maismehl, Polenta	185 g
Haferflocken	120 g
Roggenbrot	280 g
Linsen, roh	80 g
Kichererbsen, roh	80 g
Mohn	70 g
Sesam	70 g

Kinder und Schwangere haben einen etwas höheren Eiweißbedarf, für sie wird 1 Gramm pro Kilogramm Körpergewicht empfohlen.

Nahrungseiweiß ist – je nachdem, aus welcher Quelle es stammt – unterschiedlich wertvoll für unseren Körper. Die Wertigkeit von Nahrungseiweiß ist abhängig von der Konzentration und dem Verhältnis der Eiweißbausteine, den Aminosäuren, untereinander. Ist die Aminosäure-Zusammensetzung ähnlich wie die in unserem Organismus, ist das Protein besonders wertvoll für unsere Ernährung. Ausgedrückt wird das als „biologische Wertigkeit“ (BW). Die BW gibt an, wie viel Gramm Körpereiweiß durch 100 Gramm des betreffenden Nahrungseiweißes aufgebaut werden können. Tierisches Eiweiß hat in der Regel eine hohe biologische Wertigkeit, weil die Aminosäuren-Zusammensetzung dem menschlichen Körpereiweiß sehr ähnlich ist. Es kann daher effizienter zum Aufbau von körpereigenem Eiweiß verwendet werden. Pflanzliche Proteine enthalten alle für unsere Ernährung wichtigen Eiweißbausteine, ihre Konzentration ist allerdings oft gering. Trotzdem erleiden wir ohne tierisches Eiweiß keinen Proteinmangel, weil zum einen pflanzliches Protein sehr gut verdaulich ist und die Aminosäuren für unseren Körper gut verfügbar sind. Zum anderen, weil eine geschickte Kombination aus Eiweißquellen die Wertigkeit deutlich steigern kann. Beispiele dafür sind Kombinationen wie Reis mit Bohnen oder Mais mit Bohnen. In diesen Fällen ergänzen sich die Aminosäuren perfekt und erhöhen die biologische Wertigkeit.

Essen wir zu viel oder zu wenig Eiweiß?

Wer sich zu einer veganen Ernährung entschließt, wird von seiner Umwelt meist die Frage zu hören bekommen, ob vegane Lebensmittel nicht zu wenig Eiweiß liefern. Auch Kommentare wie „das macht krank“ sind nicht selten. Unter Laien herrschen meist falsche bzw. konfuse Vorstellungen über einen angemessenen Eiweißkonsum und die Bedeutung von Eiweiß. Daraus resultiert die oft irrationale Angst, zu wenig Eiweiß zu bekommen und krank zu werden. In unserer Überflussgesellschaft stehen wir aber eher dem Problem einer Eiweiß-Überversorgung gegenüber als dem einer Mangelversorgung. Die neuen Diättrends – wenig Kohlenhydrate, viel Eiweiß – verstärken in der Bevölkerung noch die Wahrnehmung, dass Eiweiß besonders wichtig und gesund ist. Tatsächlich ist Eiweiß ein lebensnotwendiger Nährstoff, entscheidend sind aber Menge und Vielfalt der Eiweißzufuhr. Wer sich nur von tierischem Eiweiß ernährt, lebt definitiv nicht gesund, sondern setzt sich dem erhöhten Risiko aus, an Zivilisationskrankheiten wie Herz-Kreislauf-Erkrankungen, Krebs, Diabetes, Bluthochdruck und Übergewicht zu erkranken. Das haben alle Studien zu diesem Thema gezeigt. Unbestritten ist, dass die Umstellung auf eine tiereiweißarme bzw. -freie Ernährung den Verlauf von Zivilisationskrankheiten verlangsamen, stoppen oder sogar rückgängig machen kann. Unschlagbar ist die vegane Ernährung außerdem als vorbeugende

Maßnahme, um die häufigsten chronischen Krankheiten unserer Zeit erst gar nicht entstehen zu lassen.

Kohlenhydrate

Kohlenhydrate sind Energielieferanten für Körperzellen, Gehirn und Muskulatur. Zu den Kohlenhydraten zählen jede Form von Stärke und alle Zuckerarten. Sie alle werden in unserem Körper zum Einfachzucker Glukose (Traubenzucker) umgewandelt und in dieser Form den Zellen als Treibstoff zur Verfügung gestellt. Allein unser Gehirn braucht für eine optimale Leistung täglich 100 bis 140 Gramm Glukose. Da Kohlenhydrate wertvoller Treibstoff für unsere Körperzellen sind, sollten wir sie regelmäßig zu uns nehmen, dabei aber auf Qualität achten. Laien, aber auch Fachleute unterteilen kohlenhydratreiche Lebensmittel plakativ in „gute" und „schlechte" Kohlenhydratlieferanten. Das Unterscheidungsmerkmal ist die Länge der Zuckermolekülketten, der Fachbegriff dafür lautet „glykämische Last" (GL). Schlechte Kohlenhydratlieferanten haben einen geringen Ballaststoffgehalt, die Kohlenhydrate werden daher schnell verdaut, lassen den Blutzucker rasch ansteigen und haben eine hohe GL. Gute Kohlenhydratlieferanten werden aufgrund eines hohen Ballaststoffgehalts langsamer verdaut, sorgen so für einen gemäßigten Blutzuckeranstieg und haben eine niedrige GL. Die GL ist also ein Rechenwert, der aussagt, in welcher Geschwindigkeit Kohlenhydrate in die Blutbahn gelangen.

- Lebensmittel mit niedriger GL sind vor allem naturbelassene Lebensmittel wie z.B. frisches Obst, Gemüse, Pellkartoffeln, Hülsenfrüchte, Nüsse und Samen, Vollkornprodukte (z.B. Roggen- oder Dinkelbrot), Getreide, Gemüsesäfte und Bitterschokolade (mindestens 70 Prozent Kakaoanteil).
- Zuckerhaltige, stärkehaltige, verarbeitete oder erhitzte Lebensmittel haben dagegen eine hohe GL wie z.B. Weißbrot, Croissants, Trockenfrüchte, Kuchen, Süßigkeiten, Kekse, Limonadengetränke oder Fruchtsäfte. Der übermäßige Konsum von Lebensmitteln mit hoher GL belastet den Zuckerstoffwechsel. Die Folge sind Übergewicht, Leberstoffwechselstörungen oder Diabetes.

Frische Lebensmittel haben in der Regel nicht nur eine niedrige GL, sondern auch einen hohen Anteil an Ballaststoffen, die vorbeugend gegen Diabetes und Übergewicht wirken und für einen regelmäßigen Stuhlgang sorgen. Eine ausgewogene vegane Ernährung setzt deshalb auf frisches Obst, Gemüse, Kartoffeln, Getreide und Hülsenfrüchte. Einfach nur das Fleisch wegzulassen und dafür viele Süßigkeiten zu essen, ist weder gesund noch eine empfehlenswerte vegane Ernährung.

„Versteckte" Kohlenhydrate

Bei Fertigprodukten und Limonaden finden sich auf den Verpackungsangaben häufig Glukose, Saccharose, Dextrose, Traubenzucker oder Fruchtzucker. Dabei handelt es sich immer um Zucker, d.h. um einfache Kohlenhydrate. So enthalten z.B. 100 Gramm Gummibärchen umgerechnet 26 Stück Würfelzucker, ein Liter Limonade etwa 36 Stück.

Fette

Auch Fette sind Energielieferanten, sie sind jedoch kalorienreicher als Kohlenhydrate. Fette sind sowohl in tierischen als auch in pflanzlichen Lebensmitteln enthalten. In den vergangenen Jahren geriet Fett als Nährstoff teilweise zu Unrecht in Verruf. Manche Fette sind sehr wertvoll, andere wiederum gar nicht.

- Schlecht im Sinne einer Belastung für die Gesundheit sind „gesättigte" Fette, wie sie z.B. in Wursterzeugnissen, Frittiertem oder in Fertigprodukten vorkommen. Zu viel davon lässt den Cholesterinspiegel steigen und die Gefäße verkalken.
- Wertvolle Fette kommen in Pflanzenölen wie Walnussöl, Leinöl und Rapsöl vor. Die darin enthaltenen mehrfach ungesättigten Fettsäuren (► S. 370) werden ausschließlich über die Nahrung geliefert. Sie können vom Körper nicht hergestellt werden und gelten deshalb als essenziell (lebensnotwendig). Die „guten" Fette sorgen für die Aufnahme der fettlöslichen Vitamine (A, D, E und K), sind an der Bildung von Hormonen beteiligt, un-

terstützen das Herz-Kreislauf-System, die Blutgerinnung, die Fruchtbarkeit und sichern als Energiespeicher im Körper das Überleben in Notzeiten.

Transfette – Gefahr im Croissant

Transfette haben zuletzt vermehrt Konsumentenschützer auf den Plan gerufen. Sie entstehen bei der künstlichen Härtung von Fett und gelten als Mitverursacher von Herzinfarkt oder Arteriosklerose. Transfette sind vor allem in Kartoffelchips, Erdnussflips, Croissants, Blätterteiggebäck, industriell hergestellten Mehlspeisen, in vielen Kekssorten und Schokoriegeln, in Pommes frites sowie in billigen Margarinen und Bratfetten enthalten. Es lohnt sich daher, auf die Qualität der Fette zu achten. Enthält ein Produkt „gehärtete Fette", sollten Sie dieses meiden oder nur selten verzehren.

Die Deutsche Gesellschaft für Ernährung (DGE) empfiehlt die in der Tabelle genannte Nährstoffverteilung für Erwachsene (Gesamtenergie = 100%).

Kohlenhydrate	55%
Fett	30%
Eiweiß	15%

Bei Kindern und Jugendlichen bis etwa 19 Jahre weicht die in der Tabelle genannte Nährstoffrelation bei Eiweiß und Fett leicht ab, da Kinder und Jugendliche einen höheren Energiebedarf haben und noch Körpersubstanz aufbauen, wozu mehr Eiweiß benötigt wird.

Bei einem Energiebedarf von 2000 Kilokalorien pro Tag sollten also Lebensmittel mit insgesamt 264 Gramm Kohlenhydrate, 66 Gramm Fett und 72 Gramm Eiweiß verzehrt werden. Die Zahlen sind Durchschnittswerte, da der Energie- und Nährstoffbedarf von Mensch zu Mensch und von Tag zu Tag verschieden ist.

Vitamine, Mineralstoffe und Ballaststoffe

Der Bedarf an den Hauptnährstoffen Eiweiß, Kohlenhydrate und Fett sollte täglich erfüllt werden. Vitamine, Mineralstoffe, Ballaststoffe und Wasser sind neben den Hauptnährstoffen weitere wichtige Stoffe, die täglich mit der Nahrung zugeführt werden müssen. Auch für diese wurde durch ernährungswissenschaftliche Forschungen der Bedarf ermittelt und Zufuhrempfehlungen ausgegeben. Die Empfehlungen für die tägliche Zufuhr an Flüssigkeit und Ballaststoffen sollten möglichst eingehalten werden. Die Bilanz für die Zufuhr von Mineralstoffen und Vitaminen sollte im Rahmen einer Woche ausgeglichen sein.

Die folgende Tabelle gibt einen Überblick über die Zufuhr ausgewählter Nährstoffe pro Tag, auf die sich die Ernährungsgesellschaften in Deutschland, Österreich und in der Schweiz geeinigt haben (D-A-CH-Referenzwerte, www.dge.de). Hierbei handelt es sich um Mittelwerte für Erwachsene in jüngeren und mittleren Jahren.

Empfehlungen für die Nährstoffzufuhr

Nährstoff(-Gruppe)	Menge, Einheit	Zufuhr/Tag (männlich)	Zufuhr/Tag (weiblich)
Eiweiß	15 % der Energie	0,8 g/kg/KG	0,8 g/kg/KG
Fett	30 % der Energie	–	–
Kohlenhydrate	55 % der Energie	–	–
Ballaststoffe	g	30	30
Flüssigkeit	Liter	1,5–2	1,5–2
Kalzium	mg	1000	1000
Magnesium	mg	350	300
Kalium	mg	2000	2000
Eisen	mg	10	15
Jod	µg	200	200
Zink	mg	15	12
Selen	µg	20–100	20–100
Vitamin A	mg	1	0,8
Vitamin E	mg	14–15	14–15
Vitamin B_1	mg	1,2	1
Vitamin B_2	mg	1,4	1,2
Vitamin B_6	mg	1,5	1,2
Vitamin B_{12}	µg	3	3
Folsäure	µg	400	400
Vitamin C	mg	100	100

Vegane Ernährung ohne Nährstoffmangel

Claudia Nichterl

Eine ausgewogene vegane Ernährung mit frischen Zutaten und viel Gemüse, Obst, Nüssen, Samen, Getreide, Hülsenfrüchten und pflanzlichen Ölen deckt im Grunde alle Nährstoffe ab, die der Mensch braucht. Bei einigen wenigen Nährstoffen ist die Deckung des Bedarfs in Einzelfällen als kritisch zu betrachten. Jeder Nährstoff erfüllt in unserem Organismus spezifische Aufgaben, damit alle Stoffwechselvorgänge reibungslos ablaufen können. Mangelzustände können zu Funktionseinschränkungen führen und das Entstehen von Krankheiten begünstigen. Wenn Sie die folgenden Informationen bei der Zusammenstellung Ihres veganen Speiseplans berücksichtigen, können Sie sicher sein, dass Sie ausreichend mit allen Nährstoffen versorgt sind. Wer sich vegan ernährt, hat bereits meist ein ausgeprägtes Bewusstsein für Lebensmittelqualität entwickelt, legt Wert auf saisonale und/oder Bio-Zutaten und greift regelmäßig zu Obst und Gemüse.

Vitamin B_{12}

Vitamin B_{12}, auch bekannt als Cobalamin oder Coenzym B_{12}, wird von Mikroorganismen gebildet und kommt in pflanzlichen Lebensmitteln nicht vor. Deshalb ist die vegane Ernährung grundsätzlich eine Vitamin-B_{12}-arme Ernährungsform. Aus diesem Grund gelten Veganer als Risikogruppe für die Ausbildung eines Mangels an diesem Vitamin. Auch wenn der Vitamin-B_{12}-Blutspiegel eines Veganers im Normalfall weit unter dem Vitamin-B_{12}-Blutspiegel eines durchschnittlichen Menschen liegt, der sich mit Mischkost ernährt, lässt sich in der Praxis kein Unterschied in der Häufigkeit von Vitamin-B_{12}-Mangelerkrankungen (s.u.) bei Veganern und in der übrigen Bevölkerung feststellen. Die Vermutung liegt also nahe, dass Veganer Cobalamine möglicherweise aus anderen Quellen wie z.B. „unhygienischen" Lebensbedingungen und mit Bakterien verunreinigtem Wasser beziehen. Das bedeutet, dass eine „gesunde" Portion Schmutz z.B. beim Verzehr von ungewaschenem Obst und Gemüse (natürlich aus biologischem Anbau) zur Deckung des Cobalaminbedarfs beiträgt.

Tritt eine Vitamin-B_{12}-Mangelerkrankung auf, ist meist davon auszugehen, dass es sich um eine Resorptionsstörung handelt. Vitamin B_{12} wird im Darm durch den in der Magenschleimhaut gebildeten Intrinsic-Faktor aktiv aufgenommen. Ist die Bildung des Intrinsic-Faktors gestört, kann Vitamin B_{12} nicht aufgenommen oder rückresorbiert werden, sodass sich die Speicher schnell leeren. Menschen mit dieser Mangelerkrankung sind müde, blass, geschwächt, antriebsarm und neigen zu Schwindel. Im Blutbild zeigen sich krankhaft vergrößerte Blutkörperchen (Megaloblastenanämie). Die Symptome sind sehr deutlich und werden in der Regel rechtzeitig entdeckt. Die Krankheit kann durch Vitamin-B_{12}-Gaben rückgängig gemacht werden, und die Betroffenen erholen sich rasch.

Ernsthafter ist ein zweites Erscheinungsbild des Vitamin-B_{12}-Mangels, das normalerweise erst in einem späten Krankheitsstadium auftritt: die funikuläre Myelose. Das Erscheinungsbild dieser Krankheit ähnelt der Multiplen Sklerose, es kommt zur Schädigung des Rückenmarks und zu motorischen Störungen. Ein Leitsymptom dieser Erkrankung ist neben dem Vitamin-B_{12}-Mangel ein Folsäuremangel. Da Veganer im Gegensatz zur übrigen Bevölkerung meist sehr gute Folsäurewerte haben, bleiben die Leitsymptome der Erkrankung oft unentdeckt. Die Gefahr für Veganer besteht also eigentlich darin, dass aufgrund der meist überdurchschnittlich guten Folsäureversorgung die ersten Anzeichen des Vitamin-B_{12}-Mangels verschleiert werden. Deshalb wird empfohlen, bei veganer Ernährung den Vitamin-B_{12}-Spiegel „im Auge zu behalten“ und gegebenenfalls mit hochwertigen Präparaten zu substitutieren.

Vitamin B_{12} – ein komplexes Vitamin

Die verbreitete Meinung lautet, dass Algen, Algenpräparate und fermentierte Lebensmittel ausreichend Vitamin B_{12} enthalten. Leider hat sich herausgestellt, dass es neben dem aktiven Cobalamin auch Cobalamine gibt, die genau genommen inaktiv sind. Zwar werden sie vom Organismus wie das aktive Cobalamin aufgenommen, durch ihre Inaktivität „schwirren“

sie aber im Körper – scheinbar sinnlos – herum und blockieren durch ihr Vorhandensein die aktiven Cobalamine. Diese inaktiven Cobalamine (Vitamin-B_{12}-Analoga oder Pseudo-Vitamin B_{12}) sind vor allem in Algen(-Produkten) wie z.B. Spirulina und in makrobiotisch-fermentierten Lebensmittel wie Miso, Tempeh und Shoyu enthalten. Die Forschungen dazu sind noch nicht abgeschlossen. Wegen der Blockadegefahr des aktiven Cobalamins wird empfohlen, diese Lebensmittel *nicht* als Vitamin-B_{12}-Quelle in Betracht zu ziehen. Herkömmlich fermentierte Nahrungsmittel wie z.B. Sauerkraut weisen im Vitamin-B_{12}-Gehalt enorme Schwankungen auf. Es lässt sich also nie genau angeben, wie viel und ob überhaupt Cobalamine darin enthalten sind. Das bedeutet, dass Nahrungsmitteln, die mit Vitamin B_{12} angereichert wurden, ausnahmsweise von Vorteil sind: Sie enthalten eine gleichbleibende Menge an aktivem, d.h. brauchbarem Vitamin B_{12}. Mit Vitamin B_{12} angereichert sind z.B. Müslis und Müsliriegel, Flocken, Fruchtsäfte, manche Hefepasten, einige Sojamilch-, Fleischersatz- und Soja-Produkte.

Eisen

In seltenen Fällen kann bei Menschen, die sich vegan ernähren, die Eisenversorgung zu kurz kommen, vor allem bei „Pudding-Veganern", die sich überwiegend von Weißmehlpasta, Süßigkeiten und Sojaeis ernähren. Veganer, die sich abwechslungsreich und ausgewogen ernähren, sind von Eisenmangel nicht häufiger betroffen als Fleischesser, die sich einseitig ernähren. Allerdings sollten Menschen mit starkem Blutverlust, z.B. Frauen mit starker Menstruation, auf ihre Eisenversorgung achten, da der Verlust von Blut auch den Verlust von Eisen für den Körper bedeutet. Bei chronischem Blutverlust ist es wichtig, die Ursachen zu bekämpfen und gegebenenfalls Eisen zu ergänzen, damit die Leistungsfähigkeit erhalten bleibt.

Eisen ist ein Schlüsselmineral für Vitalität, Konzentration, aber auch für kräftige Haare und eine gesunde Gesichtsfarbe. Wichtige pflanzliche Quellen für Eisen sind Vollkornprodukte, Getreide (vor allem Hirse, Quinoa und Amaranth), angereicherte Getreideprodukte, Hülsenfrüchte, Nüsse, Samen, dunkelgrünes Blattgemüse, Trockenobst und dunkle Melasse. Durch einfache Maßnahmen wie das Würzen mit Petersilienpesto oder ein Glas (frisch gepressten) Orangensaft zum Essen wird eine wirksame Eisenversorgung sichergestellt. In Kombination mit Vitamin C wird Eisen vom Körper noch besser aufgenommen.

Kalzium

Kalzium ist der Hauptbestandteil unserer Knochen und Zähne, es verleiht ihnen Stabilität und Festigkeit. Kalzium erfüllt aber auch noch andere wichtige Aufgaben: Es spielt eine zentrale Rolle im Immunsystem, bei der Blutgerinnung, bei Erregung von Muskel- und Nervenzellen und ist im Stoffwechsel mitverantwortlich für die Zellteilung und die Aktivierung von Enzymen und Hormonen. Das im Körper vorhandene Kalzium ist zu 99 Prozent in den Knochen gespeichert, nur etwa ein Prozent zirkuliert in Blut und Gewebe. Kommt es zu einem Mangel, wird gespeichertes Kalzium aus den Knochen gelöst und für andere Aufgaben zur Verfügung gestellt. Welche Menge Kalzium der Körper benötigt, variiert je nach Alter und Gesundheitszustand. Die Ernährungsgesellschaften in Deutschland, Österreich und der Schweiz empfehlen für Erwachsene die Aufnahme von 1000 mg (= 1 g) Kalzium pro Tag.

Die Zufuhrempfehlungen für Erwachsene schwanken im Ländervergleich zwischen 450 und 1000 mg täglich, was die Unsicherheit über den tatsächlichen Kalziumtagesbedarf widerspiegelt. Während in Ländern mit hohem Milch- und Fleischkonsum die Referenzwerte im Allgemeinen sehr hoch ausfallen (z.B. Deutschland, Österreich und Schweiz: 1000 mg, USA: 800 mg), wird in asiatischen Ländern mit traditionell niedrigem Milchkonsum deutlich weniger Kalzium empfohlen (Japan und Korea: 600 mg). Diese Uneinigkeit über den tatsächlichen Bedarf führt bei Konsumenten immer wieder zu Unsicherheit und nährt außerdem den Verdacht, dass sich die Zufuhrempfehlungen nach dem Milchmarkt richten. Das Milchangebot übersteigt bei uns deutlich die Nachfrage. Eine andere Vermutung geht dahin, dass der steigende Konsum tierischer Lebensmittel eine höhere Kalziumaufnahme notwendig macht. Dazu kommt, dass der menschliche Verdauungstrakt die Kalziumaufnahme (Resorption) dem jeweiligen Bedarf und der zur Verfügung stehenden Menge anpasst. Es ist schwierig, eine Untergrenze des

Bedarfs allgemeingültig festzulegen, da diese stark von der individuellen Lebens- und Ernährungsweise abhängt. Die Aufnahme des zugeführten Kalziums kann zwischen 15 und 75 Prozent schwanken. Entscheidend ist also nicht unbedingt der Kalziumgehalt von Lebensmitteln, sondern die Bilanz: Wie viel Prozent des aufgenommenen Kalziums werden resorbiert, wie viel davon wieder ausgeschieden?

Als kalziumreiche Lebensmittel werden meist Milchprodukte genannt. Bei Erwachsenen wird der Tagesbedarf bereits durch den Verzehr von 100 g Emmentaler oder Bergkäse (45% Fettgehalt) oder durch drei Gläser Vollmilch gedeckt. So steht es zumindest in den gängigen Lehrbüchern. Es gibt aber vermehrt kritische Stimmen, die darauf hinweisen, dass sich Lebensmittel, die gleichzeitig viel tierisches Protein und Phosphat, aber wenig Kalzium enthalten, möglicherweise negativ auf die Kalziumbilanz auswirken. Tierisches Protein enthält viele schwefelhaltige Aminosäuren, die den Kalziumverlust erhöhen. Auch in Kuhmilch kommen diese Aminosäuren vor. Obwohl Milch relativ viel Kalzium enthält, ist sie – entgegen ihrem Image – also keine überragende Kalziumquelle, weil das Kalzium nur zu einem geringen Anteil vom Körper genutzt werden kann. Den besten Effekt auf die Kalziumbilanz haben Hartkäse wie Emmentaler oder Parmesan. Diese enthalten allerdings auch viel unerwünschtes, gesättigtes Fett und sind daher nur eingeschränkt empfehlenswert. Ähnlich wie Fertigprodukte oder Wurstwaren hat Käse außerdem einen relativ hohen Salzgehalt, der wiederum den Kalziumverlust fördert. Die Kalziumaufnahme verbessert sich durch die Kombination mit Lebensmitteln, die Fruchtsäuren (Obst, Fruchtsaft oder Zitronensaft) und Vitamin D enthalten.

Es gibt eine Fülle von Lebensmitteln, die Kalzium enthalten. Wussten Sie, dass Mohn und Sesam sehr kalziumreich sind? Ein Mohnkuchen, Mohnstrudel oder auch Aufstriche wie Hummus (Kichererbsenmus mit Sesampaste) sichern eine gute Kalziumversorgung. Hülsenfrüchte (Linsen, Bohnen, Sojabohnen), Gemüse wie Fenchel, Grünkohl oder Kräuter wie Brennnessel, Rucola oder Petersilie sind ebenfalls sehr gute Kalziumquellen. Würzen Sie Ihre Speisen regelmäßig mit frischen Kräutern. Das Würzen mit Kräutern hat außerdem einen weiteren positiven Effekt: Sie können Salz sparen, sodass mehr Kalzium in den Knochen eingelagert werden kann, da Speisesalz die Kalziumausscheidung fördert. Obst und Gemüse wirken sich aus vielen Gründen positiv aus: Sie liefern viel Kalium und Vitamin K, die beide ebenfalls wichtige Nährstoffe für die Knochen sind. Gleichzeitig sind Obst und Gemüse arm an Natrium und schwefelhaltigen Aminosäuren.

Wichtige Kalziumliefertanten sind außerdem Nüsse. Ob Walnuss, Mandel oder Pistazie – sie alle tragen zur Knochengesundheit bei. Der Spitzenreiter unter den Nüssen ist übrigens die Haselnuss mit 135 mg Kalizium pro Portion (60 g). Auch Tofu, der mit Kalziumsulfat geronnen wurde, sowie angereicherte Sojamilch und -puddings können als Kalziumquelle genutzt werden. Kalziumreiches Mineralwasser liefert zusätzlich einige „Milligramm-Punkte" für die tägliche Kalziumskala. Speziell angereicherte Wasser liefern sogar mehr als 150 mg Kalzium pro Liter. Werfen Sie beim nächsten Einkauf einmal einen Blick auf das Etikett.

Verzehrbeispiele und Kalziumgehalt

Menge	Lebensmittel	Kalziumgehalt
100 g	Amaranth	490 mg
100 g	Brennnessel	360 mg
2 EL	Mohn	296 mg
100 g	Grünkohl, Petersilie	210 mg
2 EL	Sesam	157 mg
100 g	Sojamehl	195 mg
100 g	Chinakohl, Fenchel, Brokkoli	100–150 mg

Kalziumräubern auf der Spur

Alkohol und Nikotin wirken als Gift auf die Zellen, die für die Knochenbildung verantwortlich sind (Osteoblasten). Sich das Rauchen abzugewöhnen und Alkohol nur in Maßen zu trinken, sind daher wichtige Maßnahmen für die Knochengesundheit.

Die in manchen pflanzlichen Lebensmitteln enthaltenen Oxalate können die Kalziumresorption erheblich vermindern. Gemüse wie Spinat, Mangold, Spargel oder rote Rüben sind daher trotz ihres hohen Kalziumgehalts keine gute Quelle für verwertbares Kalzium.

Limonadengetränke enthalten Phosphatsäuren oder Phosphate und sind deshalb ebenfalls zu meiden, da sie die Kalziumaufnahme im Darm hemmen. Die Phytate in Vollkorngetreide behindern ebenfalls die Kalziumaufnahme. Durch die Nutzung der Sauerteiggärung der Brotherstellung kann Phytat aber weitgehend abgebaut werden.
Vorsicht ist außerdem bei der Einnahme von cortisonhaltigen Medikamenten, Nahrungsergänzungsmitteln zur ergänzenden Aufnahme von Eisen (Supplemente) und Entwässerungsmitteln (z.B. Diuretika) geboten, die ebenfalls die Kalziumaufnahme hemmen.
Ausgeschieden wird Kalzium über den Urin. Eine übermäßige Zufuhr von Proteinen, Speisesalz, Kaffee oder Alkohol begünstigt eine erhöhte Ausscheidung, d.h., wertvolles Kalzium wird wieder ausgeschwemmt. Eine einseitige Ernährung mit viel tierischem Eiweiß und wenig Obst und Gemüse hat einen stark säurebildenden Charakter. Auch schlecht verdaute Rohkost und rohes Getreide fördert die „Übersäuerung". Je „saurer" der Urin, desto mehr Kalzium wird wieder aus dem Organismus ausgeschieden.
Bei einer Überdosierung mit Kalzium oder bei Nierenfunktionsstörungen besteht die Gefahr, dass sich Kalzium in Gefäßen und Weichteilen absetzt. Kalziumpräparate sollten deshalb immer mit Vitamin D kombiniert werden. Generell ist die Einnahme von Kalziumpräparaten in der Fachwelt umstritten. Die empfohlene Gesamt-Kalziumaufnahme (Nahrung plus Nahrungsergänzung) sollte nach Meinung von Experten maximal 2500 mg betragen. Auch hier gilt: Unser Organismus ist sehr komplex, und natürliche Nahrung ist im Normalfall am besten für eine ausgewogenen Ernährung geeignet. Sprechen Sie unbedingt mit Ihrem Arzt, bevor Sie Nahrungsergänzungsmittel einnehmen.

Vitamin D

Durch Sonneneinstrahlung ist der menschliche Organismus in der Lage, Vitamin D in der Haut selbst zu synthetisieren. In den Sommermonaten sind dreimal wöchentlich je 10 bis 15 Minuten Sonnenstrahlen auf Gesicht, Händen und Armen ausreichend, um Vitamin D zu produzieren. Aus Rücksicht auf das erhöhte Hautkrebsrisiko durch direkte Sonnenstrahlen sollten längere und häufigere Aufenthalte im (Halb-)Schatten stattfinden. Sonnenschutz kann die Vitamin-D-Bildung unter Umständen beeinträchtigen, die Berichte dazu sind aber widersprüchlich. Für die Wintermonate gilt die Faustregel, sich täglich mindestens 15 bis 30 Minuten bei Tageslicht im Freien aufzuhalten. In Regionen nördlich des 52. Breitengrades (relevant z.B. für Norddeutschland, nicht aber für Österreich und für die Schweiz) wird die für die Vitamin-D-Produktion notwendige Wellenlänge des Lichts (UV-B: 300–320 nm) in den Wintermonaten nicht erreicht. Deshalb wird dort in den Wintermonaten eine Supplementierung mit Vitamin D empfohlen.

Vitamin D kann aber auch über die Nahrung aufgenommen werden. Die besten Vitamin-D-Lieferanten sind fettreiche Fische wie Lachs, Makrele und Thunfisch oder Eier. Bei veganer Ernährung entfallen diese Lebensmittel als Vitamin-D-Quelle, sodass eine Dauersupplementierung notwendig sein kann. Pilze enthalten zwar Vitamin D, aber das pflanzliche Vitamin D_2 weist eine niedrigere Vitamin-D-Aktivität auf als das tierische Vitamin D_3. Die von Ernährungsgesellschaften empfohlene Tagesdosis Vitamin D beträgt 5 µg pro Tag. Veganer, die Vitamin D ausschließlich über Supplemente (Vitamin D_2) beziehen, sollten bis zur doppelten Menge aufnehmen.

Vitamin D – das Mangelvitamin

Nach einer Studie des Max-Rubner-Instituts, einem Bundesforschungsinstitut für Ernährung und Lebensmittel mit Sitz in Karlsruhe, haben 90 Prozent der in Deutschland lebenden Menschen einen klinisch relevanten Vitamin-D-Mangel. Das bedeutet, dass es irrelevant ist, wie man sich ernährt. Weder eine vegane noch eine vegetarische oder eine Mischkost-Ernährung scheint eine geeignete Quelle für Vitamin D zu sein. Außerdem ist der Vitamin-D-Bedarf deutlich höher als lange Zeit angenommen.

Hauptquelle für Vitamin D ist die Sonneneinwirkung: UVB-Licht reagiert in der Haut mit einer Substanz und bildet Cholecalciferol (Vitamin D_3). Aus diesem Rohstoff wird in einer komplizierten Synthese im Organismus letztlich Vitamin D. Vitamin D ist jedoch nicht gleich Vitamin D. Die besonders wirksame Form, die genau genommen eine Vorstufe ist und wie ein Hormon wirkt, ist 1,25 Vitamin D, das auch als Calcitriol bekannt ist. In dieser Form wirkt Vitamin D vorbeugend gegen Krebs, Osteoporose und Autoimmunkrankheiten. Durch Sonneneinstrahlung wird 1,25 Vitamin D aktiviert. Ob und wie viel aktives Vitamin D der Organismus herstellt, hängt auch vom Verzehr tierischer Lebensmittel ab. Durch zu viel tierisches Protein – wenn gleichzeitig ein Mangel an Obst und Gemüse und damit an basischen Mineralstoffen vorliegt – erfolgt eine Übersäuerung des Körpers. Dadurch werden wiederum die für die Vitamin-D-Aktivierung notwendigen Enzyme in der Niere gehemmt. Calcitriol kann außerdem durch die übermäßige Aufnahme an Kalzium blockiert werden, was beim Konsum von Milchprodukten der Fall sein kann (▸ Auszug aus der „China Study“, S. 384 ff.). Die Umstellung auf eine vegane Ernährung verbessert die Säure-Basen-Balance und das Aktivierungspotenzial der Enzyme.

Essenzielle Fette (Omega 3 und Omega 6)

Es lohnt sich, das komplexe Thema „Fett“ noch etwas genauer zu beleuchten. Die Kenntnis der wichtigsten Fakten wird Ihnen dabei helfen, sich besser im „Ernährungsdschungel“ zurechtzufinden, wo viele Halbwahrheiten verbreitet werden, oft mit dem Ziel, teure Produkte zu verkaufen.

Es gibt drei verschiedene Omega-3-Fettsäuren:

- Alpha-Linolensäure (ALA),
- Eicosapentaensäure (EPA),
- Docosahexaensäure (DHA).

Alle drei Formen der Omega-3-Fettsäuren sind für den Körper wichtig, d.h., es ist nicht möglich, den Bedarf an Omega-3 Fettsäuren z.B. nur über die Alpha-Linolensäure zu decken. Alpha-Linolensäure (ALA) wird im allgemeinen Sprachgebrauch oft auch als „pflanzliches Omega-3“ bezeichnet, weil sie in Pflanzenölen aus Leinsamen, Raps, Walnüssen und Soja enthalten ist. Eicosapentaensäure (EPA)) und Docosahexaensäure (DHA) sind für uns Menschen ebenfalls sehr wichtig. Beide Omega-3-Fettsäuren gibt es aber nur aus tierischen Quellen. Besonders reich an EPA und DHA sind fettreiche Kaltwasser-Meeresfische wie z.B. Hering, Lachs, Thunfisch und Makrele, in geringem Maße findet man diese Fettsäuren auch in Wildtieren.

Eine ausreichende Versorgung mit den essenziellen Omega-3 Fettsäuren ist deshalb so wichtig, weil etwa 30 Prozent der Fettmasse des Gehirns aus der Omega-3 Fettsäure DHA besteht. Daher sind sie in jeder Lebensphase notwendig. Kleinkinder benötigen diese Fettsäuren ebenso wie Jugendliche, Erwachsene und Senioren.

Da Veganer über die Nahrung kein DHA, sondern lediglich die Vorstufe ALA aufnehmen, müssen sie auf ihre ALA-Aufnahme achten, d.h. ausreichend Pflanzenöle in die Ernährung integrieren. Entscheidend für Veganer ist das Verhältnis zwischen Omega-6- und Omega-3-Fettsäuren in der Nahrung. Bei richtigem Verhältnis wird nämlich ALA (pflanzliches Omega 3) in DHA und EPA umgewandelt, sodass dem Organismus alle drei essenziellen Fettsäuren zur Verfügung stehen. Omega-6-Fettsäuren finden sich in Samen, Nüssen, Getreide, Hülsenfrüchten und grünem Blattgemüse sowie in hoher Konzentration in bestimmten Pflanzenölen (Mais, Sojabohnen, Distel, Baumwollsamen, Sesam und Sonnenblumen). Die Weltgesundheitsorganisation empfiehlt ein Verhältnis zwischen Omega-6- und Omega-3-Fettsäuren von 5:1 bis 10:1 für eine ausreichende Umwandlungsrate von ALA in DHA und EPA. Je niedriger das Verhältnis von Omega-6- zu Omega-3-Fettsäuren ist, desto besser ist die Umwandlungsrate. Vereinfacht gesagt: Nutzen Sie den Reichtum an pflanzlichen Ölen und achten Sie darauf, weniger Sonnenblumenöl oder Maiskeimöl (Omega 6) zugunsten von mehr Rapsöl, Leinöl, Walnussöl oder Hanföl (Omega 3).

Schwangere Frauen, die sich vegan ernähren und sich nicht sicher sind, ob ihre DHA-Aufnahme über die Nahrung ausreichend ist, können Omega-3-Fettsäruen über Ergänzungsmittel auf Mikroalgenbasis aufnehmen (► Bezugsquellen, S. 389).

Zehn gute Gründe, warum man Omega-3-Fettsäuren zu sich nehmen sollte

- Sie bewirken langfristig den Abbau von LDL („böses" Cholesterin) und schützen HDL („gutes" Cholesterin). Dies führt zu einem besseren Cholesterinverhältnis im Blut.
- Omega-3-Fettsäuren senken den Triglyceridspiegel und helfen so, Übergewicht und Diabetes vorzubeugen.
- Omega-3-Fettsäuren schützen sämtliche Zellstrukturen.
- Sie haben eine positive Wirkung bei Gastritis und Magengeschwüren, da sie die Magensaftsekretion verringern.
- Sie wirken entzündungshemmend und unterstützen dadurch die Therapie von Rheuma, Multipler Sklerose, chronisch-entzündlichen Darmerkrankungen, Arthritis und Polyarthritis.
- Omega-3-Fettsäuren können erhöhten Blutdruck senken.
- Sie haben nachweislich eine positive Wirkung bei Herzgefäßerkrankungen, Herzinfarkt und Arteriosklerose, da sie die Fließgeschwindigkeit des Bluts verbessern.
- Sie reduzieren Herzrhythmusstörungen.
- Omega-3-Fettsäuren verbessern Hauterkrankungen wie Neurodermitis und Schuppenflechte.
- Aktuelle Untersuchungen weisen darauf hin, dass ein zu geringer Fettverzehr aufs Gemüt schlägt und ein Mangel an Omega-3-Fettsäuren zu Depressionen führen kann. Eine Reihe von Studien zeigt einen engen Zusammenhang zwischen der Aufnahme von Omega-3-Fettsäuren und psychischen Erkrankungen.

Auszüge aus der „China Study"

Die folgenden beiden Auszüge sind aus der akutellen 2. Auflage der „China Study“ von T. Colin Campbell und Thomas F. M. Campbell entnommen.

Einleitung[1]

Das immense Bedürfnis der Öffentlichkeit nach Ernährungsrichtlinien erstaunt mich immer wieder, obgleich ich mein gesamtes Arbeitsleben der Durchführung experimenteller Forschung von Ernährungs- und Gesundheitsfragen gewidmet habe. Ernährungsbücher sind beständige Bestseller. Nahezu jede gängige Illustrierte bietet Ernährungsratschläge. Zeitungen bringen regelmäßig Artikel, und in TV- und Radiosendungen laufen ständig Diskussionen über Ernährung und Gesundheit.

Sind Sie angesichts dieser Informationsflut wirklich sicher, was Sie tun können, um Ihren Gesundheitszustand zu verbessern?

Sollten Sie Nahrungsmittel aus biologischem Anbau kaufen, um eine Pestizidbelastung zu vermeiden? Sind Umweltgifte eine Hauptursache für Krebs? Oder ist Ihre Gesundheit durch Ihre Gene von Geburt an „vorherbestimmt“? Machen Kohlenhydrate wirklich dick? Sollten Sie mehr wegen der Gesamtmenge der konsumierten Fette besorgt sein oder bloß wegen der gesättigten Fettsäuren und Transfette? Welche Vitamine – wenn überhaupt – sollten Sie einnehmen? Kaufen Sie Nahrungsmittel, die mit zusätzlichen Ballaststoffen angereichert sind? Sollten Sie Fisch essen, und wenn ja, wie oft? Verhindert der Verzehr von Sojaprodukten die Entstehung von Herzerkrankungen?

Ich vermute, dass Sie sich der Antworten auf diese Fragen nicht ganz sicher sind. Wenn das der Fall ist, sind Sie nicht alleine. Obwohl Informationen und Meinungen im Überfluss vorhanden sind, *wissen sehr wenige Menschen wirklich, was sie zu ihrer Gesundheit beitragen können.*

Der Grund dafür ist nicht, dass es keine Untersuchungen gibt. Es gibt sie. Wir wissen enorm viel über die Verbindung zwischen Ernährung und Gesundheit. Aber die wahre Wissenschaft wird unter einem Wirrwarr von unsachlichen oder sogar gesundheitsgefährdenden Informationen begraben – verursacht durch Pseudowissenschaft, Modediäten und Propaganda der Nahrungsmittelindustrie.

Dies möchte ich ändern. Ich möchte Ihnen ein neues Rahmenwerk zum besseren Verständnis von Ernährung und Gesundheit bieten, ein Rahmenwerk, das Verwirrung ausschließt, Krankheit verhindert oder behandelt, und Ihnen erlaubt, ein erfüllteres Leben zu führen.

Beinahe fünfzig Jahre lang war ich Teil „des Systems", arbeitete auf höchster Ebene, entwickelte und leitete große Forschungsprojekte, entschied, welche Forschungen finanziell gefördert werden sollten und arbeitete gewaltige Mengen an wissenschaftlichen Daten in Berichte für nationale Expertenausschüsse ein.

Nach einer langen Laufbahn in Forschung und gesundheitspolitischer Öffentlichkeitsarbeit verstehe ich jetzt, warum Amerikaner so verwirrt sind. Als Steuerzahlende, die die Rechnung für Forschung und Gesundheitspolitik in Amerika begleichen, haben Sie das Recht zu erfahren, dass viele der gängigen Auffassungen über Ernährung, Gesundheit und Krankheit, die Ihnen vermittelt wurden, falsch sind:

- Synthetische Chemikalien in der Umwelt und in Nahrungsmitteln – so problematisch sie auch sein mögen – sind nicht die Hauptursache für Krebs.
- Die Gene, die Sie von Ihren Eltern erben, sind nicht die entscheidenden Faktoren dafür, ob Sie einer der zehn führenden Todesursachen zum Opfer fallen.
- Die Hoffnung, dass die genetische Forschung letztendlich zur Entwicklung von Arzneimitteln zur Heilung von Erkrankungen führt, lässt sehr viel machtvollere Lösungsansätze außer Acht, die man heutzutage anwenden kann.
- Zwanghaftes Kontrollieren der Aufnahme jeglicher Nährstoffe, wie zum Beispiel Kohlenhydrate, Fette, Cholesterin oder Omega-3-Fettsäuren, führt nicht zu langfristiger Gesundheit.

- Vitamine und Nahrungsergänzungsmittel gewährleisten keinen langfristigen Schutz gegen Erkrankung.
- Medikamente und operative Eingriffe heilen nicht die Krankheiten, an denen die meisten Amerikaner sterben.
- Ihr Hausarzt weiß wahrscheinlich nicht, was Sie brauchen, um so gesund wie nur möglich zu sein.

Ich beabsichtige nichts Geringeres als eine Neudefinition dessen, was wir als gesunde Ernährung betrachten. Die provozierenden Ergebnisse aus meinen vier Dekaden biomedizinischen Forschens, inklusive der Untersuchungsergebnisse einer 27 Jahre dauernden Laborversuchsreihe (finanziert von einem der angesehensten Leistungsträger), belegen, dass eine angemessene Ernährungsweise Ihr Leben retten kann.

Ich werde nicht von Ihnen erwarten, dass Sie den Schlussfolgerungen glauben, die auf meinen persönlichen Beobachtungen beruhen, so wie es einige populäre Autoren tun. In diesem Buch befinden sich über 750 Literaturangaben, und die überwältigende Mehrheit besteht aus primären Informationsquellen, einschließlich Hunderter wissenschaftlicher Publikationen anderer Forscher, die einen Weg zu weniger Krebs, weniger Herzerkrankungen, weniger Gehirnschlägen, weniger Fettleibigkeit, weniger Autoimmunerkrankungen, weniger Osteoporose, weniger Alzheimer, weniger Nierensteinen und weniger Erblindungen aufzeigen.

Viele Forschungsergebnisse, die in den renommiertesten Wissenschaftsjournalen veröffentlicht wurden, zeigen Folgendes:

- Eine Änderung der Ernährungsweise ermöglicht es Diabetikern, ohne Medikation auszukommen.
- Herzerkrankungen können allein mit Ernährung rückgängig gemacht werden.
- Brustkrebs korreliert mit der Menge gewisser weiblicher Sexualhormone im Blut, die durch Nahrungsmittel aufgenommen werden.
- Der Verzehr von Milchprodukten kann das Risiko von Prostatakrebs erhöhen.

- Antioxidanzien, die in Obst und Gemüse vorkommen, stehen in direktem Zusammenhang mit der geistigen Leistungsfähigkeit im Alter.
- Nierensteinen kann mit einer gesunden Ernährungsweise vorgebeugt werden.
- Diabetes vom Typ 1, eine der verheerendsten Erkrankungen, die einem Kind widerfahren kann, steht in direktem Zusammenhang mit den Ernährungspraktiken im Säuglings- und Kleinkindalter.

Diese Ergebnisse zeigen, dass eine angemessene Ernährung die mächtigste Waffe gegen Erkrankungen ist. Das Verständnis dieser wissenschaftlichen Belege ist nicht nur zur Förderung unserer Gesundheit wichtig, sondern hat auch tief greifende Auswirkungen auf unsere gesamte Gesellschaft. Wir müssen wissen, warum Fehlinformationen unsere Gesellschaft beherrschen und warum wir enormen Irrtümern unterliegen, was das Erforschen von Ernährung und Krankheit betrifft, und wie wir Gesundheit fördern und Krankheiten behandeln können.

In vieler Hinsicht versagt das amerikanische Gesundheitssystem. Unsere Pro-Kopf-Ausgaben für das Gesundheitswesen sind weit höher als in jeder anderen Gesellschaft der Welt, und dennoch sind zwei Drittel der Amerikaner übergewichtig, und über 15 Millionen Amerikaner leiden an Diabetes – eine Zahl, die rapide ansteigt. Herzerkrankungen fallen wir genausooft zum Opfer wie vor 30 Jahren, und der Kampf gegen Krebs, der in den 1970er-Jahren begann, hat kläglich versagt. Die Hälfte aller Amerikaner leidet an einem Gesundheitsproblem, das die wöchentliche Einnahme eines verschreibungspflichtigen Arzneimittels erfordert, und über 100 Millionen Amerikaner weisen einen erhöhten Cholesterinspiegel auf.

Zu allem Übel führen wir unsere Jugend steil bergab auf einen Weg, auf dem sich Krankheit immer früher in ihrem Leben manifestiert. Ein Drittel der jungen Menschen in diesem Land ist übergewichtig oder gefährdet, übergewichtig zu werden. Zunehmend werden sie Opfer einer Form von Diabetes, die früher nur bei Erwachsenen festgestellt wurde, und diese jungen Menschen nehmen jetzt mehr Medikamente ein als je zuvor. All diese Probleme laufen auf drei Punkte hinaus: Frühstück, Mittagessen und Abendessen.

Vor mehr als 40 Jahren, zu Beginn meiner Karriere, hätte ich nie vermutet, dass Essen in einem so engen Zusammenhang mit Gesundheitsproblemen steht. Jahrelang dachte ich nicht viel darüber nach, welche Nahrungsmittel man am besten essen sollte. Ich aß einfach, was jeder andere auch aß: das, wovon man mir sagte, es sei gutes Essen. Wir alle essen, was schmackhaft oder praktisch ist, oder das, was uns unsere Eltern an Vorlieben mitgegeben haben. Die meisten von uns leben innerhalb kultureller Grenzen, die unsere Essgewohnheiten und Vorlieben festlegen.

So war es bei mir. Ich wuchs in einem Milchviehbetrieb auf, wo Milch essenziell für unser Leben war. In der Schule brachte man uns bei, dass Kuhmilch stark machen und die Knochen und Zähne gesund erhalten würde. Sie stellte das vollkommene Nahrungsmittel aus der Natur dar. Auf unserem Bauernhof brachten wir die meisten unserer Nahrungsmittel aus dem Garten oder der Viehwirtschaft hervor.

Ich war der erste in meiner Familie, der auf eine Hochschule ging. Ich studierte vorklinische Veterinärmedizin an der Penn-State-Universität, besuchte danach ein Jahr lang die Veterinärschule an der Universität von Georgia, als die Cornell-Universität mit einem Stipendium für eine Forschung über „Tiernahrung" winkte. Ich stieg um, zum Teil, weil man mir das Studium bezahlen würde, anstatt dass ich dafür bezahlen musste. Dort machte ich meinen Magister. Ich war der letzte Hochschulabsolvent von Professor Clive McCay, ein Cornell-Professor, berühmt dafür, dass er das Leben von Ratten verlängerte, indem er ihnen viel weniger zu essen gab, als sie normalerweise essen würden. Die Forschung für meine Dissertation an der Cornell-Universität war dem Auffinden besserer Methoden für ein schnelleres Wachstum von Kühen und Schafen gewidmet. Das war mein Versuch, unsere Möglichkeiten zur Produktion von tierischem Eiweiß zu verbessern, dem Grundpfeiler „gesunder Ernährung", wie man mir weismachte.

Ich wollte Gesundheit fördern, indem ich für den Verzehr von mehr Fleisch, Milch und Eiern eintrat. Dies war eine naheliegende Fortsetzung meines eigenen Lebens auf einem Bauernhof, und ich war zufrieden in dem Glauben, dass die amerikanische Ernährungsweise die beste der Welt war. Während dieser prägenden Jahre begegnete ich einem immer wiederkehrenden Thema: Wir aßen die vermeintlich richtigen Nahrungsmittel, insbesondere eine Fülle an qualitativ hochwertigem Tierprotein.

Den Großteil meiner anfänglichen Laufbahn arbeitete ich mit zwei der giftigsten Chemikalien, die je entdeckt worden waren: Dioxin und Aflatoxin. Ich arbeitete zunächst am MIT (Massachusetts Institute of Technology), wo ich einem rätselhaften Problem bezüglich Hühnerfutter zugeteilt war. Millionen von Küken starben jedes Jahr an einer unbekannten toxischen Chemikalie im Futter, und ich sollte dieses Gift isolieren und seine chemische Struktur ermitteln. Nach zweieinhalb Jahren trug ich zur Entdeckung von Dioxin bei, wohl die giftigste chemische Verbindung, die je gefunden worden war. Diese Chemikalie hat inzwischen weitverbreitete Beachtung erhalten, insbesondere weil sie Teil des Unkrautvertilgungsmittels 2,4,5-T oder auch des Entlaubungsmittels „Agent Orange“ war, das im Vietnamkrieg eingesetzt wurde.

Nachdem ich das MIT verlassen und eine Fakultätsposition an der Virginia-Tech-Universität angenommen hatte, begann ich, die technische Unterstützung für ein landesweites Projekt mit unterernährten Kindern auf den Philippinen zu koordinieren. Teil des Projekts war die Untersuchung des ungewöhnlich hohen Auftretens von Leberkrebs bei philippinischen Kindern – normalerweise eine Erkrankung im Erwachsenenalter. Es wurde angenommen, dass eine erhöhte Aufnahme von Aflatoxin, ein Schimmelgift, das in Erdnüssen und Getreide vorkommt, die Ursache für dieses Problem war. Aflatoxin wird als eines der stärksten Karzinogene bezeichnet, das je entdeckt worden ist.

Über zehn Jahre hinweg war unser Hauptziel auf den Philippinen, die Unterernährung der armen Bevölkerung im Kindesalter zu verbessern. Ein Projekt, das von der U.S. Agency for International Development gefördert wurde. Schließlich etablierten wir landesweit 110 „Selbsthilfe“-Bildungszentren für Ernährung.

Das Ziel dieser Bestrebungen auf den Philippinen war ein einfaches: Die Kinder sollten so viel Eiweiß wie möglich bekommen. Es war eine weitverbreitete Annahme, dass ein Großteil der Unterernährung bei Kindern weltweit durch einen Proteinmangel verursacht war, insbesondere durch einen Mangel an tierischem Eiweiß. Universitäten und Regierungen auf der ganzen Welt arbeiteten daran, die Auswirkungen dieses wahrgenommenen Proteinmangels in den nicht industrialisierten Ländern zu mildern.

In diesem Projekt deckte ich jedoch ein dunkles Geheimnis auf: *Kinder, die am meisten Protein zu sich nahmen, bekamen am ehesten Leberkrebs!* Es waren die Kinder der wohlhabendsten Familien.

Zu jener Zeit hörte ich von einem Forschungsbericht aus Indien mit sehr provokativen und aussagekräftigen Ergebnissen. Indische Forscher untersuchten zwei Gruppen von Ratten. Eine Gruppe erhielt krebserregendes Aflatoxin und wurde daraufhin mit Futter, bestehend aus 20% Protein, gefüttert, was ungefähr dem Proteinanteil der westlichen Ernährungsweise entspricht. Der anderen Gruppe wurde die gleiche Menge Aflatoxin verabreicht, erhielt dann aber Futter, das nur 5% Protein enthielt. Erstaunlicherweise bekam jedes einzelne Tier Leberkrebs, das mit der Nahrung mit dem hohen Proteinanteil gefüttert wurde, wohingegen die Tiere, die mit nur 5% Protein gefüttert wurden, keinen Leberkrebs entwickelten. Das Ergebnis bestand aus 100 zu 0 Fällen, was keinen Zweifel darüber lässt, dass Ernährung chemische Karzinogene – sogar sehr starke Karzinogene – in ihrer Wirkung übertrifft und die Entstehung von Krebs verhindern kann.

Diese Aussagen standen im Widerspruch zu allem, was ich bis dahin gelernt hatte. Zu behaupten, dass Protein nicht gesund wäre oder sogar die Entstehung von Krebs förderte, war ketzerisch. Dies stellte ein Schlüsselerlebnis meiner Karriere dar. Indem ich Protein und generell Nahrungsmittel tierischen Ursprungs infrage stellen würde, ging ich das Risiko ein, als Ketzer hingestellt zu werden, selbst wenn es sich um Ergebnisse der allgemeingültigen „guten Wissenschaft " handelte.

Aber ich war noch nie für die Einhaltung von Vorschriften um ihrer selbst willen. Als ich lernte, eine Gruppe von Pferden oder eine Rinderherde einzutreiben, Tiere zu jagen, in unserem Bach zu fischen oder auf den Feldern zu arbeiten, kam ich zu dem Schluss, dass eigenständiges Denken Teil des Lernprozesses war. Es musste so sein. Draußen auf dem Feld auf Schwierigkeiten zu stoßen, hieß herauszufinden, was als Nächstes zu tun war. Es war wie ein großes Klassenzimmer, was Ihnen jeder Bauernjunge bestätigen würde. Dieses Gefühl der Eigenständigkeit blieb mir bis heute erhalten.

Auf diese Weise mit einer schwierigen Entscheidung konfrontiert, entschloss ich mich, eine gründliche Laborstudie zur Untersuchung der Rolle der Ernährung – speziell der des Proteins – bei der Krebsentstehung durchzuführen. Meine Kollegen und ich waren vorsichtig bei der Ausarbeitung unserer Hypothese, rigoros in der Methodik und zurückhaltend, was die Auswertung unserer Ergebnisse betraf. Ich entschied mich, diese Forschung als Grundlagenstudie durchzuführen, in der die biochemischen Faktoren bei der Krebsentstehung untersucht wurden. Es war wichtig, nicht nur zu verstehen, ob sondern auch wie Protein die Entstehung von Krebs begünstigen würde. Es war eine hochklassige Studie. Indem ich sorgfältig die Regeln der gültigen „guten" Wissenschaft befolgte, war ich in der Lage, eine provokante Fragestellung zu untersuchen, ohne die reflexartigen Reaktionen hervorzurufen, die oft als Antwort auf radikale Ideen auftreten. Letztendlich wurde die Studie über einen Zeitraum von 27 Jahren finanziell erheblich von anerkannten Instituten gefördert (größtenteils durch die National Institutes of Health (NIH), die American Cancer Society und das American Institute for Cancer Research). Dann wurden unsere Ergebnisse vor der Publikation in vielen der besten wissenschaftlichen Journale noch ein zweites Mal geprüft.

Unsere Ergebnisse waren schockierend. Eine proteinarme Ernährungsweise hemmte die Krebsentstehung durch Aflatoxin, unabhängig von der Menge des Karzinogens, die den Tieren verabreicht worden war. Auch nach bereits erfolgtem Auftreten von Krebs hemmte eine proteinarme Ernährung ein späteres Krebswachstum. In anderen Worten, die krebserzeugende Wirkung dieser hoch karzinogenen Substanz wurde durch eine proteinarme Nahrungszufuhr vernachlässigbar. *Der Einfluss des Nahrungsproteins erwies sich tatsächlich als so gewaltig, dass wir lediglich durch die Änderung der Proteinmenge das Krebswachstum anregen oder hemmen konnten.*

Außerdem entsprach die verabreichte Proteinmenge derjenigen, die normalerweise Menschen zu sich nehmen. Wir benutzten keine außergewöhnlich hohen Dosen, wie es in Krebsstudien sehr oft der Fall ist.

Aber das ist nicht alles. Wir entdeckten, dass nicht alle Proteine diesen Effekt haben. Welches Protein erwies sich durchwegs stark und nachhaltig als krebserregend? Kasein, das 87% des in der Kuhmilch enthaltenen Proteins ausmacht, förderte alle Stadien des Krebswachstums. Welche Proteinart erwies sich auch bei Verabreichung hoher Dosen als nicht förderlich für die Krebsentstehung? Die gefahrlosen Proteine waren pflanzlichen Ursprungs, z.B. aus Weizen und Soja. In Anbetracht dieser Ergebnisse wurden einige meiner bisher meist geschätzten Thesen zunächst infrage gestellt und dann zerschlagen.

An diesem Punkt waren die experimentellen Tierstudien noch nicht beendet. Ich übernahm die Leitung für die umfassendste Studie über Ernährung, Lebensweise und Krankheit, die jemals mit Menschen in der Geschichte der biomedizinischen Forschung gemacht wurde. Es war ein gewaltiges Unterfangen, das gemeinsam von der Cornell-Universität, der Oxford-Universität und der Chinesischen Akademie für Präventivmedizin durchgeführt wurde. Die *New York Times* bezeichnete die Studie als „Grand Prix der Epidemiologie". In diesem Projekt wurde eine enorme Bandbreite an Erkrankungen sowie Ernährungs- und Lebensstilfaktoren im ländlichen China – und in jüngster Zeit auch Taiwan – untersucht. Allgemein mehr als die China Study bekannt, brachte dieses Projekt letztendlich mehr als *8.000 statistisch signifikante Verbindungen zwischen verschiedenen Ernährungsfaktoren und Krankheiten hervor!*

Was dieses Projekt besonders bemerkenswert machte, ist, dass unter all den relevanten Beziehungen zwischen Ernährung und Krankheit derart viele auf das gleiche Ergebnis hindeuteten: Diejenigen Menschen, die die meisten Nahrungsmittel tierischen Ursprungs zu sich nahmen, litten am meisten unter chronischen Erkrankungen. Sogar relativ kleine Nahrungsmittelmengen tierischen Ursprungs waren mit nachteiligen Wirkungen assoziiert. Diejenigen Menschen, die den größten Nahrungsmittelanteil pflanzlichen Ursprungs zu sich nahmen, waren am gesündesten und tendierten dazu, keinerlei chronische Erkrankungen zu haben. Diese Ergebnisse konnten nicht ignoriert werden. Von den anfänglich geführten experimentellen Tierstudien über die Wirkung tierischen Proteins bis zu dieser gewaltigen Personenstudie über Ernährungsmuster stimmten die Ergebnisse überein. Die gesundheitlichen Auswirkungen des Verzehrs von Nahrungsmitteln tierischer oder pflanzlicher Herkunft waren außergewöhnlich verschieden.

Ich konnte und wollte mich aber nicht nur auf die Ergebnisse unserer Tierstudien und der gewaltigen Humanstudie in China stützen, wie eindrucksvoll sie auch gewesen sein mögen. Ich fand auch die Untersuchungsergebnisse anderer Forscher und Kliniker, und diese erwiesen sich als die erstaunlichsten Forschungsergebnisse der letzten 50 Jahre.

Diese Ergebnisse, die im zweiten Teil des vorliegenden Buchs vorgestellt werden, zeigen, dass Herzerkrankungen, Diabetes und Adipositas mithilfe einer gesunden Ernährungsweise reversibel sind, also rückgängig gemacht werden können. Andere Untersuchungen zeigen, dass verschiedene Krebserkrankungen, Autoimmunerkrankungen, der Zustand von Knochen und Nieren, das Sehvermögen und altersbedingte Hirnschäden (wie kognitive Störungen und Alzheimer) in einem überzeugenden Ausmaß durch Ernährung beeinflusst werden. Am wichtigsten ist der Umstand, dass die Ernährungsweise, die diese Erkrankungen rückgängig machte und/oder verhindern konnte, aus denselben vollwertigen pflanzlichen Nahrungsmitteln bestand, die sich sowohl in meinen experimentellen Forschungen als auch in der *China Study* als optimal gesundheitsfördernd erwiesen hatten. *Die Ergebnisse stimmten überein.*

Und trotz der Macht dieser Information, trotz der Hoffnungen, die sie hervorruft, und trotz der Notwendigkeit, diesen Zusammenhang zwischen Ernährung und Gesundheit zu verstehen, *sind die Menschen nach wie vor verunsichert*. Freunde von mir, die unter Herzerkrankungen leiden, haben sich schicksalsergeben und mutlos dem ausgeliefert, was sie als eine unvermeidbare Erkrankung ansehen. Ich habe mit Frauen gesprochen, deren Angst vor Brustkrebs derart groß ist, dass sie ihre eigenen Brüste und sogar die Brüste ihrer Töchter operativ entfernen lassen wollen, als ob dieser Weg der einzige wäre, um das Risiko der Erkrankung zu verringern. So viele Menschen, die ich getroffen habe, sind auf einen Weg der Krankheit, Mutlosigkeit und Verunsicherung geführt worden, was ihre Gesundheit und ihren eigenen Beitrag zu deren Erhaltung betrifft.

Die Menschen sind verunsichert, und ich werde Ihnen sagen warum. Die Antworten, die in Kapitel 4 dieses Buches erörtert werden, haben etwas mit der Art zu tun, wie Informationenüber Gesundheit gebildet und übermittelt werden, und von wem diese Abläufe und Informationsflüsse kontrolliert werden. Da ich so lange hinter den Kulissen Informationen über Gesundheit erforscht und formuliert habe, konnte ich sehen, was wirklich vor sich geht – und ich bin bereit, der Welt mitzuteilen, was in diesem System falsch läuft. Die Grenzen zwischen Regierung, Industrie, Wissenschaft und Medizin sind im Laufe der Zeit verschwommen. Die Grenze zwischen dem Erzielen eines Gewinns und der Förderung der Gesundheit sind unscharf geworden. Die Probleme mit dem System erscheinen nicht in Form von Korruption im Hollywood-Stil. Die Probleme sind viel subtiler und dennoch viel gefährlicher. Das Resultat sind gewaltige Mengen an Falschinformationen, für die durchschnittliche amerikanische Konsumenten gleich zweimal bezahlen. Zum einen stellen sie das erforderliche Steuergeld für die Forschungen zur Verfügung, zum anderen erbringen sie das Geld für die medizinische Versorgung ihrer größtenteils vermeidbaren Erkrankungen.

Diese Geschichte, die mit meinem persönlichen Hintergrund beginnt und in einem neuen Verständnis von Ernährung und Gesundheit gipfelt, ist Gegenstand dieses Buchs. Vor sechs Jahren organisierte und lehrte ich ein neues Wahlfach – vegetarische Ernährung – an der Cornell-Universität. Es war der erste Kurs dieser Art an einer amerikanischen Universität, und er war viel erfolgreicher als ich erwartet hatte. Schwerpunkt dieses Kurses ist der gesundheitliche Nutzen einer Ernährung pflanzlichen Ursprungs. Nach meiner Zeit am MIT, der Virginia-Tech-Universität und der Rückkehr an die Cornell-Universität vor 30 Jahren wurde ich mit der Aufgabe betraut, die Konzepte und Prinzipien von Chemie, Biochemie, Physiologie und Toxikologie in einem Ernährungskurs auf hohem Niveau miteinander zu verbinden. Nach vier Jahrzehnten Tätigkeit in wissenschaftlicher Forschung, Bildung und Politik auf höchster Ebene unserer Gesellschaft fühle ich mich nun imstande, diese Disziplinen zu einer überzeugenden Geschichte zusammenzufügen. Das ist es, was ich in meinem neuesten Kurs getan habe, und viele meiner Studenten bestätigten mir, dass sich ihr Leben am Ende des Semesters zum Besseren hin verändert hatte. Das ist es auch, was ich für Sie tun möchte: Ich hoffe, dass sich Ihr Leben ebenso verändern wird.

Häufige Karzinome: Brust, Prostata, Dickdarm (Dick- und Mastdarm)[2]

[…]

Die Wirkmechanismen

Wie wir bei anderen Krebsarten gesehen haben, zeigen groß angelegte empirische Studien einen direkten Zusammenhang zwischen Prostatakrebs und einer Ernährung tierischen Ursprungs, insbesondere einer, die zu einem Großteil aus Milchprodukten besteht. Nun beleuchten wir die Wirkmechanismen, die hinter diesem Zusammenhang zwischen Prostatakrebs und Milchprodukten stehen.

Der erste Mechanismus betrifft ein Hormon, das das Wachstum der Krebszellen steigert, ein Hormon, das unser Körper produziert, wenn es gebraucht wird. Dieses insulinähnliche Wachstumshormon, insulin-like growth factor 1 (IGF-1) genannt, stellte sich als Frühindikator für Krebs heraus, ebenso wie Cholesterin ein Frühindikator für Herzerkrankungen ist. Unter normalen Umständen reguliert dieses Hormon auf effiziente Weise die Wachstumsrate von Zellen, d.h. wie sich Zellen vervielfältigen und wie alte Zellen beseitigt werden – alles im Rahmen nichtpathogener Prozesse.

Unter ungesunden Bedingungen wird das IGF-1 jedoch aktiver, steigert die Teilungsrate und das Wachstum neuer Zellen, während es gleichzeitig die Beseitigung alter Zellen hemmt. Beides begünstigt die Entwicklung von Krebs (sieben Studien wurden zitiert). Aber was hat das damit zu tun, welches Essen wir zu uns nehmen? Die Antwort lautet, dass der Konsum von Nahrungsmitteln tierischen Ursprungs den Blutspiegel dieses Wachstumshormons, IGF-1, erhöht.

Im Hinblick auf Prostatakrebs zeigen Männer, die einen erhöhten IGF-1-Spiegel aufweisen, ein 5,1-mal so hohes Risiko für fortgeschrittenen Prostatakrebs. Wenn Männer zusätzlich niedrige Blutspiegel eines Proteins aufweisen, das den IGF-1 bindet und inaktiviert, sind sie einem 9,5-mal so hohen Risiko für fortgeschrittenen Prostatakrebs ausgesetzt. Diese Zahlen sollte man dick unterstreichen. Sie sind hoch und eindrucksvoll – und das Wesentliche an diesen Ergebnissen ist die Tatsache, dass wir mehr IGF-1 produzieren, wenn wir mehr Nahrungsmittel tierischen Ursprungs wie Fleisch und Milchprodukte essen.

Der zweite Mechanismus steht mit dem Vitamin-D-Stoffwechsel in Verbindung. Dieses „Vitamin" ist kein Nährstoff, den wir zu uns nehmen müssen. Unser Körper kann soviel wir davon brauchen selbst produzieren, indem wir einfach alle paar Tage 15 bis 30 Minuten lang Sonne tanken. Zusätzlich dazu, dass die Produktion des Vitamin D vom Sonnenlicht abhängt, wird es auch vom Essen, das wir zu uns nehmen, beeinflusst. Die Bildung der aktivsten Form von Vitamin D ist ein Vorgang, der von unserem Körper genau überwacht und reguliert wird. Dieser Ablauf ist ein großartiges Beispiel für einen natürlichen Balanceakt unseres Körpers, der nicht nur Prostatakrebs beeinflusst, sondern auch Brustkrebs, Dickdarmkrebs, Osteoporose und Autoimmunerkrankungen wie Typ-1-Diabetes. Wegen seiner Bedeutung für eine Vielzahl von Erkrankungen und aufgrund der Komplexität, die zur Erklärung der Funktionsweise notwendig wäre, stelle ich in Anhang C ein kurzes Schema zur Verfügung, um meinen Standpunkt zu illustrieren. Dieses Netz von Reaktionen veranschaulicht viele ähnliche und stark ineinander verflochtene Reaktionsnetzwerke, die zeigen, wie Ernährung die Gesundheit steuern kann.

Die Hauptkomponente dieses Prozesses ist eine aktive Form des Vitamin D, die im Körper aus dem Vitamin D von Nahrungsmitteln oder Sonnenstrahlen produziert wird. Dieses aktive oder „aufgeladene" Vitamin D bewirkt viel Nützliches im ganzen Körper, einschließlich der Vorbeugung gegen Krebs, Autoimmunerkrankungen und Erkrankungen wie Osteoporose. Dieses so überaus wichtige aktive Vitamin D kann aber nicht einfach so aus Nahrungsmitteln oder aus einem Medikament bezogen werden. Ein Arzneimittel, das aus isoliertem, aktivem Vitamin D besteht, wäre für eine medizinische Verwendung bei Weitem zu stark und zu gefährlich. Ihr Körper setzt eine sorgfältige Reihenfolge von Kontrollen und Sensoren ein, um genau die richtige Menge von aktivem Vitamin D zu produzieren, das jede Aufgabe genau zur richtigen Zeit erfüllt.

Wie sich herausstellt, bestimmt unsere Ernährung, wie viel aktives Vitamin D produziert wird und wie es wirkt, wenn es einmal produziert ist. Das Tierprotein, das wir konsumieren, hat die Tendenz, die Produktion von aktivem Vitamin D zu blockieren, was zu einem niedrigen Blutspiegel desselben im Körper führt. Wenn diese niedrigen Werte bestehen bleiben, kann das zu Prostatakrebs führen. Darüber hinaus kann eine beständig gesteigerte Aufnahme von Kalzium Bedingungen schaffen, die zum Abfall des aktiven Vitamin D führen, wodurch das Problem verstärkt wird.

Welches Nahrungsmittel enthält nun beides – Tierprotein und große Mengen an Kalzium? Milch und andere Milchprodukte. Das stimmt vollkommen mit den Belegen über die Beziehung zwischen Milchproduktkonsum und Prostatakrebs überein. Diese Information liefert uns das, was wir „biologische Plausibilität“ nennen und zeigt, wie die empirischen Daten zusammenpassen. Um die Mechanismen noch einmal zu wiederholen:

- Tierprotein führt dazu, dass der Körper mehr IGF-1 produziert, was wiederum das Zellwachstum und die Entsorgung der alten Zellen komplett aus dem Gleichgewicht bringt und dadurch die Krebsentwicklung anregt.
- Tierprotein hemmt die Produktion von aktivem Vitamin D.
- Übermäßige Mengen von Kalzium, wie sie in Milch vorkommen, unterdrücken ebenfalls die Produktion von aktivem Vitamin D.
- Aktives Vitamin D ist für eine große Vielfalt von gesundheitlichem Nutzen im Körper verantwortlich. Anhaltend niedrige Spiegel von aktivem Vitamin D schaffen günstige Bedingungen für unterschiedliche Krebserkrankungen, Autoimmunerkrankungen, Osteoporose und andere Erkrankungen.

Der bedeutende Aspekt in dieser Hinsicht ist, wie die Auswirkungen der Ernährung – sowohl die guten als auch die schlechten – durch ein Zusammenspiel von koordinierten Reaktionen agieren, um Erkrankungen wie Prostatakrebs zu verhindern. Wenn wir solche Netzwerke entdecken, fragen wir uns manchmal, welche spezifische Funktion wohl zuerst da war und welche folgte. Wir tendieren dazu, uns diese Reaktionen innerhalb eines Netzwerkes als voneinander unabhängig vorzustellen. Aber das trifft ganz sicher nicht den eigentlichen Punkt. Es beeindruckt mich vielmehr, dass die Vielzahl der Reaktionen auf so viele Arten zusammenwirkt, um ein und denselben Effekt zu erzielen: In diesem Fall, Krankheiten abzuwehren.

Es gibt keinen einzelnen „Mechanismus", der völlig erklärt, was eine Erkrankung wie Krebs verursacht. Tatsächlich wäre es unklug, in diese Richtung zu denken. Aber ich weiß Folgendes: Die umfassenden wissenschaftlichen Resultate über diese interagierenden Netzwerke unterstützen die Schlussfolgerungen, dass der Konsum von Milchprodukten und Fleisch ernste Risikofaktoren für Prostatakrebs darstellt.

Anmerkungen

1. Campbell TC, Campbell TM (2011): China Study. Die wissenschaftliche Begründung für eine vegane Ernährungsweise, Bad Kötzting: Verlag Systemische Medizin, S. 1–9
2. Campbell TC, Campbell TM (2011): China Study. Die wissenschaftliche Begründung für eine vegane Ernährungsweise, Bad Kötzting: Verlag Systemische Medizin, S. 187–189

Literatur

Campbell TC, Campbell TM (2011): China Study. Die wissenschaftliche Begründung für eine vegane Ernährungsweise, 2. Aufl. Bad Kötzting: Verlag Systemische Medizin

Donner S: Lupine. Die heimische Eiweißquelle, UGB-Forum, Fachzeitschrift für Gesundheitsförderung 2012; 3:127–128

Elmadfa I (2009): Ernährungslehre, 2. Aufl. Stuttgart: UTB

Elmadfa I, Leitzmann C (2004): Ernährung des Menschen. Stuttgart: UTB

Food and Agriculture Organization of the United Nations, World Health Organization (1994): Fats and oils in human nutrition: report of a joint expert consultation. Rom: Food and Agriculture Organization of the United Nations. FAO Food and Nutrition Paper, Nr. 57

Food and Agriculture Organization of the United Nations, World Health Organization (2004): Vitamin and mineral requirements in human nutrition, 2nd ed. Rom: World Health Organization and Food and Agriculture Organization of the United Nations

Food and Nutrition Board, Institute of Medicine (1990): Nutrition during pregnancy. Washington, DC: National Academy Press

Food and Nutrition Board, Institute of Medicine (1997): Dietary reference intakes for calcium, phosphorus, magnesium, vitamin D, and fluoride. Washington, DC: National Academy Press

Food and Nutrition Board, Institute of Medicine (1998): Dietary reference intakes for thiamin, riboflavin, niacin, vitamin B_6, folate, vitamin B_{12}, pantothenic acid, biotin, and choline. Washington, DC: National Academy Press

Food and Nutrition Board, Institute of Medicine (2000): Dietary reference intakes for vitamin A, vitamin K, arsenic, boron, chromium, copper, iodine, iron, manganese, molybdenum, nickel, silicon, vanadium, and zinc. Washington, DC: National Academy Press

Food and Nutrition Board, Institute of Medicine (2005): Dietary reference intakes for energy, carbohydrate, fiber, fat, fatty acids, cholesterol, protein, and amino acids (macronutrients). Washington, DC: National Academy Press

Holick MF: The vitamin D epidemic and its health consequences. J Nutr 2005; 135(11): 2739S–2748

Keller JL, Lanou A, Barnard ND: The consumer cost of calcium from food and supplements. J Am Diet Assoc 2002; 102(11):1669–1671

Keller M: Vegane Ernährung. Ein Plus für die Gesundheit? UGB-Forum, Fachzeitschrift für Gesundheitsförderung 2012; 1:9–12

Koerber K v, Hohler H (2012): Nachhaltig genießen. Rezeptbuch für unsere Zukunft. Stuttgart: Trias

Langley G (1999): Vegane Ernährung. Göttingen: Echo Verlag

Leitzmann C, Hahn A (1998): Vegetarische Ernährung. Stuttgart: Trias

Leitzmann C, Keller M (2010): Vegetarische Ernährung. Stuttgart: UTB

Lendle G, Henrich W (2012): Ab jetzt vegan! Stuttgart: Trias

Messina VK, Mangels R, Messina M (2004): The dietitian's guide to vegetarian diets: issues and applications, 2nd ed. Sudburg, Mass: Jones and Bartlett Publishers

Messinger N (2011): Du sollst nicht töten! Plädoyer für eine gewaltfreie Ernährung. Woldert: Smaragd

Pietrzk K, Bässler K-H, Loew D (2002): Vitamin-Lexikon. München: Elsevier/Urban & Fischer

Reddy S, Sanders TA, Obeid O: The influence of maternal vegetarian diet on essential fatty acid status of the newborn. Eur J Clin Nutr 1994; 48(5):358–368.

Internetseiten

http://vegane-lebensweise.org Bund für vegane Lebensweise
http://veganesauge.wordpress.com Veganes Auge
http://www.mri.bund.de Max Rubner-Institut, Bundesforschungsinstitut für Ernährung und Lebensmittel
www.dge.de Deutsche Gesellschaft für Ernährung (DGE)
www.fleisch-macht-krank.de Homepage des Internationalen Instituts für Erfahrungsheilkunde e.V.
www.hanfland.at Informationen zu Hanfprotein von der Website
www.oege.at Österreichische Gesellschaft für Ernährung (ÖGE)
www.sfk-online.net Tabellenwerk mit umfassenden Informationen über die Zusammensetzung von Lebensmitteln
www.sge-ssn.ch Schweizerische Gesellschaft für Ernährungsforschung (SGE)
www.vegane-gesellschaft.org Vegane Gesellschaft Deutschland e.V.
www.veggieportal.de Informationen für Vegetarier und Veganer

Bezugsquellen

veganbasics (www.veganbasics.de) Zählt zu den Pionieren veganer Produkte. Auf der Seite von veganbasics kann man Bücher, Lebensmittel, Tiernahrung, Kosmetik und viele andere vegane Basisprodukte bestellen.
vegancandy (www.vegancandy.de) Vegane Süßigkeiten, Schokoriegel, Gebäck und Naschwerk – nicht nur für Veganer und Allergiker.

Vegane Zeiten (www.vegane-zeiten.de) Online-Shop für vegane Schuhe und mehr.

veganic (www.veganic.de) Dieser Online-Lebensmittelversand bietet auch einen Service für Gastronomen und Einzelhändler.

Veganversand.at (www.veganversand.at) Beliefert seit über zehn Jahren Einzelkunden und Großabnehmer in ganz Europa. Das Sortiment besteht aus über 500 pflanzlichen Spezialitäten für Mensch und Tier.

Veganversand Lebensweise (www.veganversand-lebensweise.at) Online-Versand, der seine Dienste seit zehn Jahren anbietet. Auf der Homepage kann man aus mehr als tausend rein pflanzliche Qualitätsprodukte auswählen und bestellen.

Vegefarm (www.vegefarm.de) Vegetarische und vegane Sojaprodukte. Im Shop von Vegefarm gibt es alles rund um die Sojabohne und einen darauf abgestimmte Blog mit unzähligen Rezeptvorschlägen.

Vegusto (www.vegusto.ch) Rein pflanzliche Käse- und Fleischalternativen aus der Schweiz, die EU-weit ausgeliefert werden.

Yoya (www.joya-soja.at) Stellt garantiert gentechnikfreie Produkte hauptsächlich auf der Basis von Soja her, die im gut sortierten Einzelhandel erhältlich sind.

Register

C

H

L

M

N

Q

R

S

T

V

W

Y

Z